国家社科基金
后期资助项目
GUO JIA SHEKE JIJIN HOUQI ZIZHU XIANGMU

汉帝国的目光

语词、观念与语言考古学

The Gaze of the Han Empire:
Words, Knowledge and
Linguistic Archaeology

叶晓锋 ／ 著

上海古籍出版社

2022年度国家社科基金后期资助项目

（项目批准号：22FYYB050）

国家社科基金后期资助项目
出版说明

后期资助项目是国家社科基金设立的一类重要项目，旨在鼓励广大社科研究者潜心治学，支持基础研究多出优秀成果。它是经过严格评审，从接近完成的科研成果中遴选立项的。为扩大后期资助项目的影响，更好地推动学术发展，促进成果转化，全国哲学社会科学工作办公室按照"统一设计、统一标识、统一版式、形成系列"的总体要求，组织出版国家社科基金后期资助项目成果。

全国哲学社会科学工作办公室

与时间对望：寻找困在语词中的汉帝国
（代序）

一

当时间这座宏伟的建筑拔地而起，汉帝国作为中国历史长河中的奇观，悄然诞生。作为一名卡尔维诺的忠实读者，我被《看不见的城市》中卡尔维诺虚构的与忽必烈的对话深深吸引。这部作品中，卡尔维诺借马可·波罗之口，向忽必烈描述了一系列虚构的城市，这些城市各具面貌。在阅读汉帝国的文献时，我经常遐想，我能不能是汉武帝的马可·波罗或卡尔维诺？

在这场穿越时空的探险中，汉帝国对我而言不仅仅是一系列历史事件的汇聚，更是一个充满历史想象与语言现实交织的多维空间。每一段史诗般的记载，每一个古老的语词，都像是一面镜子，映射出一个立体的汉帝国。在这里，汉武帝的历史传奇与史官的书写、经师的阐释、读者的阅读接受交错，构成了一个多层次、立体化的历史画卷。

在那漫长而曲折的丝绸之路的语言景观之旅中，我的目光逐渐沉浸于汉帝国那层历史的迷雾之中。在追寻那些时间长河中漂泊的语词和知识的过程中，我仿佛成为了一位穿梭于古今之间的旅者，与那巍峨而神秘的汉帝国进行着一场跨越时空的对话。

这本书名为《汉帝国的目光》的书，无疑承载了我的凝视与遐想，但我更希望它能成为一扇窗户，由此，我的读者可以一窥汉武帝以及汉代精英们眼中的世界图景。它是一次旅程，一次神游。通过语言考古学，我试图抵达那个既熟悉又陌生的汉帝国，探索那些被历史书写又被历史遗忘的帝国往事与真相。

汉帝国遗留的诸多语词背后藏着许多未被完全揭示的故事。就像卡尔维诺笔下的马可·波罗,我在历史的迷宫中穿梭,试图捕捉那些逝去的影像和声音。在这些历史与语词的碎片中,我发现了语言的力量与脆弱——它能构建宏伟的帝国,也能在瞬间将一切化为虚无。基于误读的语词的阐释,可以赋予读者一个想象的帝国,也会消解一个真实的汉帝国。

通过这次神游,我更深入地理解了汉帝国,也在某种程度上触摸到了时间的灵魂、历史书写的本质以及语词的困境。

二

温州很小,但是这不妨碍我们从这里向世界出发。

这是我经常跟学生们说的。

12 年前,我从复旦博士毕业来到温州大学,也正是那时,开始从熟悉的汉语方言、音韵学和汉藏语转身,进入新的领域——丝绸之路语言。直到现在,我还能回想起刚开始学习印度梵文的激动和挫败交织的情绪,这种情绪也是我的学术探索常态。世界上没有什么比学术让我有如此多的受挫感,世界上也没有什么比学术让我感受如此多的惊喜、如此多被光点亮般的欣喜。温州是我的故乡,中国也是我的故乡,世界是我的另外一个故乡。每一次出发,我都不停回望中华,每一次回归又被远方的乡愁牵动,憧憬着再次出发。

温州是个很有趣的地方。温州人,自古以来,就如同游牧民族,四海为家。在公交车上、地铁里,甚至高铁上,他们的话题游弋于世界各地——南美的热情、匈牙利的古韵、俄罗斯的辽阔。这在外人眼中或许是天方夜谭,但对温州人而言,这是日常。他们的生活,仿佛重现了古代游牧民族的风貌。

我的表哥在上海,姐夫在山西,堂哥远在广西。这样的分布,宛如古时游牧民族的生活方式。每逢佳节或危机,他们从四方云集,共商家族大事,同舟共济,探讨未来的发展机遇。这种生活方式,与古代游牧民族的生存境遇相似,平时四散漂泊,却能在关键时刻迅速聚集,共同面对挑战。这也是我阅读古代游牧民族历史时经常会有的一种似曾相识的恍惚。

但在这样的生活背后,温州还有另一种平淡的状态:定居生活,或农或海,谋食于山海之间,收入相对微薄,却代表了温州农村生活的另一种状态。这两种生活方式,共同绘制了这个时代丰富多样的社会图景。

在古代的天幕之下,漂泊与定居俨然构成了一幅历史的双面绣。匈奴,以四海为家,漂泊于天地间;而汉帝国则如一位耕耘者,扎根于亚欧大陆的东部。这两种生活状态,一如南方与北方的永恒对应,是两种截然不同的生存模式。游牧民族的自由漂泊与农业社会的稳固生活,这不仅是地理上的差异,更是两种生态模式和生计方式的竞争。在这历史的轮转中,不存在对错,只有时间的悲歌。

圣经里有一句话,我一直非常喜欢:"太阳之下,并无新事。"温州的日常,是历史的一个缩影。

除此之外,奶奶是虔诚的佛教徒,妈妈坚信基督教,而姑父是个充满歧义和矛盾的资本家,三伯父则是坚定的共产主义战士。温州,就是一个微缩的历史舞台,汇聚了资本主义、佛教、基督教和共产主义。温州的多元日常,也是我许多遐想的出发之地:除了汉帝国之外,也有佛教、近东文明、马克思、语言的巴别塔。

三

公元前后的亚欧大陆东部,大汉在南,匈奴在北,汉帝国是农耕文明,而匈奴帝国是游牧文明。在研究汉帝国时,我不仅在探讨历史,也在寻找自己村庄的影子。村庄与帝国,似乎在历史长河中形成了奇妙的对应。

汉高祖刘邦开启了汉朝这一重要篇章。汉朝的崛起,是楚国视角的延续,同时也标志着南方亚洲叙事第一次成为中国历史的主流。南方亚洲不仅仅是地理上的概念,也具有语言和文化意义。相对而言,我们对南方亚洲的语言与文化关注更多。这是因为,我们的师友中,有许多来自亚洲南方的民族,能与他们同学共事,本身就是绝佳的南方亚洲的人类学考察和学习。

以南方亚洲作为背景来审视汉帝国开创者及其帝国的历史特质,我们试图从这个角度解读其背后丰富的历史语境。例如,不周山的神话,以及汉代众多的神山、仙山,都是在这个视角下的新解。对亚洲乃至欧洲神山、圣山名称的归纳,不仅可以启发对历史的重新理解,更可能是观察早期人类迁徙历史的一个崭新视角。从南方亚洲角度挖掘汉帝国的历史特质,是本书重点之一。

匈奴帝国的研究,最初源于我和金文兵老师——匈奴休屠王子金日磾后裔的讨论。通过历史语言学的亲属名词比较,我惊奇地发现,匈奴王族与希伯来、阿拉伯等近东人族群竟有着不可思议的亲缘关系。一般认为,近东的闪含民族到唐代才开始进入中国,根据本书的研究,至少可以上推到战国。匈奴是汉帝国的一面镜子,借着匈奴的线索,建立汉帝国和近东文明之间的关联,我们进而发现,闪含语可以解释汉代许多突然涌现的神话专名和语词的语源。

西王母的神话,一直是汉代历史的焦点和难题。她究竟是谁? 她的故事是中国本土的传说,还是来自外界的影响? 从全球女神历史的角度出发,综合考察海上丝绸之路和陆上丝绸之路的女神,特别是近东的女神,我们试图探索一个更有全球史意义的答案。

从我幼年开始,妈妈在很长一段时间里身体一直不好,我经常陪着她求医问药。幸运的是,我遇到了许多医德高尚的医生。由此,我对中医甚至医学史产生了浓厚的兴趣。后来,在学习印度梵文时,我开始了解佛教和印度医学。现在回头看,这是一种遥远的回响。

通过语言学考察古今的医学和身体、疾病知识,本身是一种探索实践。我发现,扁鹊和华佗,分别对应梵文中的两个词语:bhishag(医生)和 vaidya(医生)。扁鹊和华佗在汉代历史叙事中反复出现,解读他们,不仅是语言学比较的乐趣,更是佛教、西域医学与华夏医学交流的见证。从丝绸之路交流的角度看,这也更能理解春秋战国时期身处西边的秦国医学水平为何最高。

这些发现成为了我本书研究的重要章节内容。

四

《汉帝国的目光》这一书名,是对法国人类学家列维-斯特劳斯及其杰作《遥远的目光》的致敬。

　　在这本书的撰写过程中,汉武帝这一神秘而迷人的历史人物始终牵动着我的思绪。历史书籍通常将他描绘为一位伟大的中国帝王,但我对此有着更为丰富的想象。我时常想,汉武帝究竟看到了什么?又听到了什么?他会几种外语?除了史书所记录的,他的眼睛还捕捉到了哪些我们现在才能理解甚至还不能理解的景象?汉赋中众多名词的解释,可能仅是后代学者的诠释,或者说,汉武帝所看到的,远非仅此。

　　我的思考深受福柯的影响与启发。在本书的写作中,我尝试从文本和档案的层面剥离出实际的历史真相,揭示汉帝国意识形态的构建过程。汉武帝身上存在一种历史的悖论。一方面,他独尊儒家,赋予了儒家书写和阐释的权力;另一方面,儒家知识分子和史学家在记录汉帝国和汉武帝时,不可避免带着自己的意识形态滤镜,加之他们的视野远不及汉武帝宏阔,这让所有的记录在书写之初便注定了只能是管中窥豹。而儒家对夷夏之辨的重视,使得他们普遍忽视外语训练,这又导致史官经常望文生义,这种书写、剪裁以及误读使得汉武帝的日常和视角与历史事实产生了脱节。

　　在探索汉帝国的过程中,我心中经常涌现一个疑问:汉武帝是否通晓外语?从司马相如的汉赋和众多汉代历史文献的纹理中,可以窥见他对多种语言的兴趣。因此,我投入了很多时间和精力,试图还原汉帝国那些错综复杂的名词和术语,希望能够在跨越千年的时光隧道后,重新捕捉到汉武帝真实而深邃的目光。在长安城的高处,他究竟看见了什么?他的宫廷文人如何描绘这个世界?后代经师又如何阐释这个世界?

　　汉赋中怪字和奇字繁多,应该是当时汉帝国与外语接触的写照,犹如越南的字喃,但这并未阻碍汉武帝和他的精英们对司马相如之作的鉴赏。当汉武帝初次阅读这些作品时,他的兴奋和欣赏显然反映了他对这些异质语言的熟悉和理解。然而,我们现代的学者即便依赖古代经师的注解,也常常感到困惑,难以洞察其真意。

　　由此看来,汉武帝及其时代的精英们无疑掌握了众多外语,这在对抗强大的匈奴以及张骞凿通西域之时变得可能而必要。这正是汉帝国的全球性的明证。当时的汉帝国是开放而包容的,只是后来负责注解的经师和文士或许未能获得同样深入的史观、语言以及博物学训练,导致对汉赋的解读变得模糊不清,甚至产生了误解。

　　在历史的浩瀚长河中,成为一位伟大的历史人物,既是一种伟大的荣耀,又充满了宿命的无奈。历史的重量,往往由后代的史家以他们的理解框架加诸他们身上。这些理解中,既有接近真实的洞察,也不乏误解与曲解;既有史家的主观因素,也有史家的外语训练不足的客观限制。再伟大的历史人物,都需要被书写被阐释,而书写和阐释对于他们而言,一是不屑,司马迁早说过,史官对于皇家而言是倡优蓄之;二是无暇,因为伟大人物主业不是经师,有自己的事功。于是他们将书写权力交给了史官和经学家。有趣的是,史官和经学家的史观、博物学、语言训练经常不及汉帝国的精英们,你很难想象一个记者能全面了解一个伟大政治家的世界,双方各自的训练和工作太不对等。因此许多记录,注定是一知半解。温源宁写过一本回忆录,题目为《一知半解》或《不够知己》,这个题目其实也同样适合用来描述汉代书写者的窘境。因此,面对被书写和阐释,伟大历史人物经常呈现出一种荣耀背后的无奈。

字符霸权是指字符对历史的垄断和扭曲。在古代,字符和文字常常演变成误解的源头,形成了对历史人物的一种字符暴政或字符囚笼。它的荒谬和无奈不仅困扰着历史本身,甚至让拥有书写权力的王者如汉武帝也不得不屈服于这种囚禁。站在长安城之巅的他,所见所感的世界,经由史家和文士的笔端,往往被简化、扭曲,甚至完全失真,使得历史的真实面目被蒙上了一层阴影。

本书所希冀的,不仅仅是一次一般意义上的学术探索,而是一次历史研究方法论的变革。我们试图利用比较语言学的方法,打破字符所施加的封印,解封那些被字符霸权束缚的逝去帝国的声音。在本书中,我们将挑战字符霸权,以揭示历史的真实面目。我们尝试通过历史比较语言学,让汉帝国时代被囚禁于书写字符背后真实的声音和意义重新涌现,抒发它们自己。

自幼时起,我就对童话和古代的精怪故事抱有浓厚的兴趣。小时候,我特别着迷于那些巫师和魔法师的故事,他们念着神秘莫测的咒语,在这些咒语的驱动下,阿拉丁神灯被擦亮,囚禁于阿拉丁神灯之中的精灵再次被唤醒。

直至今日,我仍然深陷于这类童话或民间故事的魅力之中。本书写作也是对古代魔法故事和童话的一种致敬。作为一名语言学家,我的愿望是,通过语言的力量,重建一个帝国,让这个帝国的真实面貌或者更全面的一面呈现在未来的读者面前。我们试图从文字和符号的囚笼中解封那些被封印的历史人物,就如从阿拉丁神灯中释放出神灵一般,让他们的真实面目——他们的伟大、瑰丽和矛盾得以复现。

因此,本书的宏伟目标是通过语言考古学的全景素描式还原,挑战和解构这种字符霸权,揭示历史的真实面目。这种重建历史的方法,虽然只是一次尝试,但它试图开启一扇崭新的探讨历史真实的大门,并热切期盼和邀请历史学家和语言学家一起参与这一论题。我们希望能够为历史的真实、为逝去帝国的未被听见的声音,揭开新的篇章。

五

温州有很多有趣的热爱学术的老师,王小盾老师经常和我会有一些很有趣的学术讨论。多年前一次聊天,王老师突然问我心目中的理想的学术是何模样? 我回答说:"有立体感。"在写这本书的时候,我有时会想,王小盾老师如果再次问我同样的问题,我会回答:"辽阔。"法国的伯希和、苏联的巴托尔德、德国的马夸尔特、美国的劳费尔身上都有这种气质,我太渴望我的学术作品有朝一日能有辽阔的气象,虽然这本书肯定存在很多不足,距离这些大师也很遥远,不过我想说,我已经竭尽全力了。

此前写书,都没有前言或后记,是因为自觉微不足道,这是我自己的固执和忐忑。年过四十之后,发现人生难得少年意气,感恩更是必需。

在这本书的序章末尾,我愿将深深的敬意和无尽的感激献给我的老师——金文兵老师,感谢你二十年前点亮了一个八零后青年的学术理想,也给我呈现了无比奇幻和美妙的玄想,这让我选择了以学术为毕生志业。时至今日,历尽千帆,我仍然觉得学术十分美好。我将另一份深深感恩献给金理新老师,上古音研究的天才,我知道金老师在语言学上对我的学术期待,虽然距离尚远,不过这份期待让我一直不敢懈怠。我还特别感谢我的老师以及好友金溪,感谢你给我打开了艺术学和考古学的窗户,让我得以窥见一个更为广阔和深邃的世界,本书的写作缘起之一源自一起读汉碑的时光,这么多年一直相互支持、相互鼓励,我期待这本书能不辜负这份友谊。

我还要向潘悟云老师、杨剑桥老师、王小盾老师、马贝加老师、杨永龙老师、方一新老师、沈卫荣老师、王丁老师、王锋老师、张翔老师、丁治民老师、徐建委老师致以特别的感恩,感谢学术之路上一直以来的提携和勉励。

这本书的出版要特别感谢顾莉丹老师,本书写作、立项和成稿都离不开她的鼓励和支持。

我还特别感谢我的学生张超、周锋、冯瑞平、李欣栗、王秋园、辛燕、鲍晨彤、谢蝶羽,没有你们辛勤的付出,这本书可能还要等很久。

最后我想以此书献给我的三伯父叶华春同志,一名优秀的抗美援朝志愿军战士,我儿时的英雄! 感谢他和他的传奇给少年的我播下了理想的种子,我太迷恋被理想点亮和激荡的感觉了。三伯父离开我们二十年了,时隔多年,我更懂三伯父和他的战友们了。年华易逝,转眼间我也不再年轻了,我感到幸运的是,我依然是理想主义者!

叶晓锋

目　　录

第1章 语言考古学视野中的汉帝国

1.1 作为考古学方法的语言学

一般认为考古学借助出土文物的地层学、类型学以及实物资料本身来了解和恢复历史原貌。①通过文物来复原重构古代历史,无疑是非常直观且有吸引力的一种做法。然而,根据这种定义,我们很容易直接将考古学和文物研究绑定在一起。

就本质而言,考古学应当是一门综合性交叉学科。

英国考古学家伦福儒(Renfrew)对考古学史的回顾和总结很值得重视,他说考古学史主要有三个层面内容:首先,是观念、理论和看待过去方法的历史;其次,是开发研究方法、运用这些观念和研究这些问题的历史;最后,才是具体考古发现的历史。②伦福儒在书中洋溢着的对学术的热情和思想上的开放令人赞赏。确实,考古学的方法、对象和理念应该是与时俱进的。其实这个观点不仅仅对于考古学,对所有学科都是适用的。以此观点为基础,同时深切体会着语言学研究的新进展,我们深感将语言学作为方法引入考古学的必要性。

自从人类走出非洲,向全球迁徙和扩散,经过上万年的演变,人类所掌握的每一种语言都形成了其在语音、词汇和句法方面的特征。如果深入挖掘丝绸之路沿线各语言的标志性特征,同时追寻这些语言特征的扩散过程,也许就可以看出丝绸之路文明的交流和互鉴。这种方法可以称为"语言考

---

① 俞伟超:《考古学是什么:俞伟超考古学理论文选》,中国社会科学出版社,1996年,第1页。
② [英]科林·伦福儒、[英]保罗·巴恩著:《考古学:理论、方法与实践(第六版)》,陈淳译,上海古籍出版社,2015年,第3页。

古学"。

相比于注重物质文明的考古学方法,语言考古学具有自己的特点和优势。

第一,物质遗存有偶然性和零碎性,而语言样本具有全息性。

就历史全貌或历史整体知识来说,有幸流传至今的历史记载总显得比较零碎,而物质考古材料的遗存更是具有很大的偶然性,能否完整保存下来,受材料本身物理属性以及自然环境、社会环境影响很大,相对于古代世界的真实全貌,可以说是沧海一粟。但是语言相对来说保存下来的概率大得多,特别是从语系角度看,更是如此。每个语言都有成千上万的词条,这比物质遗存要丰富很多。这就意味着,从信息的保存概率来看,语言样本比考古中的物质遗存更高,语言本身是个重要的考古资源宝藏。甚至是一些没有书面语的语言,我们也可以根据历史比较语言学的方法和研究成果,去重建它的原始形态。这为我们开展语言考古学提供了很大的便利。

第二,利用语言可以更直观地还原精神、观念世界以及社会规则的重构和演化史。

偏重物质遗存的考古方法,在重构和还原信仰、宗教等精神和观念世界时往往力不从心,对于人与人之间的关系和社会规则的还原则更是乏力,因为并不是所有精神、观念世界以及社会规则都能在物质遗存上留下印迹。精神是一种非物质性存在,语言则是意识形态的镜像,因此观察精神和观念世界以及社会规则最佳窗口和工具非语言莫属。每个语言都拥有许多特殊的用于表示精神和观念世界的语词。通过在全球范围重构这些语词传播演化的时间序列,就可以还原人类文明精神和观念世界的演化史。

因此,语言考古学是一种非常有效的重构古代世界的方法。

如果结合丝绸之路沿线的语言来反观古代中国的来历不明的特殊语词,可能会发现这些特殊语词背后隐藏着华夏与四方民族之间的族群互动信息,而这也是本书探讨汉帝国的方法论基础。

1.2　语言考古学和古代文明

1.2.1　语言作为文明的镜像和窗口

每一个语言背后都是一个文明,语言就是深入了解一个文明最好的窗口。历史比较语言学已经做了大量的前期语言调查工作,迄今为止,几乎世界上绝大部分地区的语言都有了完整的调查报告。以全球语言调查成果为基础,我们已经拥有了关于全球文明的整体知识结构。

从学术方法论来看,语言考古学和福柯的知识考古学有异曲同工之处。福柯着重于探索思想者在思考和写作之时所处时代的总体思想结构和潜在结构,以此反思他们文本中的倾向性,从而获得文本中事件的客观性。[①]同样,若以全球文明的整体知识和整体结构作为基础或背景,我们甚至仅凭对一两个特殊语词进行横向系统比较,就能准确地重构语词背后的文明接触、互鉴过程,以及意识形态的生成过程。

文物作为一种实物,我们一般都从物的属性去理解它。与此同时,我们也会利用古典文献去丰富对文物的认知,但是这样做也存在文献记载不充分的可能。仅靠研究实物或文献记载远远无法完全揭示文明互鉴情况,语言学往往能提供更为宏大的图景。

考古中有许多"凤凰"主题的文物,李零曾指出在上古中国早期铭刻里,"凤"经常出现,但并不见"凤凰"出现,[②]这是一个很敏锐的观察。但是他认为"凤凰"是"凤"的扩展。如果深究的话,这里有一个问题需要回答,为什么"凤"的后面出现"凰"? 到汉代,一般认为"凤"为雄性,"凰"为雌性。如王充《论衡》:"案《礼记·瑞命篇》云:'雄曰凤,雌曰皇。雄鸣曰即即,雌鸣曰足足。'"[③]不过从考古材料我们看不出"凤""凰"的区别。如果从历史比较语言视角来看,就可以发现,"凤"与古代印度语 barham"孔雀的羽毛"、法语 plume"羽毛"、西班牙语 pluma"羽毛"相关,而"凰""孔雀"则和南亚语的 khoŋ"孔雀"相关。[④]从地理上看,"凤"主要见于上古中国北方,然后扩散到南方,"凰""孔雀"主要见于上古中国南方。"凤凰"这个词语的生成,不仅仅是语言接触中的同义叠加现象,也是上古中国与不同文明互鉴和融汇的重要标本。

① ［法］米歇尔·福柯著:《知识考古学》,谢强、马月译,生活·读书·新知三联书店,2003年,第4—16页。［美］加里·古廷:《福柯》,译林出版社,2010年,第34—44页。
② 李零:《论中国的有翼神兽》,《入山与出塞》,文物出版社,2004年,第111—112页。
③ 黄晖:《论衡校释》,中华书局,1990年,第733页。
④ 叶晓锋:《凤凰考》,《民族语文》2016年第6期。Buck, Carl D. *A Dictionary of Selected Synonyms in the Principal Indo-European Languages*. Chicago:The University of Chicago,1949,p.246.

《论语》中记载:"楚狂接舆歌而过孔子曰:'凤兮凤兮! 何德之衰? 往者不可谏,来者犹可追。'"孔子到了楚国,接舆说"凤兮凤兮",这里的"凤"显然指的就是孔子,但是"凤"为何能指代孔子,不太好理解。一般认为是指孔子有圣德,所以用"凤"比之。①需要注意的是,孔子当时是失意者,并不是成功人士,而且就理念主张而言,孔子和接舆也很不一样。客观上,楚狂接舆并没有太多夸孔子的理由,因此接舆口中的"凤"未必有那么多褒义色彩。由于"凤"和"孔"都可以表示"孔雀",很可能这里是同义换读现象,如:"俛"本来读"免","俯"本来应该读为"眺",后来因为语义相同,"俛""俯"就读为"俯"。同义换读是古代汉语很常见的语言现象。②《论语》记录的文字是"凤",而接舆口语是"孔",因为楚地和南亚语关系颇深,口语说"孔",书面语是"凤",这是非常有可能的——这样就比较好理解,"凤兮凤兮"其实就是"孔兮孔兮",是接舆在叫孔子,以便引起孔子的注意。

后来汉帝国话语体系里,"凤""凰"分为一雌一雄,可能和当时汉帝国接触西域语言有关。在许多西域语言中,比如闪含语系、印欧语、藏语,都存在"性"的范畴,即名词一般要区分阴性和阳性。

语言是文明的镜像和窗口,这意味着某一语言的一个独特标志可以为研究文明互鉴提供全新的视角和线索。

比如,现代汉语复数标记"们"的起源一直是一个谜。③"我们""你们""他们""老师们"等词语中的"们"表示不止一个人。"们"一般用在跟人有关的名词之后,动物和无生命名词的复数一般不用"们"。复数标记"们"这个句法标记最早可以追溯到唐代突然出现的"弭""伟",以及后来又产生的"每""懣"等变体。但是为什么这个标记在唐代突然出现? 其实这个复数标记来自印度。印度达罗毗荼语的重要标志性特征就是复数标记为-me、-mi、-mu、-wu、-min,这些标记和汉语的"们"的变体"弭""伟""每""懣"完全对应。这个标记就是达罗毗荼文明的重要标志。后来这个标志被印度雅利安语吸收,进入梵文,又借着印度僧侣、佛经以及佛教学堂进入中国唐朝

① 程树德:《论语集释》,中华书局,1990 年,第 1263 页。
② 裘锡圭:《文字学概要》,商务印书馆,2013 年,第 211 页。
③ 详见:吕叔湘:《释您、俺、咱、喒,附论们字》,1941 年;收入《吕叔湘全集》第二卷《汉语语法论文集》,辽宁教育出版社,2002 年,第 1—35 页。江蓝生:《说"麼"与"们"同源》,《中国语文》1995 年第 3 期。祖生利:《近代汉语"们"级研究综述》,《古汉语研究》2005 年第 4 期。江蓝生:《再论"们"的语源是"物"》,《中国语文》2018 年第 1 期。

的西北地区,然后这个复数标记从西北向中国的北方、东北以及西南扩散。①此前我们可能从来不曾考虑过达罗毗荼文明会和古代中国产生关联,但是通过语言考古学,可以把达罗毗荼文明和中国文明联结起来。

这也让我们反思一个问题:我们所接触的印度的古代文化,原创者一定是以梵文为书写特征的印度雅利安文明吗? 对于印度土著民族来说,雅利安人仅仅只是外来侵略者和殖民者,他们占据了土著民族的土地,也占有他们的文明成果并书写了下来,看起来就像是印度雅利安的文明了。但是通过语言考古学,我们可以把这一过程还原出来。以此为基点,我们就可以进一步探讨,以梵文为书写特征的印度雅利安人可能仅仅是印度古代经典的书写者或记录者,而非创造者。真正的创造者应该是原来就生活在印度的土著民族,如达罗毗荼语民族、汉藏语民族、南亚语民族、南岛语民族等。

语言考古学不仅是还原古代世界的利器,对重构近代世界体系的形成过程也同样有重要作用。比如,近代世界体系形成过程中,荷兰曾经发挥了重大的作用。荷兰人的商业触角延伸至美洲、非洲和亚洲的各个角落,这种全球性的扩张在许多地名中留下深刻的烙印,如合恩角(Cape Horn)、布鲁克林(Brooklyn)、新西兰(New Zealand)、范迪门之地(Van Diemen)、斯匹次卑尔根群岛(Spitsbergen)。②从这些地名就可以看出荷兰在世界范围内的扩张过程。

1.2.2 语言学作为考古学断代利器

美国语言学家 Ohala 曾提出一个令人振奋的观点:历史上所有已经发生的音变,都可以通过实验重构出来。这个观点在语言学界引起很大的反响。③这意味着,所有发生过的语言变化,现代语言学都可以通过新的观测方式加以验证。甚至,演化音系学已经确定许多语音演变的方向性,如 A>B 是单向音变,那么根据材料中的 B,就可以推断出更早的 A。反之,逆向的演变则不可能成立。

① 陈永霖、叶晓锋(通讯作者):《中古梵僧入唐与复数标记"们"的产生》,《民族语文》2020 年第 2 期。
② [英]蒂莫西·布莱宁:《追逐荣耀:1648—1815》,中信出版社,2018 年,第 123 页。
③ Ohala, J.J. The Phonetics of Sound Change. In Charles Jones(eds.) *Historical Linguistics: Problems and Perspectives*. London: Longman, 1993, pp.237—278.朱晓农:《历史音系学的新视野》,《语言研究》2006 年第 26 卷第 4 期。

这是现代语言学学科的重大进步,使得历史语言学和历史研究可以建立在非常坚实的语音学基础之上。同时也意味着,对于同一事物或事件的不同称呼,我们根据音变就可以为历史和考古中的重大问题提供线索。

例如,笛子的起源一直是非常复杂的问题。中国河南舞阳贾湖骨笛可以追溯到 9000 年以前,而考古学家发现 30000 年以前欧洲就存在骨笛。① 东西方笛子相互之间有没有交流的可能性? 这个从目前的文物发掘结果还看不出来端倪,但是通过语言学考古的方法研究笛子的名称,我们可以确定中国笛子对近东和欧洲产生过至少两次重大的影响。

第一次,上古时期。《淮南子·时则》:"律中太簇。"高诱注:"律,管音也。"② "律",声母为 l-,从聿得声。《说文》:"聿:所以书也。楚谓之聿,吴谓之不律,燕谓之弗。"同一谐声系列还有"笔",声母为 p-。由此可见上古汉语早期"律"的声母为复辅音。"律"上古是物部,物部上古音为 *ut。因此"律"上古音为 *plut,后来才变成 *lut。③ 这一点可以从亲属语言得到印证。藏文和汉语同属汉藏语,藏文中笛子为 fiphred,和"律"的上古音 *plut 非常相似。④

由于-d、-t 韵尾和-l 韵尾可以互变,而 p>w>u 是单向音变。"律"(*plut)会变成 ulul,这就和闪含语系的 ulul~urul"笛子"以及希腊语 aulos"双管笛"对应。

从语音演变序列来看,闪含语系的 ulul~urul"笛子"以及希腊语 aulos "双管笛"处在"律"(*plut)或藏文 fiphred"笛子"后面的音变节点。由此可见,中国笛子的概念向近东和欧洲产生第一波扩散,于是产生了闪含语系的 ulul 以及希腊语 aulos 等语音形式。

---

① Zhang J., Harbottle G., Wang C., Kong Z. Oldest Playable Musical Instruments Found at Jiahu Early Neolithic Site in China. *Nature*, 1999, 401(6751), pp.366—368. Zhang Juzhong and Lee Yun Kuen. The Magic Flutes. *Natural History Magazine*, 2005, Vol.114(7), pp.43—47. Conard, Nicholas J.; Malina, Maria; Münzel, Susanne C. New Flutes Document the Earliest Musical Tradition in Southwestern Germany. *Nature*, 2009, 460(7256), pp.737—740. Buisson, D. Les flûtes paléolithique d'Isturitz(Pyrénées-Atlantiques), *Bulletin de la Société Préhistorique Française*, 1990, 10—12(HS), pp.420—433.

② 何宁:《淮南子集释》,中华书局,1998 年,第 379 页。

③ 李方桂:《上古音研究》,商务印书馆,2003 年,第 13 页。[法]沙加尔:《上古汉语词根》,龚群虎译,上海教育出版社,2019 年,第 234—235 页。

④ 后来出现的"竽簧"(*pilit)虽然看起来是外来乐器,其实很可能就是从上古中国传出去,作了创造性改造,但是名称保存了下来。

第二次,中古时期。12 世纪,古法语突然出现 flaut"笛子"一词,然后这个词传入英国变成 flute"笛子",①但是在印欧语内部这个词的语源没法得到合理解释。古法语 flaut 和"律"(*plut)以及藏文 fiphred 的语音相似,p>f 也是单向音变,可见这些词汇由中国向欧亚大陆产生了波浪式的第二次扩散,双唇音 p 变成唇齿音 f,于是出现了法国的 flaut"笛子"。②

1.3　汉帝国与语言考古学

汉帝国的考古与历史、文献等研究已经取得了丰硕的成果。但是,汉帝国研究也存在许多尚待解决的问题。

比如:秦帝国和汉帝国最本质的区别是什么? 在语言上有没有明显的区别? 刘邦的母语是何模样? 又与哪些语系密切相关?

无论从历史文献还是考古文物上看,匈奴和汉帝国之间都有着频繁的互动。匈奴无疑是一个部落联盟,但匈奴的王族到底属于哪个民族? 匈奴和汉帝国之间有着频繁的互动,这在汉帝国的语言上表现在什么地方?

在汉代的精神世界里,西王母是最重要的神祇,而不周山是最著名的神山,他们为何突然出现? 他们从哪里来?《蒿里》《蒿里行》等挽歌也是在汉代突然出现的,它们又从何而来?

印度佛教在东汉末年进入中国,汉代史籍对此有零星的记载。如果从全球史的一般规律来看,在一个宗教进入一个新的国家或地区而后被记录下来之前,两个地区间肯定已经存在许多交流,那么我们是否可以找到东汉之前中国和印度之间存在交流的线索?

汉代成都老官山医简有《敝昔医论》("敝昔"即"扁鹊"),此后又出现华佗(又名"旉")及其医学创新的历史记录。汉代奠定了扁鹊和华佗的神医地位。但是,为什么这两人都有两个名字? 他们的名字以及同时代医学

---

① Klein, E. *Kleins Comprehensive Etymological Dictionary of the English Language*. London: Elsevier Publishing Company, 1971, p.288. Online Etymology Dictionary, "flute", https://www.etymonline.com/search?q=flute, 2022 年 5 月 25 日。

② 叶晓锋:《丝绸之路沿线笛子的名称考源》,中国音乐学院讲座,https://yyxx.ccmusic.edu.cn/xndt/9c790bf619d245beb162379934ebd835.htm, 2022 年 3 月 22 日。

术语的语义,从汉语内部来看并不好解释。我们要明白,任何时代,医学都代表了一个民族或地区的高科技,因此医学术语极容易传播,那么这些与扁鹊和华佗同时代的医学术语可能来自什么语言? 又与哪些文明相关呢?

通过语言考古学的研究,我们尝试为解开这些关于汉帝国的谜团提供新的研究工具与方法,重构一个有立体感的汉帝国。

第2章 汉帝国的奇迹和隐秘：
来自南方亚洲的悄语

2.1 引　言

汉帝国是南方人称帝的第一个王朝。汉承秦制，刘邦创建的汉帝国基本上延续秦帝国的语言和制度。但是，汉代功臣基本都是南方人。汉代最流行楚歌楚辞和汉赋，汉赋作家也多为南方人。

由此产生了一个有趣的问题。汉帝国的南方到底相当于我们现在哪些民族？他们说什么语言？刘邦以及汉帝国给上古中国增添了哪些新的语词和文化因子？反过来，确定了刘邦及其臣属归于哪个语系的民族，就可以根据这些对应的民族回溯汉帝国一些独特的文化现象，为重构汉帝国这些独特文化现象提供一个宏大的历史图景。

2.2 刘邦的母语：以刘太公为线索

《史记·留侯世家》记载："上目送之，召戚夫人指示四人者曰：'我欲易之，彼四人辅之，羽翼已成，难动矣。吕后真而主矣。'戚夫人泣，上曰：'为我楚舞，吾为若楚歌。'"①

《史记》这一段记载是关于戚夫人和吕后争夺太子之位的。吕后采纳了张良的妙计，为太子请到四位高人辅佐，刘邦觉得太子已经羽翼丰满，放

---

① （汉）司马迁：《史记》，中华书局，2014年，第2047页。

弃了改立太子的想法。这时,戚夫人非常悲伤地哭了,因为她已经可以猜想到自己的结局。刘邦安慰她:"你为我跳楚舞,我为你唱楚歌吧!"从这句话我们可以看出刘邦身上的楚文化烙印。

刘邦是沛县人,秦未统一六国之前,沛县属于楚地。李学勤、王子今等学者指出楚文化和汉帝国之间的内在关联。有意思的是,刘邦在废掉韩信楚王的位置之后,立刘交为楚王,辖区包括彭城、薛郡、东海三地,其中沛县归入彭城,即刘邦故乡就在西汉楚国的辖区。①因此,我们可以确定,刘邦的母语肯定是楚语,即上古南方汉语方言。李新魁、杨宽、刘彬徽等学者指出,战国时期楚文化的地域基本涵盖中国的南方,包括湖南东北部、湖北、四川东部、河南南部、安徽北部、江西北部、江苏的淮北中部、广东、广西。可以说,楚文化的地域也是楚语的分布地域,这和现在南方各大方言的地理位置相合。②因此,楚语是现在南方汉语方言的共同祖先。③

自从刘邦创立汉帝国之后,楚语中一些独特的语词开始进入上古中国的经典文献。其中最明显的就是刘邦使用的亲属名词不同于大秦帝国。笔者研究发现,上古楚语虽然是上古汉语的方言,但是与南亚语存在较多关联,而这恰恰使得楚语跟上古汉语的标准语产生了词汇上的差异。④

因此,从南方亚洲的语言和上古楚语之间的语言接触的角度出发,可能有助于我们找到汉帝国独特的语词的源头。

《史记·高祖本纪》:"高祖,沛丰邑中阳里人,姓刘氏,字季。父曰太公,母曰刘媪。"⑤刘邦的父亲称为"太公"。这是一个很有趣的称号,但肯定不是名字。

---

① 李学勤:《东周与秦代文明》,上海人民出版社,2007 年,第 11 页。王子今:《战国秦汉时期楚文化重心的移动——兼论垓下的"楚歌"》,《北大史学》第 12 辑,2007 年。周振鹤:《西汉政区地理》,商务印书馆,2017 年,第 31 页。马孟龙:《西汉侯国地理》,上海古籍出版社,2013 年,第 115、122 页。

② 李新魁:《广东的方言》,广东人民出版社,1994 年,第 35 页。杨宽:《战国史》,上海人民出版社,2003 年,第 278 页。刘彬徽:《楚系青铜器研究》,湖北教育出版社,1995 年,第 544—571 页。

③ 李如龙:《闽方言中的古楚语和古吴语》,首届闽方言国际研讨会,1988 年;收入李如龙:《方言与音韵论集》,香港中文大学中华文化研究所吴多泰中国语文研究中心,1996 年,第 121—126 页。温昌衍:《客赣方言中的古楚语词》,《农业考古》2009 年第 3 期,第 145—148 页。叶晓锋:《汉语方言语音的类型学研究》,复旦大学博士学位论文,2011 年,第 168 页。

④ 叶晓锋:《上古楚语中的南亚语成分》,《民族语文》2014 年第 3 期。

⑤ (汉)司马迁:《史记》,第 341 页。

《广雅·释亲》："公，父也。""公"是"父亲"的称呼。"太"是指"皇帝"。所以"太公"就是"皇帝的父亲"。作为"父亲"的"公"还有一个变体"翁"。如《史记·项羽本纪》："吾翁即若翁，必欲烹而翁，则幸分我一桮羹。"这里的"翁"就是"父亲"。①

"公"，《广韵》"古红切"，上古见母东部字，上古音为 *koŋ。南亚语中，"父亲、爸爸"基本是 kon 或 guiŋ（详见表 2-1）。这和上古汉语的"公"（*koŋ）是对应的。在南谦语中，由于发生了 k>ʔ 的音变，变成了 ʔoiŋ。这和"翁"（*oŋ）对应。

表 2-1　南亚语中的"父亲、爸爸"②

马散	岩帅	孟汞	硝厂沟
kɤiŋ	kɯiŋ	kɤiŋ	guiŋ
茶叶箐	南谦	曼俄	南虎
kun^{55}	ʔoiŋ	kɯiŋ^{35}	kon

2.3　相如、卓文君和《白头吟》

司马相如和卓文君在历史上一出现就成就了一段传奇。

除了他们的事迹传奇之外，卓文君的名字也很特别。她是汉代历史记载中第一个名字中带"君"的女子。此前，"君"一般都指男性，但是到了汉代，许多女子名字都有"君"字，如卓文君、细君、王昭君等。这是上古中国突然出现的一个文化现象。其实这个现象和长江以南的文明有关。

在南亚语中，表示"女人、女性"的词语：原始南亚语 *kan，Kuy 语 kan"雌性（动物）"，Bahnar 语 kan，Thin 语 kŭn"女人、女孩"，Lawa Bo Luang 语

---

① "公"是见母字，声母为 k，"翁"是影母字，声母为 ʔ 或零声母。见母变为喉塞音进而变为零声母，这是常见音变，如闽语中，"狗"，尤溪话 kau3，沙县话 au3；"蘑"，尤溪话 ku1，沙县话 u1。详见：李如龙、陈章太：《闽语研究》，语文出版社，1991 年，第 65 页。

② 颜其香、周植志：《中国孟高棉语族语言与南亚语系》，社会科学文献出版社，2012 年，第 547 页。Shorto，H. L. *A Mon-Khmer Comparative Dictionary*. Canberra：Australian National University，2006，p.95.

kəɯŋ"女人",Lawa Umphai 语 kən"女人",中部 Nicobarese 语 kaːn"妻子",Nancowry 语 kán"女人",Kharia 语 kɔn"女人"。①

"君"上古音为 *kun,与南亚语中的 kɔn、kən"女人、女孩"等音义都非常相似,因此很有可能就是南亚语的借词,用在女子名字中表示"女孩、女子"之意。

司马相如和卓文君的故事还有一个细节很值得注意。司马相如和卓文君私奔之后,生活不如意。《汉书·司马相如传》记载:"相如身自着犊鼻裈,与保庸杂作。"王先谦认为:"《吴越春秋》:'越王服犊鼻。'《广雅》:'裋,襦裈也。'《方言》:'无裲之袴谓之襦。'郭云:'袴无踦者,即今犊鼻裈。裈亦襱,字异耳。'案《说文》:'襱,绔踦也。'《急就篇》颜注:'袴之两股曰襱。'据此形制,但以蔽前,反系于后,而无袴裆。即吾楚俗所称围裙是也。"②王先谦从训诂出发的论证非常有说服力。由此可以看出,"裈"从衣服形制来看应该是一种裙。这个词也是来自南亚语、侗台语等语言的借词。

亚洲南方语言中有类似的词语。

南亚语中,克木语 khon"裙子",京语 kwən"裤子"。

壮侗语中,壮语 kun²"裙子",布依语 kun²"裙子",临高语 kon⁴"裙子",仫佬语 kwən"裙子",黎语 kun"裙子"。③

南岛语中,排湾 kun"裙子",鲁凯 kunu"裙子"。④

"裈",《广韵》"古浑切",上古见母文部字,上古音为 *kun。从南亚语和壮侗语材料可以发现,"裈"就是南亚语和壮侗语的 kun 或 kon"裙子",这个字就是后来的"裙"。

《西京杂记》记载:"相如将聘茂陵人女为妾,卓文君作《白头吟》以自绝,相如乃止。"司马相如一度准备再娶茂陵人女为妾,卓文君为此专门作了《白头吟》。后来司马相如看了《白头吟》,于是决定不再纳妾。司马相如

① Shorto, H.L. *A Mon-Khmer Comparative Dictionary*. Canberra: Australian National University, 2006, p.317.
② (清)王先谦:《汉书补注》,上海古籍出版社,2008 年,第 4061、4063 页。
③ 欧阳觉亚:《京语简志》,民族出版社,1984 年,第 136 页。陈国庆:《克木语研究》,民族出版社,2002 年,第 285 页。中央民族学院少数民族语言研究所第五研究室:《壮侗语族语言词汇集》,中央民族学院出版社,1985 年,第 100 页。
④ 值得一提的是,卑南语的"裙子"是 tabit,和"犊鼻裈"的"犊鼻"(*dobit)非常相似。有可能"犊鼻"就是"裙子"的意思。以上台湾南岛语材料详见陈康:《台湾高山族语言》,中央民族学院出版社,1992 年,第 318 页。

写汉赋是中国文学史上的大事件,卓文君作《白头吟》对于中国文学也同样具有重要意义。《白头吟》代表一类以"吟"为标题的诗歌在汉代登上中国文学的舞台。这是之前所没有的。《汉书·礼乐志》:"吟青黄。"颜师古注:"吟,谓歌诵也。"①由此可见,到了汉代,"吟"已经具有"歌咏""歌诵"的含义了。

"吟",《广韵》"鱼金切",上古疑母侵部字,上古音为 *ŋjəm。南亚语系中,越南语 ngâm"吟诗",南岛语系中,印尼 Wambon 语 nggom"歌",②侗台语系中,西双版纳傣语 kam², 德宏傣语 xaːm²。③由此可见,"吟"表示"歌咏"是亚洲南方民族的文化被华夏主流文化吸收借鉴的一个重要标志。

2.4　贾谊和《鵩鸟赋》:亚洲南方的哀鸣

《史记·屈原贾生列传》:"贾生为长沙王太傅三年,有鸮飞入贾生舍,止于坐隅。楚人命鸮曰'服'。贾生既以适居长沙,长沙卑湿,自以为寿不得长,伤悼之,乃为赋以自广。"④

《汉书·贾谊传》:"谊为长沙傅三年,有服飞入谊舍,止于坐隅。服似鸮,不祥鸟也。谊既以适居长沙,长沙卑湿,谊自伤悼,以为寿不得长,乃为赋以自广。"⑤

《论衡·遭虎篇》:"贾谊为长沙王傅,鵩鸟集舍,发书占之,曰:'主人将去。'"⑥

贾谊的《鵩鸟赋》是中国历史上的名篇。从《史记》《汉书》记载来看,"鵩"本来写作"服",是楚语中的"鸮",即猫头鹰。那么,楚语中这个词又是来自哪里呢? 其实就是来自南亚语。

---

① (汉)班固:《汉书》,中华书局,1964 年,第 1053 页。
② 何成、郑卧龙、朱福丹、王德伦等编:《越汉辞典》,商务印书馆,1997 年,第 764 页。Vries, L.D., Vries-Wiersma, R.D. *The Morphology of Wambon of the Irian Jaya Upper-Digul Area*. Leiden: KITLV Press, 1992, p.20.
③ 邢公畹:《汉台语比较手册》,商务印书馆,1999 年,第 176 页。
④ (汉)司马迁:《史记》,第 2496 页。
⑤ (汉)班固:《汉书》,第 2226 页。
⑥ 黄晖:《论衡校释》,第 711 页。

南亚语中,"猫头鹰",Pearic 语 bok,Pangan 语 bakah,Lamet 语 pook,Thavung 语 paku。①"服"或"鵩"的上古音为 *bək,和南亚语的 bok"猫头鹰"对应。

猫头鹰在亚洲南方一般都预示着不吉利的事情即将发生。

马来语中,猫头鹰被称作 Burong hantu,Burong 是鸟的意思,hantu 是"鬼、恶灵",可见猫头鹰在亚洲南方民族传统中并不吉祥,猫头鹰的叫声被认为是死亡或灾难的不祥之兆。值得注意的是,猫头鹰还被称作 Burong jampok,jampok 的 pok 读音和南亚语的 bok 接近,都可以和"鵩"(*bək)对应。②

在贵州台江巫脚公社反排寨的民间习俗中,在老年人去世埋葬的当天晚上有个唱老歌酒会,其中的歌词就提到:"猫头鹰和野猫一叫,就会死人。"③

侗族的民间禁忌中,如果有猫头鹰和乌鸦在屋脊或村边鸣叫,这是不吉利的象征,④一般代表着会有人生病。⑤

在印度也是如此,猫头鹰一般被认为是不吉利或不幸运的标志。⑥

因此,亚洲南方普遍认为猫头鹰是不吉利的。而亚洲北方,如蒙古国、哈萨克斯坦、土库曼斯坦、吉尔吉斯斯坦等地一般认为猫头鹰是吉祥的。这是亚洲南方和北方之间一个非常明显的区别。⑦

---

① Headley, Robert K. An English-Pearic Vocabulary. *The Mon-Khmer Studies Journal*, 1978, Vol.7, pp.61—94. Skeat W.W. Pangan Vocabulary from Sungai Nenggiri, Kelantan. *Journal of the Straits Branch of the Royal Asiatic Society*, 1922, pp.98—123. Lindell, K. Svantesson, J. Tayanin, D. Two Dialects of the Rəmeet(Lamet) Language. *Cahiers de Linguistique—Asie Orientale Année*, 1978, Vol.4, pp.5—22. Premsrirat, Suwilai. So(Thavung)-English-Thai Glossary Part I. *The Mon-Khmer Studies Journal*, 1998, pp.189—218. Premsrirat, Suwilai. So(Thavung)-English-Thai Glossary Part II. *The Mon-Khmer Studies Journal*, 1999. pp.107—132.

② Shellabear, W.G. *An English-Malay Dictionary*. Singapore：Methodist Publishing House, 1916, p.361. Majid, Haji Abdul. Some Malay Superstitions. *Journal of the Malayan Branch of the Royal Asiatic Society*, 1928, Vol.6, No.4. pp.41—45.

③ 《民族问题五种丛书》贵州省编辑组:《苗族社会历史调查》(一),民族出版社,2009 年,第 67 页。

④ 广东省民族研究所:《广东海南少数民族社会历史调查资料汇编》,民族出版社,2009 年,第 109 页。

⑤ 根据笔者与泰国、印尼、越南等国留学生的交流,在这些东南亚国家的文化中,乌鸦叫往往象征着灾难。留学生黎玉玲说,她家爷爷去世前,有很多乌鸦停留在她家的树上。

⑥ A.O.V.P. Owl Folk-Lore in India. *Notes and Queries*, 1908(10-X), p.327.

⑦ Mikkola, Heimo. Owl Beliefs in Kyrgyzstan and Some Comparison with Kazakhstan, Mongolia and Turkmenistan, Mikkola. Heimo(eds.) *Owls*. London：IntechOpen, 2019, pp.87—98.

　　贾谊被贬的长沙处于长江以南,当地称猫头鹰为"鵩鸟"或"服鸟",他听到猫头鹰的叫声,这在亚洲南方是不吉利的象征。这和贾谊写作时的心境是符合的。鵩的上古音为*bək,和南亚语的 bok"猫头鹰"对应。因此从贾谊的《鵩鸟赋》这里可以看到汉赋中亚洲南方的文化因子。

2.5　都督、祭酒、阳灵和安都:南方亚洲的权力和神圣符号

2.5.1　都督和祭酒

　　王符《潜夫论·边议》:"羌始反时,计谋未善,党与未成,人众未合,兵器未备,或持竹木枝,或空手相附,草食散乱,未有都督,甚易破也。"①

　　"都督"最早出现是在王符《潜夫论》里,从上下文来看,"未有都督"就是"没有领袖"之意。由此看出,"都督"就是"领袖"之意。

　　"都督"这个职官名在汉代末年突然出现,三国时特别常见。《辞海》:"都督,官名。军事长官或领兵将帅。汉末始有此称。魏、晋、南北朝称都督中外诸军事或大都督者,即全国最高军事统帅。"②但是汉末三国的实际情况并不如此。

　　《三国志·孙坚传》记载:"坚复相收兵,合战于阳人,大破(董)卓军,枭其都督华雄等。"

　　雷家骥指出,这场战役中,董卓军队之主帅并不是华雄,"都督华雄"仅仅是董卓部下胡轸的战斗将校而已。因此,他认为,董卓军系的都督,领兵约千人,位任在将军、太守之下。③这应该是符合当时实际的。此外,张焯指出,吕布部下有都督高顺,关羽部下有都督赵累。④这也可以印证雷家骥的说法是正确的,即"都督"为中下级军事头目。与后来所表示的"高级领兵将帅"含义很不一样。如果"都督"是中下级军事头目,那这个官号中"都"

　　① 彭铎:《潜夫论笺校正》,中华书局,1985 年,第 270 页。
　　② 夏征农主编:《辞海》,上海辞书出版社,1999 年,第 1305 页。
　　③ 雷家骥:《汉晋之间吴蜀的督将与都督制》,《魏晋南北朝隋唐史资料》(第三十七辑),2018 年。
　　④ 张焯:《从东汉督军制到魏晋都督制》,《史学月刊》1994 年第 6 期。

的含义非常不好理解。"都督"一般都按照高级甚至最高军事统帅来解释，如果这样，"都"可以表示"总"的意思。《后汉书·光武帝纪下》："愿请都护。"李贤注："都，总也。""督"，《文选·诸葛亮〈出师表〉》："是以众议举宠为督。"刘良注："督，率也。"[1]但是如果这么理解，显然和"都督"在汉代末年表示中下级军事头目的意思并不吻合。

因此，"都督"这一个职官名，从汉语内部训诂上看，并不好解释。

而在东南亚的南岛语中，我们发现了许多与"都督"语音相似的词语：原始马来波利尼西亚语 dátu "首领、族长、祭司"，古代爪哇语 ḍatu、datuq "国王、王子"，datuq "家长、老人、祖父"，datu "首领、统治者"，原始马来语 datuʔ "宗族的领袖、族长、祖父"，标准马来语 datu、datuk "宗族的领袖、族长、祖父"，Minangkabau 语 datu、datuʔ "宗族的领袖、族长、祖父"，Jakartanese 马来语 datu、datuʔ "宗族的领袖、族长、祖父"，Banjarese 马来语 datu "祖父、老人"，Iban 语 datuʔ "老人"。[2]

除了东南亚之外，台湾高山族邵族称他们的头人为 ʔdaʔ duʔ。[3]

高山族也是南岛语民族，因此 ʔdaʔ duʔ 和马来波利尼西亚语中的 dátu "首领、族长、祭司、老人"是同源词。

"都督"的上古音为 *tatuk，可以看出南岛语中的 datuk、datuq "首领、族长、祭司、老者"对应，因此很有可能是来自南岛语 datuq 的音译词。

对于"都督"语源的探讨有助于我们重新讨论"祭酒"的意思。值得注意的是，"祭酒"这个职官，从传世文献来看，最早见于《史记·孟子荀卿列传》："齐尚修列大夫之缺，而荀卿三为祭酒焉。"战国文献，尤其在齐国出土文献中，并没有出现"祭酒"这个职官。[4]因此不能排除这种可能性："祭酒"其实是汉代才出现的称号，之所以在荀子的故事里出现，是司马迁以汉代的新词来书写战国时代荀子的生平。

① 宗福邦等：《故训汇纂》，商务印书馆，2003 年，第 1559、2328 页。

② Nothofer, Bernd. *The Reconstruction of Proto-Malayo-Javanic*. Leiden：Brill，1975，pp.71，148. Adelaar, K.A. *Proto-Malayic：The Reconstruction of Its Phonology and Parts of Its Lexicon and Morphology*. Dept. of Linguistics, Research School of Pacific Studies, Canberra：Australian National University，1992，p.119. Tryon，D. *Comparative Austronesian Dictionary：An Introduction to Austronesian Studies*. Berlin，New York：De Gruyter Mouton，1995，p.1118.

③ 达西乌拉弯·毕马（田哲益）：《台湾的原住民—邵族》，台原出版社，2002 年，第 86 页。

④ 孙刚：《东周齐系题铭研究》，上海古籍出版社，2019 年，第 293—387 页。朱可：《战国齐玺整理与研究》，西南大学硕士学位论文，2019 年，第 13—54 页。

我们可以直接根据"祭酒"的基本义项,然后返溯"祭酒"的语源。

根据《辞海》,"祭酒"主要有两个意思:第一,指古代飨宴时举酒祭神的长者。后来也泛称年长或位尊者。第二,指学官的名称。原意是指祭祀或宴会时,由年高望重者一人举酒祭神,被视为一种荣誉。①

辞海的解释主要从三国著名学者韦昭的注解而来。《释名补遗(附韦昭〈辩释名〉)》:"祭酒,凡会同飨燕,必尊长先用,先用,必以酒祭先,故曰祭酒。"其后《后汉书·班梁列传》:"祭酒,布衣诸生耳。"李贤注:"祭坐所尊,则先祭酒,今称祭酒,相尊敬之词也。"这是一般的解释。但是实际上这个解释是有望文生义之嫌的。

通过考察上古祭祀仪式,韦昭对于"祭酒"的解释并不能成立,理由如下:

第一,在上古宗庙祭祀活动中,祭祀主持人都是王或家族族长,②并不存在让家族以外的人来充当主持人的可能。从这一点看,荀子在齐国被称为"祭酒",但是赵国的荀子没有资格主持齐王的祭祀仪式,这是当时的常识。将"祭酒"理解为"祭祀时候举酒祭祀祖先或神灵",这种说法肯定是错误的。

第二,在上古祭祀活动中,如果需要用酒祭祀祖先或神灵,举杯的顺序是:主人、主妇、宾客之长。③祭祀过程中,根本没有家族之外的人首先举杯的可能性。

第三,在祭祀过程中,祭祀的酒本身称为"祭酒",如果主持祭祀的人也称为"祭酒",显然会有仪式名称上的混乱。从这点来看,作为职官的"祭酒"也不可能和祭祀有关。在上古祭祀仪式相关的经典中,并没有出现作为职官或祭祀人员的"祭酒"。

第四,如果"祭酒"真的是由于第一个举杯酹酒而得名,那么祭祀主持人是第一个将肉进献给祖先的,如果按照韦昭的解释逻辑,不仅可以称祭祀主持人为"祭酒",也可以把祭祀主持人称为"祭肉"。实际上,并不存在称祭祀主持人为"祭肉"的例子,这也说明韦昭对"祭酒"的解释是错误的。

---

① 夏征农主编:《辞海》,第 4608 页。

② 刘源:《商周祭祖礼研究》,商务印书馆,2004 年,第 160 页、314—319 页。

③ 刘源:《商周祭祖礼研究》,第 342—348 页。

因此,从祭祀仪式来看,"祭酒"不可能是韦昭所说的字面含义。不过,除了对语源的解释之外,《辞海》对于"祭酒"的其他解释基本是对的,也就是"祭酒"在古代是表示"年长或位尊者",这是目前学术界的共识。

下面我们探讨"祭酒"的上古音。

"祭",《广韵》"子例切",上古为精母月部字。"酒",《广韵》"子酉切",上古为精母幽部字。可以看到,"祭"和"酒"都是精母字。

在汉代,汉语就开始传入越南,即古汉越语,其后的汉越语基本保存着唐代的语音特征。因此汉越语为我们研究早期汉语和南方民族语言提供了很好的对应材料。精母字在汉越语中对应 t 或 d,如"左",汉越语读为 ta^3;"再",汉越语读 tai^5;"早",汉越语读 tao^3;"祭",汉越语读 te^5。古汉越语中,"足"对应古汉越语 du^3。①

除了古汉越语和汉越语之外,精母在其他南方少数民族语言中对应 t 也是常见现象。例如在仫佬语中,精组对应 t、th,如"浸"tam^6,"字"ti^6,"就"tau^6。②

由此可见,如果和亚洲南方民族语言对应,"祭"和"酒"的声母可能对应 t 或 d。"祭"是月部字,月部字上古音为 *at 或 *ad。"酒"是幽部字,幽部字上古音为 *u。③因此,"祭酒"可能对应的读音是 *tattu、*tatu、*daddu、*dadu。④

确定了"祭酒"可能的读音之后,我们可以发现"祭酒"和上文的"都督"以及南岛语中的 datuk、datuq"首领、族长、祭司、老者"对应,因此"祭酒"可能也是南岛语中的 datuk、datuq"首领、族长、祭司、老者"的音译词,只不过和"都督"是对应不同年代层次的音译词。这种情况在翻译中很常见,比如佛教进入中国,Buddha 最初被翻译为"浮屠",后来被翻译成"佛陀",其实是不同年代对 Buddha 的翻译。⑤

---

① 王力:《汉越语研究》,《岭南学报》第 9 卷第 1 期。
② 曾晓渝:《侗台苗瑶语言的汉借词研究》,商务印书馆,2010 年,第 196—197 页。
③ 参见王力:《汉语史稿》,中华书局,2013 年,第 87 页。[瑞典]高本汉:《中上古汉语音韵纲要》,聂鸿音译,齐鲁书社,1987 年,第 119 页。
④ 祭部的韵尾为-t 或-d,"酒"在古代南方语言对应的声母是 t 或-d,与祭部的韵尾一样或相近,一般情况两个辅音相同,是可以合并的,因此 tattu 和 tatu 是一样的,daddu 和 dadu 也是如此。
⑤ 季羡林:《浮屠与佛》,《季羡林文集》第 7 卷,江西教育出版社,1998 年,第 1—27 页。

2.5.2 阳 灵

《汉书·扬雄传上》:"乃搜述索耦皋、伊之徒,冠伦魁能,函甘棠之惠,挟东征之意,相与齐虖阳灵之宫。"颜师古曰:"祭天之处,故曰阳灵之宫也。"[1]这是"阳灵"在中国典籍中第一次出现。从师古注可以看出,"阳灵"应该和"天"或"天神"有关。

"阳",《广韵》"与章切",上古喻母阳部字。喻母的上古读音有许多精彩的讨论,[2]但是从佛经梵汉对音来看,汉代喻母基本都是对应 y,如"夜"和"耶"都对应梵文 ya,"延"对应梵文 yan,"翼"对应梵文 yik。阳部字上古音是 aŋ,这是公认的。因此,"阳"汉代的读音为 *yaŋ。

在南亚语和南岛语中,占婆语 yan、yang 表示"天、天神",越南汉文史书经常直接将其翻译为"杨"或"杨神"。马来语 yang"神、神圣",印度尼西亚语 yang"神、神灵",古代爪哇语 hiang"神、神圣"。[3]

"阳灵"表示"天神",应该是南亚语和南岛语的 yang"天、天神"的音译。

2.5.3 安 都

汉代墓葬文书中,经常出现"安都",表示"地府"。

如湖北江陵高台 18 号汉墓中的《告地书》写道:"七年十月丙子朔庚子,中乡起敢言之,新安大女燕自言:与大奴甲乙、大婢妨徙安都,谒告安都受名数,书到为报,敢言之。十月庚子,江陵能氏丞移安都丞。"[4]

刘昭瑞指出:汉代之前的墓葬文书并不见"安都"这一称号,汉代以后江南出现了"安都神"信仰圈。"安都"应该等同于西汉其他墓葬文书中的

---

① (汉)班固:《汉书》,第 3531 页。
② 详见李方桂:《上古音研究》,商务印书馆,2003 年,第 13—14 页。王力:《汉语史稿》,第 73—74 页。潘悟云:《汉语历史音韵学》,上海教育出版社,2000 年,第 267—287 页。
③ 牛军凯:《从占婆国家保护神到越南海神:占婆女神浦那格的形成和演变》,《东南亚南亚研究》2014 年第 3 期。Wilkinson, R.J. *An Abridged Malay-English Dictionary*. Kuala Lumpur: The F.M.S. Government Press, 1908, p.242. Teselkin, Avenis Stepanovič. *Old Javanese(Kawi)*. Modern Indonesia Project, Southeast Asia Program, New York: Cornell University, 1972, p.76. Stevens, A.M, Schmidgall-Tellings, A.E. *A Comprehensive Indonesian-English Dictionary*. Athens: Ohio University Press, 2010, p.1099.
④ 黄景春:《早期买地券、镇墓文整理与研究》,华东师范大学博士论文,2004 年,第 7 页。

"地下丞"或"土主"等,本质和死后世界相关。①这是比较符合《告地书》语
境的,但是为何"安都"是表示"死后世界"相关的名词,没有得到很好的解
释。其实,"安都"上古音为*anta,这个词语是南岛语 hantu"鬼、恶灵"的汉
语音译。南岛语中,"鬼、恶魔、恶灵",标准马来语 hantu, Iban 语 antu,中部
马来语 antu。②可以看出,标准马来语 hantu 和中部马来语 antu 唯一区别是
前面有无 h, h 在元音前面增生或脱落都是常见语音现象。因此,"安都"
(*anta)借自南岛语 antu"鬼、恶灵"。由此可见,长江地区原来可能就居住
南亚语、南岛语民族。因此,在墓葬文书会出现"安都"(*anta)等源自南方
亚洲民族语言的词语。

2.6 余 论

汉帝国的独特性在什么地方? 这肯定是一个有很多答案的问题。

一个明显的答案是,汉帝国和南方亚洲有着深度的语言互动和文明互
鉴。通过考察刘邦、司马相如、卓文君、贾谊等汉帝国重要人物的日常用语
以及汉帝国新出现的职官和神灵名称,可以明显看到南方亚洲的文化因子。
这也是汉帝国对于中华文明的重要意义,即:从汉帝国开始,南方亚洲民族
开始第一次全面深刻地影响了华夏文明。

刘邦的母语肯定是楚语,在他的口语中,"公"表示"父亲","媪"表示
"女人",这是汉代汉语的新现象。其实"公""媪"分别和南亚语中的 guiŋ、
kon"父亲"、wun"女人、女性"对应。由此确定刘邦的母语和南亚语有较多
接触。另外,汉代以前,"君"一般用来表示男性或与男性相关的职官。但
是,在汉代,女性名字经常会有一个"君"(上古音为*kun),如卓文君、王昭
君、细君、王政君等。从汉语内部来看,这不好解释。其实这个词语就是南
亚语的 kɔn、kən"女人、女孩"。亲属名词和性别名词是人类语言的核心词,
这些词语都和南亚语对应,可以看出汉帝国和南方亚洲的语言存在深度语言

---

① 刘昭瑞:《安都丞与武夷君》,《文史》2002 年第 2 期。
② Adelaar, K.A. *Proto-Malayic: The Reconstruction of Its Phonology and Parts of Its Lexicon and Morphology*. Dept. of Linguistics, Research School of Pacific Studies, Canberra: Australian National University, 1992, p.60.

接触。这显然和汉帝国的创建者刘邦以及他的功臣许多都是南方人有关。

　　南方亚洲对汉帝国的影响并不仅仅见于日常口语，还见于职官和神灵信仰。汉代出现的"都督"（上古音为 *tatuk）和"祭酒"（上古音为 *tatu）这两个职官名，和南岛语中的 datuk、datuq"首领、族长、祭司、老者"对应，"阳灵"则和南亚语和南岛语的 yang"天、天神"对应。由此可以看到南方亚洲的宗教和职官制度对汉帝国的影响。这和汉代越巫流行的历史是可以相互印证的。①南岛语中的 datuk、datuq 同时具有"首领、族长、祭司、老者"等多个含义，其实包含了一种语义演化模式，祭司一般都是老者，许多古代文明中，祭司除了主持祭祀之外，还是部落或王国的首领。由此可以看出权力的神圣起源。在汉帝国，这个词语刚好根据语义的倾向分化为两个词语，"都督"更多指行政上的职官，"祭酒"则与祭司功能相关。

　　除了"阳灵"和"安都"之外，汉代神圣领域还突然出现了"茅山""黄白之术"。"茅（ *mu）山"最早见于汉代文献，《吴越春秋·越王无余外传》："登茅山以朝四方群臣。"在南亚语中，"石头"，厂沟语 mau，南虎语 mau，茶叶箐语 mau⁵¹，甘塘语 mu⁵⁵。②通过比较，可以看出"茅（ *mu）山"语源和南亚语 mu⁵⁵、mau"石头"有关。此后道教文献中，"茅山"逐渐成为道教圣地。③《汉书·淮南衡山济北王传》："淮南王安为人好书，鼓琴，不喜弋猎狗马驰骋，亦欲以行阴德拊循百姓，流名誉。招致宾客方术之士数千人，作为《内书》二十一篇，《外书》甚众，又有《中篇》八卷，言神仙黄白之术。"张晏曰："黄，黄金；白，白银也。"④《后汉书·桓谭传》："穷折方士黄白之术。"李贤注："黄白，谓以药化成金银也。"⑤从训诂来看，"黄"表示"黄金"，"白"表示"白银"。看起来似乎很好理解，但是如果考虑到当时实际的语言，"黄"单独表示"黄金"，"白"单独表示"白银"是汉代才有的现象。在南亚语中，越南语 vàng"黄金"，越南语 bac"银子"。⑥这两者一组合刚好对应汉代的"黄白"。这可能是汉代由越巫传入的炼丹术。由此可见，南方亚洲在神灵信仰方面对汉帝国的影响。

---

①　王子今:《两汉的"越巫"》,《南都学坛》2005 年第 1 期。
②　颜其香、周植志:《中国孟高棉语族语言与南亚语系》,第 497 页。
③　详见:魏斌《"山中"的六朝史》,生活·读书·新知三联书店,2019 年,第 97 页。
④　(汉)班固:《汉书》,第 2145 页。
⑤　(南朝宋)范晔:《后汉书》,中华书局,1964 年,第 960 页。宗福邦等:《故训汇纂》,第 2623 页。
⑥　何成、郑卧龙、朱福丹、王德伦等编:《越汉辞典》,第 28、1198 页。

第3章 匈奴的王族的起源:近东闪含民族的时空旅行

3.1 引 言

匈奴语一直是古代欧亚历史研究中的难点。

白鸟库吉是早期匈奴语言研究的重要人物。起初,白鸟库吉认为匈奴语"撑犁"等语词和突厥语 tängri 等语词对应,就基本上由此推断匈奴语应该是突厥语。后来,白鸟库吉又提出"孤塗"等词语与通古斯语的 kutú "儿子"对应,认为匈奴语属于满通古斯语。[①]再后来,白鸟库吉根据部分匈奴语词和蒙古语以及通古斯语对应,认为匈奴语的主要成分是蒙古语,但也混合了一些通古斯语成分。[②]白鸟库吉的观点反复变化,他的研究轨迹正好反映出匈奴语研究的进步和困境。此后李盖提、蒲立本、贝利等人的研究都存在类似的问题。[③]

总而言之,此前各家对匈奴的研究存在的问题可以归结为两点:第一,研究者受上古语音研究水平限制,或没有注意到汉字的上古实际读音,或是

---

① [日]白鸟库吉:《匈奴の人種について》,1922 年,收入《白鸟库吉全集》第四卷《塞外民族史研究(上)》,岩波书店,1970 年,第 475—484 页;何建民译,《匈奴民族考》,收入林幹编《匈奴史论文选集(1919—1979)》,中华书局,1983 年,第 184—216 页。

② Shiratori, Kurakichi. Sur l'origine des Hiong-nou. *Journal Asiatique*, 1923, Série XI, pp.71—78.

③ Ligeti, L. Mots de civilisation de Haute Asie en transcription chinoise. *Acta Orientalia Academiae Scientiarum Hungaricae*, Vol.1, No.1, 1950, pp.141—188. Pulleyblank, E.G. The Hsiung-nu Language, Appendix to The Consonantal System of Old Chinese: Part II. *Asia Major*, 1962/3, pp.59—144, 1962/9, pp. 206—265. Bailey, H. W. *Indo-Scythian Studies Being Khotanese Texts*, *Volume VII*. London: Cambridge University Press, 1985. 下文还会详细讨论此前学者们的匈奴研究存在的问题。

拿汉字的今音来作为对音基础,这直接影响了结论的可靠性。如:"奴",白鸟库吉的古音就是 nu,而"奴"是泥母鱼部字,音韵学者们现在一般把鱼部构拟为 *a。如果没有可靠的汉语上古音构拟,结论自然不能令人信服。第二,词汇比较没有系统性。根据《史记》《汉书》以及其他汉语文献资料中零星匈奴语的汉语转写形式,许多研究者尝试从北方民族语言寻找同源词,并以此确定匈奴语言的性质。但是游牧民族本身具有很强的流动性,同时部落之间相互融合渗透很常见,仅仅依靠个别零星的语词来推断匈奴语言的性质,无疑是不可靠的。如果没有进行系统性的词汇对比,就很难区分一个词到底是借词还是固有词。

我们从词汇的系统性出发,选择汉代文献中所记载匈奴语的亲属名词作为研究的对象。如果亲属名词对应,相对来说比较容易确定匈奴语言的性质,进而扩展到其他语词的比较。

3.2 孤　　塗

《汉书·匈奴传上》:"单于姓挛鞮氏,其国称之曰'撑犁孤塗单于',匈奴谓天为'撑犁',谓子为'孤塗'。"[1]"撑犁"就是 tängri,即阿尔泰语中"天"的意思,这现在已经是定论了。许多学者以此认为匈奴语言就是突厥语或蒙古语。如果匈奴语是突厥语或蒙古语的话,那应该可以从这些语言中找到能和"孤塗"对应的词语,但是实际上并不能找到。穆勒(Müller)认为"孤塗"是对应突厥语 qut"陛下"。[2]陈三平则认为,"撑犁孤塗"并不是表示"天子",而是表示"神赐""神的礼物"之类的意思。[3]但这是一种猜测,并没有找到语言学证据。白鸟库吉认为"孤塗"和满通古斯语中的 kutu"儿子"对应。[4]

---

① (汉)班固:《汉书》,第 3751 页。

② Müller, F.W.K. Uigurische Glossen. *Festschrift für Friedrich Hirth zu seinem 75. geburtstag 16. april 1920*. Berlin: Oesterheld & Company, 1920, pp.310—324.

③ Chen, Sanping. Son of Heaven and Son of God: Interactions among Ancient Asiatic Cultures Regarding Sacral Kingship and Theophoric Names. *Journal of the Royal Asiatic Society*, 2002, Vol.12, No.3, pp.289—325.

④ [日]白鸟库吉:《匈奴の人種について》,收入《白鸟库吉全集》第四卷《塞外民族史研究(上)》,第 475—484 页;何建民译,《匈奴民族考》,收入林幹编《匈奴史论文选集(1919—1979)》,第 184—216 页。

蒲立本认为"孤塗"的上古音应该是 *kʷala,并从叶尼塞语中找到一个相似的表示儿子的词语-kjal。①不过"孤塗"的上古音应该是 *kʷala 或 *kʷada,由两个音节构成,而叶尼塞语中的 kjal 只有一个音节,在语音上对应不够整齐。

　　蒲立本是上古音研究名家,他指出"孤塗"的读音应该与 *kʷala 相似,这无疑是正确的。"塗"虽然是定母字,但是从"余"得声,"余"上古以母字,以母的音值和塞音 d 或流音 r 或 l 非常接近,在欧亚大陆的语言中,t、d、l 与 r 四者之间的交替是很常见的。②因此"孤塗"上古读音为 *kʷada、*kʷala 或者 *kʷara。

　　需要指出的是,wa 和 o、u 之间相互演变很常见,如"兔子",壮语 tho,黎语 thua。③所以"孤塗"上古读音可能还有 *kola、*kora、*koda、*kula、*kura、*kuda 这样的变体。

　　任何民族只要在一个地区长期生存,即使后来发生了变迁,或多或少都会在该地区的语言中留下痕迹。根据马雍、孙毓棠的研究,东汉末年有部分北匈奴迁徙至甘肃、山西、内蒙古,与当地中国居民混合。④唐长孺指出,后汉末年,南匈奴于扶罗单于攻占太原、河内,汾水流域有许多匈奴人聚居。⑤

　　令人惊奇的是,部分匈奴曾经生活过的地区的北方汉语方言和民族语言中,至今仍然保留匈奴语词"孤塗"(*kʷada,意为"儿子")这个词语。

　　在现在中国北方的许多汉语方言中,kala、kata 等语音形式可以表示"儿子、孩子"的意思。⑥"小儿子"在许多北方汉语方言(如天津方言等)中

① [加]蒲立本:《上古汉语的辅音系统》,潘悟云、徐文堪译,中华书局,1999 年,第 171 页。

② 详见李方桂:《上古音研究》,第 13—14 页;曾运乾:《音韵学讲义》,中华书局,1996 年,第147—165 页;潘悟云:《汉语历史音韵学》,第 268—270 页;郑张尚芳:《上古音系》,上海教育出版社,2003 年,第 90—91 页。Gray, H.S. *Indo-Iranian Phonology*: *with Special Reference to the Middle and New Indo-Iranian Languages*. New York: Columbia University Press, 1902, pp.79—89. Andronov, M.S. *A Comparative Grammar of the Dravidian Languages*. Wiesbaden: Otto Harrassowitz, 2003, pp.77—79.

③ 王均:《壮侗语族语言简志》,民族出版社,1984 年,第 804—805 页。更多汉语方言 ua 和 o 交替现象,详见郑张尚芳:《方言介音异常的成因及 e>ia、o>ua 音变》,《语言学论丛》,商务印书馆,2002 年。

④ 马雍、孙毓棠:《匈奴和汉控制下的西域》,《中亚文明史》第二卷,中国对外翻译出版公司、联合国教科文组织,2002 年,第 174 页。

⑤ 唐长孺:《晋代北境各族"变乱"的性质及五胡政权在中国的统治》,《魏晋南北朝史论丛》,三联书店,1955 年,第 125 页。

⑥ 北方方言中 l 和 t 也经常交替。这是常见的音变,如山西方言中,词缀"子"长治方言是 tə(<tsə),但是平顺方言是 lə,也是发生了 t>l。

都叫"老儿子"，但是在有些方言中则称为"老 kɤ¹ ta"或者"老 ka¹ ta"，写作"老疙瘩"，如：承德方言 lau³ kɤ¹ ta，沧州方言 lau³ ka¹ ta，阳原方言 lɔu³ kəʔ tar³，赤峰方言 lau³ ka¹ ta，海拉尔方言 lau³ ka¹ ta，黑河方言 lau³ ka¹ ta，哈尔滨方言 lau³ ka¹ ta，长春方言 lau³ ka¹ ta，沈阳方言 lau³ ka¹ ta，①内蒙古东部汉语方言 lau²¹³ ka⁵⁵ ta，②宁夏银川方言"老疙瘩"lɔ⁵³ kɯ¹³ ta，固原方言"老疙瘩"，中卫方言"老疙瘩娃子"。③唐山、保定、张家界等河北方言"老疙瘩"lau²¹⁴ ku²¹ ta³。④山东方言中，济南方言"老疙瘩"lɔ²² kə ta，济宁方言"末疙垃" muə²¹ kə la。⑤山西方言中，大同方言"老疙旦"lɤo⁵⁴ kəʔ³² tæ²⁴，天镇方言"老疙蛋"lɔu⁵¹ kəʔ tæ。⑥另外，山西永济方言中，"蛮"表示"抱养别人的孩子"，"蛮疙瘩"mã²⁴ kə ta 表示"领养的孩子"。⑦甘肃山丹方言中，称私生子为"私疙瘩"sʅ²⁴ kɤ ta。⑧

从官话内部来看，第一音节读音比较短促，有时直接被描写为入声。随着第一音节促化，第一音节的元音很容易央化，变为 ɤ、ə、ɯ 等元音，而 ɤ、ə、ɯ 由于听感上与 a 比较接近，很容易演变为 a，整个演变过程为 u/o>ɯ/ɤ>ə>a。⑨因此，kata、kɤta、kəta、kəla、kuta 原始形式很可能是 *kuta～*kula 或 *kota～*kola。这样北方汉语方言表示"儿子"含义的"疙瘩"（*kuta～

---

① 陈章太、李行健主编：《普通话基础方言基本词汇集》，语文出版社，1996 年，第 2385—2386 页。

② 马国凡、邢向东、马叔骏：《内蒙古汉语方言志》，内蒙古教育出版社，1997 年，第 113 页。

③ 高葆泰、林涛：《银川方言志》，语文出版社，1993 年，第 100 页；杨子仪、马学恭：《固原县方言志》，宁夏人民出版社，1990 年，第 214 页；林涛：《中卫方言志》，宁夏人民出版社，1995 年，第 133 页。

④ 李行健：《河北方言词汇编》，商务印书馆，1995 年，第 221 页。

⑤ 董绍克、张家芝：《山东方言词典》，语文出版社，1997 年，第 173 页。从山东方言也可以看出，济南的"疙瘩"kə ta 就是济宁的"疙垃"kə la。也是 l 和 t 存在交替。

⑥ 马文忠、梁述中：《大同方言志》，语文出版社，1986 年，第 73 页；谢自立：《天镇方言志》，山西高校联合出版社，1990 年，第 40 页。

⑦ 吴建生、李改样：《永济方言志》，山西高校联合出版社，1990 年，第 40 页。

⑧ 何茂活：《山丹方言志》，甘肃人民出版社，2007 年，第 201 页。此外，在部分北方官话方言里"蝌蚪"的说法很特殊，一般写作"蛤蟆骨朵儿"或"蛤蟆疙瘩儿"。北京"蛤蟆骨朵儿"xa2 ma ku1 tuər，石家庄"蛤蟆蝌蚪儿"xɤ2 ma khɤ tour，兰州"蛤蟆骨朵"xɤ2 ma ku2 tu，哈密"蛤蟆骨朵"xa2 ma5 ku1 tu3，乌鲁木齐"蛤蟆骨朵"xa3 ma ku1 tu，西昌"蛤蟆骨朵儿"kha2 ma2 ku7 tər1。参见陈章太、李行健主编：《普通话基础方言基本词汇集》，第 3781 页。这里的"骨朵"或"疙瘩"可能也是"儿子"的意思。

⑨ u/o>ɯ/ɤ>ə>a 是很常见的音变，如山东方言中，"什么"，烟台 ɕiŋ5 mo，诸城 ʃəŋ5 mə，青岛 ʃoŋ5 ma。参见陈章太、李行健主编：《普通话基础方言基本词汇集》，第 4358 页。可以看到山东方言中"么"的音变为 mo>mə>ma。

＊kula 或＊kota～＊kola）就和匈奴的"孤塗"（＊kʷala ～＊kʷara ～＊kʷada,以及可能变体＊kola、＊kora、＊koda、＊kula、＊kura、＊kuda）语音完全对应。

除了北方汉语方言之外,在部分北方民族语言中（如满语和蒙古语）,也有"嘎达"或"疙瘩"表示"儿子"的情况。①如高杨认为东北汉语的"老疙瘩"借自满语 lokata。②曾庆娜等则认为"老嘎达"是个蒙古语。③

白鸟库吉指出"孤塗"为通古斯语的 kutu、gutu 的对音,通古斯语族中,"儿子",Capogir 语 hútta, Mangaseya 语 huttan, Burguzin 语 gutó。④这些语音总体有些相似,不过对应不够严格。这一点蒲立本已经指出。⑤

此外值得注意的是:一、在其他通古斯语中,"儿子"一般都是 xaxa dʒui 等形式,如女真语 xaxa dʒui,满语 xaxa dʐe,锡伯语 χaχə dʑi。⑥因此也有可能满通古斯语中的 kutu 等形式其实是借词。二、一般而言,满通古斯语最有可能影响的是东北、北京、河北等地的官话,如果汉语方言中的"疙瘩"来自通古斯语,那么西北汉语方言如甘肃、宁夏等地的汉语方言中的"疙瘩"（表示"儿子"）是无法解释的。因此极有可能满语中的 kata 也是个借词。

蒙古语族中,"儿子"常见形式是 kuː,如:蒙古语 xuː,达斡尔语 kəku,土族语 kuː,保安语 kuŋ。⑦语音上与"疙瘩""嘎达"不像,因此蒙古语中的"嘎达"很有可能也是借词。

从记录年代看,匈奴语远远早于满语或蒙古语。从"疙瘩"（表示"儿子"）的分布看,从东北到西北,也超出了满语或蒙古语的覆盖范围。因此,与其说"疙瘩""嘎达"是来自满语或蒙古语,还不如说北方汉语方言和民族语言中的这些语音形式是早期匈奴语的"孤塗"的遗留。

"孤塗"（＊kola、＊kora、＊koda、＊kula、＊kura 或者＊kuda）表示"儿

---

① 在北方一些其他民族语言中（如满语、蒙古语一些方言）,也有类似的表达。不过这些语言中的一般仅限于特殊的语境中的,如"最小的儿子"等,因此更可能是借词。

② 高杨:《东北方言中的满语借词》,广西师范学院硕士学位论文,2010 年,第 16 页。

③ 曾庆娜、蔡文婷:《呼伦贝尔方言词汇中的地域文化》,《呼伦贝尔学院学报》2014 年第 22 卷第 6 期,第 60—62 页。

④ ［日］白鸟库吉:《匈奴の人種について》,《白鸟库吉全集》第四卷《塞外民族史研究（上）》,第 475—484 页;何建民译,《匈奴民族考》,收入林幹编《匈奴史论文选集》,第 184—216 页。

⑤ ［加］蒲立本:《上古汉语的辅音系统》,第 170 页。

⑥ 金启孮:《女真文辞典》,文物出版社,1984 年,第 47 页;李树兰、仲谦:《锡伯语简志》,民族出版社,1986 年,第 150 页;王庆丰:《满语研究》,民族出版社,2005 年,第 138 页。

⑦ 德力格尔玛、波·索德:《蒙古语族语言概论》,中央民族大学出版社,2006 年,第 94 页。

子"，这类语音形式表示"儿子"在欧亚大陆的语言中非常常见。

贝利指出，匈奴语中的"孤塗"与伊朗语支有关，在伊朗语支中，kau 或 ku 表示"小"的意思，阿维斯陀语 kutaka"小"，波斯语 kurrah"小动物"，库尔德语 kurr"儿子"，巴基斯坦 Ormuṛi 语 kolan"儿子"。①

其实不仅是伊朗语支，在印度—伊朗语的许多语言中，都存在与"孤塗"（ *kola、 *kora、 *koda、 *kula、 *kura 或者 *kuda）相似的词语。②如：中古波斯语 kōdak"小"，粟特语 kwrt'、xwkwr、wk'wr"孩子"，Kurdish 语 kuř"孩子"，Gaz 方言 kur"孩子"，Gurani 语 kur"儿子、男孩"，Taleshi 语 kəra"马驹"。③南部塞语 gula"子孙、后代"，和田塞语 kula"孩子"。④Relli 语 korra"男孩、儿子"，Cameali 语 kŏḷa"儿子"。⑤需要指出的是，印度伊朗语支中，表示"儿子"的词语一般都是 putra，如：梵文 putra，古代波斯语 puθra，原始印欧语 *putlo。⑥因此 kura 或 kudak 等语音形式可能是借词。⑦

达罗毗荼语中的表示"儿子"等语义词语的语音形式也和印度伊朗语很接近。如：Malto 语 qade"儿子"，Kuṛux 语 xadd"孩子、幼兽"，xaddas"儿子、男孩"，xadā"小孩"，Pengo 语 kaṛde"儿子，男孩"，Manda 语 kaṛde"儿子"，Malayalam 语 kaṭa"小孩、年轻人"，karṛa"男孩，幼崽"，Kannaḍa 语 kaṛa"幼崽"，kanḍa"小孩、儿童"，Parji 语 kar"树苗"，Gonda 语 kat-"生育"，Tulu 语 kārānā"孵蛋"，Gondi 语 gārā"种子"，Tamil 语 kāṛ"种子"，Kannada 语 kāṛ

① Bailey，H.W. *Indo-Scythian Studies Being Khotanese Texts*，*Volume VII*. London：Cambridge University Press，1985，pp.29—30.

② Boyce，M. *A Word-list in Manichaen Middle Persian and Parthian.* Leiden：E.J. Brill，1977，p.53.

③ Cheung，J. *Etymological Dictionary of the Iranian Verb.* Leiden/Boston：Brill，2007，p.250.

④ Harmatta，J. Languages and Script in Graeco-Bactria and The Saka Kingdom. J. Harmatta（ed.），*History of Civilizations of Central Asia*，*Vol（2）*：*The development of sedentary and nomadic civilizations*：*700 B.C. to A.D. 200.* Paris：UNESCO Publishing，1994，p.404.

⑤ LDO（Language Division Office of The Registrar General & Census Commissioner of India）. *Linguistic Survey of India*：*Orissa. Language Division Office of The Registrar General & Census Commissioner of India.* 2002，p.194. Hallberg，Daniel G. *Sociolinguistic Survey of Northern Pakistan.* Vol.4. National Institute of Pakistan Studies & Summer Institute of Linguistics，1992，p.115. Bailey，T.G. *The Language of the Northern Himalayas.* London：The Royal Asiatic Society，1908，pp.14，34，106.

⑥ Kent，R.G. *Old Persian*：*Grammer Texts Lexicon.* New Haven：Amerian Oriental Society，1950，p.197.

⑦ Turner，R.L. *A Comparative Dictionary of Indo-Aryan Languages.* London：Oxford University Press，1966，p.166.

"种子"，Gadba 语 kar-"生育，出生"。①原始达罗毗荼语的"儿子、男孩"
为 *kara~ *kada。②

在藏缅语中，"孩子"，Tamang 语 kola，Gurung 语 kolo。③"儿童"，缅文
ka1 le3，缅语 ka53 le55。④这种语音形式并不见于其他藏缅语，而且这部分
藏缅语所在地区都是在印度境内或者与印度毗邻，因此应该是借词。

在西高加索语中，如 Abkhaz 语中，q'at'a"年轻的人、动物、植物"，南部
Abkhaz 语 a-xara"出生、降生"，Tapanta 语 xara"出生"。⑤

闪含语系中，表示"孩子"的词语的词根基本上都是 gadya 或 gʷal-等形
式，⑥如："孩子"，原始闪含语 *gol-，叙利亚语 gadyā，Ugaritic 语 gdy，中部
Chadic 语 ɣwal-，Logone 语 ɣ'oli，Agaw 语 qʷəra，Kemant 语 xʷər，Xamtanga
语 xʷəra，Geez 语 əgʷāl。⑦

从上面材料可以看出，欧亚大陆许多语言中表示"儿子、孩子"的词汇
都与匈奴语中的"孤塗"kʷala 或者 kʷada 相似。这说明《汉书》把"孤塗"解
释为"儿子"是有事实依据的。因此许多学者把"孤塗"另作其他解释则没
有必要。⑧通过比较研究，可以确定印度—伊朗语支、阿尔泰语、藏缅语中的

---

① Burrow, T. & Emeneau, M.B. *A Dravidian Etymological Dictionary. 2nd ed.* Oxford：Clarendon Press，1984，pp.104、106、131、132、139、157.

② 达罗毗荼语中明显是 t、d、r 和 d 相互交替。小舌音 q 演变为 k 是常见音变。因此 q 显然是更早的读音。

③ LDO（Language Division Office of The Registrar General & Census Commissioner of India）. *Linguistic Survey of India：Sikkim Part 1.* Language Division Office of The Registrar General & Census Commissioner of India，2009.

④ 《藏缅语语音和词汇》编写组：《藏缅语语音和词汇》，中国社会科学出版社，1991 年，第665 页。

⑤ Chirikba，V.A. *Dictionary of Common Abkhaz.* Leiden：Research School CNWS，1996，pp.60、102.

⑥ 闪含语系中的"蛋"与"孩子"无疑也是同源词。"蛋"，原始中部 Chadic 语 * kwal，Beta 语 kwalɔ，Gaanda 语 geila，Boka 语 ngala，Hwona 语 ŋgala，Tera 语 ngərli。Orel，V.E. & Stolbova，O.V. *Hamito-Semitic Etymological Dictionary：Materials for a Reconstruction.* Leiden：Brill，1995，pp.199—200，pp.343—344.其中 Boka 语和 Hwona 语中表示"蛋"的词语的鼻音是前缀，词根是 gala，应该也是同源词。

⑦ Orel，V.E. & Stolbova，O.V. *Hamito-Semitic Etymological Dictionary：Materials for a Reconstruction.* Leiden：Brill，1995，p.229. Bennett，P.R. *Comparative Semitic Linguistics. A Manual.* Winona Lake：Eisenbrauns，1998，pp.144、226. 值得注意的是，闪含语系中的"儿子"是bar，与印欧语中的 putra"儿子"、突厥语中的 bal/bala"孩子"之间的语音非常接近，他们之间的关系值得进一步探讨。

⑧ 北方汉语方言以及北方民族语言中"嘎达""疙瘩"在表示"儿子"时一般都用于"小儿子"，而不能用于表达其他儿子，因此很可能是个来自西域语言的借词。

类似形式可能都是借词。如果考虑发生学的关系,首先应该考虑匈奴语言的"孤塗"与闪含语系、达罗毗荼语、高加索语等语言的相关词语存在关联。

3.3　阏　　氏

"阏氏",最早见于《史记·匈奴列传》:"后有所爱阏氏。"司马贞索隐:"阏氏,旧音於连、於曷反二音。匈奴皇后号也。"①《汉书·宣帝纪》:"单于阏氏子孙昆弟……来降归义。"服虔注:"阏氏音焉支。"②《论衡·乱龙》中又有"休屠王焉提",刘盼遂指出"焉提"就是"阏氏"。③

从司马贞等人的注解以及异文来看,"阏"有两个读音:一个读音等同于"焉",另一个读音为"於曷反"。到后来越来越多的人读"焉支"。"阏"的这两个读音现在看起来差别非常大。实际上,在汉代的时候,这两个读音非常相似。在汉代"焉"是没有 i 介音的。④"焉"(*an)虽然是收-n 韵尾,但由于-n 和-r 读音接近,在汉代西域语言对音中"焉"经常对应 ar,如"焉耆"对应 argina。⑤由于语音接近,在世界各大语言中,t、d、r、l、n 相互交替都是很常见的,如梵汉对音中"单"(*tan)对应梵文 tat,因此甚至可以推断"焉"(*an)可以对应 at。因此"阏"的两个读音——"焉"(*an)和"於曷反"(*at),在汉代的时候读音其实非常相近。白鸟库吉也指出,"阏",安南音读 at,高丽汉音读 al。⑥这显然与汉代读音相似。

根据梵汉对音,汉代影母基本上对应的都是零声母,如"阿"对应梵文 a,"安"对应梵文 an,并没有对应小舌音的现象。月部上古音构拟各家都是*at 或*ad,梵汉对音中,月部对应梵文 ar、at、ad,如"遏"对应梵文 ar、at,"曷"对应梵文 gat,"竭"对应梵文 gad、gat。支部在梵汉对音中对应梵文

① (汉)司马迁:《史记》,第 2888 页。
② (汉)班固:《汉书》,第 266 页。
③ 刘盼遂:《刘盼遂文集》,北京师范大学出版社,2002 年,第 78 页。
④ 郑张尚芳提出现代汉语中三等字的 i 介音是后起的,现在得到越来越多的学者的赞同。
⑤ 岑仲勉:《汉书西域传地里校释》,中华书局,1981 年,第 565 页。汉代以-n 来对应西域语言中的-r 或-t 很常见。
⑥ [日]白鸟库吉:《匈奴の人種について》,《白鸟库吉全集》第四卷《塞外民族史研究(上)》,第 475—484 页;何建民译,《匈奴民族考》,收入林幹编《匈奴史论文选集》,第 184—216 页。

i, 如"底"对应梵文 ti, 各家一般都将支部构拟为高元音 *i, [1] 同时从上面的梵汉对音材料可以看出, r、l 和 t 经常交替, 那么"阏氏"或"焉提"在汉代的读音应该是 *atti、*addi、*arri、*alli、*andi 等。[2]

刘攽最早指出"阏氏"应该是匈奴语的"妻子", 而非"皇后"的称号, [3] 这是非常有见地的看法。[4] 这一点基本上得到后来学者的认可。[5]

白鸟库吉认为"阏氏"atsu 对应满通古斯语 ačiú, 将"氏"构拟为 *su, 声母为擦音。[6] 由于古无舌上音, 上古"氏""支"读音相同, 都是 *ti, 声母是齿龈塞音。白鸟库吉的比较显然不符合上古汉语实际读音情况。

许多学者把"阏氏"与突厥语 qatun"妻子"对应, [7] 但是这种对应其实存在明显的问题: 一、"阏"是影母字, 在汉代是零声母, 和 qatun 的 qa 并不对应。二、"氏"或"氐"(*ti)是没有鼻音韵尾的, 而对应的突厥语的 tun 有鼻音韵尾, 而且两者的元音也很不一样, "氏"的主元音是 i, 是前高元音, 而突厥语的 qatun 的 tun 主元音是 u, 是后高元音。因此这两者在语音上并不构成对应。[8]

上文已经确定"阏氏"或"焉提"在汉代的读音是 *atti、*addi、*arri、*alli 或 *andi。这在达罗毗荼语中可以找到完全相同的词语。泰米尔语 āṭṭi "妻子、女人", Telugu 语 aṭadi、aḍadi、aḍudi "女人", Parji 语 aḍey "妻子", Gondi 语 āṛ、āṛ "女人", Kui 语 āli "女人、妻子", Kuwi 语 āḍi ~ āṛi "女人、妻

① 梵汉对音材料详见俞敏:《后汉三国梵汉对音谱》,《俞敏语言学论文集》, 商务印书馆, 1999 年, 第 51—62 页。上古月部和支部的构拟详见李方桂:《上古音研究》, 第 50 页; 王力:《汉语语音史》, 中国社会科学出版社, 1985 年, 第 18、82—83 页; 郑张尚芳:《上古音系》, 第 72 页; 金理新:《上古音略》, 黄山书社, 2013 年, 第 120 页。

② 蒲立本把"阏氏"的汉代读音还原为 *atteḥ, 已经非常接近语音实际, 可惜后来蒲立本在比较过程中硬是将阏氏和突厥语的 qatun 对应。

③ (清)王先谦:《汉书补注》, 第 5616 页。

④ 从休屠王焉提就可以看出应该不是"皇后"的意思。

⑤ [日]白鸟库吉:《匈奴の人種について》,《白鸟库吉全集》第四卷《塞外民族史研究(上)》, 第 475—484 页; 何建民译,《匈奴民族考》, 收入林幹编《匈奴史论文选集》, 第 184—216 页。Pulleyblank, E. G. The Hsiung-nu Language, Appendix to The Consonantal System of Old Chinese: Part II. *Asia Major*, 1962/3, Vol. 9, pp. 59—144, 206—265. Bailey, H. W. *Indo-Scythian Studies Being Khotanese Texts*, *Volume VII*. London: Cambridge University Press, 1985.

⑥ [日]白鸟库吉:《匈奴の人種について》,《白鸟库吉全集》第四卷《塞外民族史研究(上)》, 第 475—484 页; 何建民译,《匈奴民族考》, 收入林幹编《匈奴史论文选集》, 第 184—216 页。

⑦ [加]蒲立本:《上古汉语的辅音系统》, 第 196 页; 何星亮:《匈奴语试释》,《中央民族大学学报(哲学社会科学版)》1982 年第 1 期, 第 3—11 页。

⑧ 突厥语 qʻatʻun 与"可敦"对应是非常工整的。

子"，Kurukh 语 ālī，Koṇḍa 语 āṇḍu<（āḍḍu）"女性"，[1]Kannḍa 语 ale"女人"，Shōlegas 语 attiga"嫂子"。[2]可以把达罗毗荼语的"妻子"原始形式构拟为 ＊atti～＊addi～＊alli～＊arri～＊andi，几乎与"阏氏"相同。

在闪含语系中，"妻子、小妾"，叙利亚语 'arttā，阿拉伯语 ḍarrat。闪含语系的＊adid-表示"女性亲戚"，如闪米特语 ad-"女士"，Ugaritic 语 'dt"女士"，Aramaic 语 'dt"女士"，Sidamo 语 adaada"姨妈"，Darasa 语 adaada"姨妈"。[3]这和达罗毗荼语 ātti"妻子"、匈奴语的阏氏（＊atti）非常接近。

3.4　居　　次

《汉书·匈奴传下》："复株累单于复妻王昭君，生二女，长女云为须卜居次，小女为当于居次。"颜师古注："李奇曰：'居次者，女之号，若汉言公主也。'文颖曰：'须卜氏，匈奴贵族也。当于，亦匈奴大族也。'"[4]

白鸟库吉、何星亮等将匈奴语"居次"与突厥语 kyz"女儿"对应。[5]不过这种对应在语音上存在问题。"居次"的上古音不管如何构拟，[6]有两个音

---

① 达罗毗荼语中，两个 d 或 ṭ 重叠的时候，前面的 d 或 ṭ 经常会变成 n，也可以认为在两个辅音重叠的词语中，n 是 d 或 ṭ 的变体或者交替形式。如泰米尔语 onti～otti"潜伏"。详见：Burrow, T. & Emeneau, M.B. *A Dravidian Etymological Dictionary*. 2nd ed. Oxford：Clarendon Press, 1984, p.93. 因此根据其泰米尔语中 ātti"妻子、女人"两个 ṭ 重叠，而 n 是 d 或 ṭ 的变体或者交替形式，因此 Koṇḍa 语 āṇḍu 应该是从 āḍḍu 演变而来。汉语中读为"焉提"除了本身语音相近之外，也有可能与这种音变有关，在语音形式上也与 āṇḍu 比较近。

② Burrow, T. & M.B. Emeneau. *A Dravidian Etymological Dictionary*. 2nd ed. Oxford：Clarendon Press, 1984, pp.24, 37. Zvelebil, K.V. The Language of the Shōlegas, Nilgiri Area, South India. *Journal of the American Oriental Society*, 1990, Vol.110, No.3, pp.417—433.

③ Bennett, Patrick R. *Comparative Semitic Linguistics：A Manual*. Eisenbrauns, 1998, pp.44—45. Orel, V.E. & Stolbova O.V. *Hamito-Semitic Etymological Dictionary：Materials for A Reconstruction*. Leiden：Brill, 1995, p.6.

④ （汉）班固：《汉书》，第 3808 页。

⑤ ［日］白鸟库吉：《匈奴の人種について》，《白鸟库吉全集》第四卷《塞外民族史研究（上）》，第 475—484 页；何建民译，《匈奴民族考》，收入林幹编《匈奴史论文选集》，第 184—216 页。何星亮：《匈奴语试释》，《中央民族大学学报（哲学社会科学版）》1982 年第 1 期，第 7 页。

⑥ 关于脂部的构拟，总的来看现在的各家认为是有韵尾，如：高本汉认为＊-ir，李方桂认为＊-id，郑张尚芳认为＊-il。参见［瑞典］高本汉：《中上古汉语音韵纲要》，第 135—136 页；李方桂：《上古音研究》，第 65 页；郑张尚芳：《上古音系》，第 194 页。"次"上古是清母脂部字，本身带有韵尾-r、-l 或-d，也就是说"居次"对应的语词至少应该有两个以上音节，三个以上辅音。

节是肯定的,而突厥语 kyz 只有一个音节,根本无法构成对应。可见"居次"和突厥语的 kyz"女儿"无关。

"居次"除了表示"单于的女儿""公主"之外,还有可能表示"侄女"或"弟媳"。

《汉书·匈奴列传上》:"校尉常惠与乌孙兵至右谷蠡庭,获单于父行及嫂、居次、名王、犁污都尉、千长、将以下三万九千余级。"①这段文字对准确把握"居次"的意思非常重要。

首先需要交代一下这段话的背景。根据《汉书》,右谷蠡王是狐鹿姑单于的弟弟,也是狐鹿姑单于指定的接班人,是单于家族的重要成员。但是后来由于卫律等人的干预,不能继位,公元前 85 年,单于的位置由狐鹿姑单于的儿子壶衍鞮单于继承。右谷蠡王因为不能继承单于位置,对侄子壶衍鞮单于心存怨念。"右谷蠡王以不得立怨望"。简言之,右谷蠡王与侄子壶衍鞮单于关系不好。

公元前 71 年,"校尉常惠与乌孙兵至右谷蠡庭,获单于父行及嫂、居次",是说常惠从右谷蠡王根据地活捉单于的父辈、嫂子以及"居次"。但是如果将"居次"理解为"女儿",那么就是说常惠在右谷蠡王的根据地活捉到单于的女儿,这会比较难解释。因为右谷蠡王与壶衍鞮单于关系并不好,所以壶衍鞮单于不可能让自己的女儿待在右谷蠡王根据地。因此这里的"居次"不大可能是"女儿"的意思。

《汉书》中"居次"和"嫂"是并列结构,而右谷蠡王是壶衍鞮单于的叔叔,这一点确定之后,那么这里的"嫂"应该是单于堂兄的妻子,而"居次"的身份应该低于"嫂",因此,这里的"居次"的意思最有可能是"弟媳"("单于堂弟的妻子")或"侄女"("单于堂兄弟的女儿")。②

再来看"居次"的上古音。"居"上古音为 *ka,"次"是精母或清母脂部字,③汉代精组字经常对应西域语言中的 ṭ、ṭh、ḍ,如 Cadota、Caḍ'ota 对应

---

① (汉)班固:《汉书》,第 3786 页。

② 沈钦韩认为"居次"是王侯妻号,相当于满清的"福晋",参见(清)王先谦:《汉书补注》,第 5685 页。从"获单于父行及嫂、居次"这句话的上下文来看,似乎有问题,因为如果"居次"是"夫人"之类的意思,那么前面的"嫂"肯定也是符合"夫人"的身份,就变得重复了。因此,同时出现"嫂"和"居次",就说明"居次"不大可能是"夫人"的意思。

③ 值得注意的是,古文字中,"次"经常用作"恣"或"济",参见白于蓝:《战国秦汉简帛古书通假字汇纂》,福建人民出版社,2012 年,第 335—336 页。这两个字都是精母字,而且在《经典释文》中,"次"本身有精母的读音"资利反",参见(唐)陆德明:《经典释文》,中华书局,1983 年,第 292 页。

"精绝"，"绝"对应的正是 dota、d'ota；Dapicī 对应"捷枝"，[①]"捷"对应
dapi，"绝"和"捷"都是从母字，可以看出从母可以对应西域语言里的 d 或
d'。金理新将上古精组构拟为 t、th、d，[②]其实就是 t、th、d 的另外一种写法，
是非常有解释力的，我们赞成这个构拟。因此，"次"的上古音为 tir、til、
thir 或 thil。"居次"的上古音有可能为 *katir、*katil、*kathir、*kathil 等形式。

我们再来看其他语言中与"居次"对应的情况。

达罗毗荼语中，泰米尔语 kātali "宠爱的女子，女儿"，Telugu 语 kōḍalu
"儿媳"，Kolama 语 koral "弟弟的妻子"，Naikri 语 koraḷ "儿媳、新娘"，Parji
语 korol "新娘"，Gadba 语 koraḷ "儿媳、弟弟的妻子"，Gondi 语 koriāṛ "儿媳"，
Koya 语 koḍiyād "儿媳，姐姐的女儿"，Konḍa 语 koṛesi "儿媳妇"。[③]可以看到，
kātali 的 t、kōḍalu 的 ḍ、koral 的 r、koraḷ 的 ḷ、koriāṛ的 r 构成对应，t、ḍ、l、r
以及 ṛ 构成交替，达罗毗荼中的"女儿、儿媳、弟弟的妻子、新娘"原始形式是
kātal-、koḍal-、koral 等。

闪含语中，阿卡德语 kallātu "儿媳"，闪米特语 kall "儿媳、新娘"，
Ugaritic 语 kl-t "新娘"，叙利亚语 kallətō "儿媳"。[④]闪含语中，"儿媳、新娘"
的原始形式为 *kallāt-。

显然，"居次"katil 与达罗毗荼语的 kātal- "女儿、儿媳、弟媳、新娘"以及
闪含语系中的 *kallāt- "儿媳、新娘"构成对应。[⑤]

3.5　匈奴语言与达罗毗荼语、闪含语之间存在对应

理解匈奴语言最重要的是理解匈奴的主体部落。然而，现在一般都承

---

① 岑仲勉：《汉书西域传地里校释》，第 575 页。

② 金理新：《上古音略》，第 394 页。

③ Burrow, T. & M.B. Emeneau. *A Dravidian Etymological Dictionary*. 2nd ed. Oxford：Clarendon Press，1984，pp.135、193.

④ Orel, V.E. & Stolbova O.V. *Hamito-Semitic Etymological Dictionary：Materials for a Reconstruction*. Leiden：Brill，1995，p.310.

⑤ 由于 t、d、ṭ、ḍ、l、r 经常相互交替是常见现象，详见 Andronov, M.S. *A Comparative Grammar of the Dravidian Languages*. Wiesbaden：Otto Harrassowitz，2003，pp.76—85. 同时佛经音译中，d、t 也经常与 l 相混。如"履"对应 di，"楼"对应 to。在汉三国的佛经翻译中，在梵汉对音中脂部的主元音除了对应 i 之外，也经常对应 a，如"涅"对应 nad，"陛"对应 pas。参见俞敏：《后汉三国梵汉对音谱》，《俞敏语言学论文集》。

认匈奴是个部落联盟，在崛起壮大过程中兼并了许多西方、北方民族和部落，因此匈奴包含了许多来自北方和西方的部落。①从考古层面看，匈奴人种也包含欧亚大陆各种人群，从游牧民族的部落联盟的角度看，这是很好理解的。正如林沄所言，考虑匈奴的族源，主要是考虑冒顿赖以建立联盟的核心力量是具有何种体质特征和文化特点的族群。②从目前考古材料来看，由于联盟中的种族过多，到底哪一个族群是主体部落并不容易判断，这也使得借助考古来研究匈奴语言的企图归于徒劳。

国内外学界对匈奴语言的研究有比较多的讨论，但并没有特别有说服力的看法。就现在而言，主要有三种看法：

一、匈奴语是阿尔泰语。施密特、白鸟库吉、伯希和认为是蒙古语，③萨摩林、何星亮、林幹等认为是突厥语。④福兰阁认为匈奴语主要是突厥语，也有部分伊朗语支的斯基泰语和萨玛特语成分。⑤拉铁摩尔认为匈奴语是突厥语或者蒙古语。⑥国内学者一般都倾向于认为匈奴语是阿尔泰语。普里察克则认为匈奴语应该和库班河、伏尔加河、多瑙河流域的布勒加尔人的语言组成一个阿尔泰语的布勒加尔语组，其现代的代表就是楚瓦什语。⑦⑧

---

① Ishjamts, N. Nomads in Eastern Central Asia, János Harmatta(ed.), *History of civilizations of Central Asia*, Vol. 2. The development of sedentary and nomadic civilizations: 700 B.C. to A.D. 250. Psris: UNESCO Publishing, 1994, p.158. 乌恩：《论匈奴考古研究中的几个问题》，《考古学报》1990 年第 4 期，第 409—437 页。林沄：《关于中国的对匈奴族源的考古学研究》，收入《林沄学术文集》，中国大百科全书出版社，1998 年，第 368—386 页。耿世民：《阿尔泰共同语与匈奴语探讨》，《语言与翻译》2005 年第 2 期，第 3—7 页。

② 林沄：《关于中国的对匈奴族源的考古学研究》，收入《林沄学术文集》，第 368—386 页。

③ Schmidt, J. J. *Forschungen im Gebiete der älteren religiösen, politischen und literarischen Bildungsgeschichte der Völker Mittel-Asiens*. St. Petersburg: K. Kray, 1824, pp.39—67. [日]白鸟库吉：《匈奴の人種について》，《白鸟库吉全集》第四卷《塞外民族史研究（上）》，第 475—484 页。Pelliot, P. Tängrim>tärim. *T'oung Pao*, 1944, Vol.37, Livr. 5(1944), pp.165—185.

④ Samolin, William. Hsiung-nu, Hun, Turk, *Central Asiatic Journal*, 1957, Vol.3, No.2, pp.143—150. 何星亮：《匈奴语试释》，《中央民族大学学报：哲学社会科学版》1982 年第 1 期，第 3—11 页。林幹编：《匈奴史论文选集(1919—1979)》，第 184—216 页。

⑤ Franke, Otto. *Geschichte des chinesischen Reiches*. Vol.I. Berlin: Walter de Gruyter, 1930, p.328.

⑥ Lattimore, O. *Inner Asian Frontiers of China*. New York: American Geographical Society, 1951, p.450.

⑦ Pritsak O. Ein hunnisches Wort: Meinem Lehrer Hans Heinrich Schaeder in Dankbarkeit. *Zeitschrift der Deutschen Morgenländischen Gesellschaft*, 1954, Vol.104, No.1, pp.124—135. 普里察克的文章其实更多的是从理念出发，其实讨论并没有涉及匈奴语言的实质性内容，如《史记》《汉书》等中国汉代典籍中记载的匈奴语言都未予以讨论。

⑧ 更多匈奴和阿尔泰语民族相关的综述详见[日]内田吟风：《匈人、匈奴同族论研究小史》，余大钧译，《北方民族史与蒙古史译文集》，云南人民出版社，2003 年，第 194—198 页。贾衣肯：《匈奴西迁问题研究综述》，《中国史研究动态》2006 年第 9、10 期。

匈奴语和阿尔泰语的对应,令人信服的材料不多,伯希和、亦邻真指出并没有坚实的证据表明匈奴语是突厥语或者蒙古语。[①]值得注意的是,亦邻真认为匈奴语言可能是蒙古语、突厥语、满通古斯语之外的第四种阿尔泰语族。[②]蒲立本从语音类型的角度令人信服地证明了匈奴语不可能是阿尔泰语。[③]

二、匈奴语是叶尼塞语。曼兴-海尔芬认为匈奴语言中有吐火罗语与伊朗语借词,匈奴部落中肯定包含古代西伯利亚语民族,也就是现在叶尼塞语的祖先。[④]但是匈奴王族的语言不好确定。李盖提认为匈奴语“辖鞮”和叶尼塞语系的 Ostyak 语中的 sāgdi 相关,但是对匈奴语和叶尼塞语之间的关系比较谨慎。[⑤]蒲立本、沃文根据部分语词可能存在对应关系,认为匈奴语可能和叶尼塞语有关。[⑥]蒲立本和沃文的研究存在的最大问题是缺乏系统性,利用零星可疑的材料将匈奴语和叶尼塞语建立关联,实际上有观点先行之嫌。比如他认为“孤塗”和叶尼塞语支中的 Kettish 语中的 qalek“小儿子,孙子”对应,全然不顾 Kettish 语中的常用表示“儿子”的词语是 fyp,这个词在其他叶尼塞语中都有同源词。Kettish 语中的 qalek 更像是个借词。如果是借词的话,用来证明匈奴和叶尼塞语之间的关系显然是不可靠的。即使 qalek 对应匈奴语“孤塗”,叶尼塞语中也找不到可以和“阏氏”“居次”语音对应的词语。因此根据个别零星可疑的词语就认为匈奴语是叶尼塞语的结论,无论是论据还是论证都非常无力。

三、匈奴语是伊朗语。贝利则认为匈奴人说的是伊朗语支的语言,并对一系列词语进行了比较。[⑦]但是由于贝利对汉语上古音并不了解,许多对

①　Pelliot, Paul. Tängrim>tärim, T'oung Pao, 1944, Vol.37, Livr. 5, pp.165—185;亦邻真:《中国北方民族与蒙古族族源》,《内蒙古大学学报(哲社版)》1979 年第 Z2 期。不过“撑犁”和突厥语 tangri 以及蒙古语的 tengri 对应很可靠。伯希和认为突厥语 tangri 以及蒙古语的 tengri 是借词,不是阿尔泰固有词语,从语源上看与亚美尼亚语 ter“主”相关。

②　亦邻真:《中国北方民族与蒙古族族源》,《内蒙古大学学报(哲社版)》1979 年第 Z2 期。

③　Pulleyblank, E.G. The Hsiung-nu Language, Appendix to The Consonantal System of Old Chinese: Part II, Asia Major, 1962/3, pp.59—144, 1962/9, pp.206—265.[加]蒲立本:《上古汉语的辅音系统》,第 163—201 页。

④　Maenchen-Helfen, O. Huns and Hsiung-Nu. Byzantion, 1944-45, Vol.17, pp.222—243.

⑤　Ligeti, L. Mots de civilisation de Haute Asie en transcription chinoise, Acta Orientalia Academiae Scientiarum Hungaricae, Vol.1, No.1, 1950, pp.141—188.

⑥　Pulleyblank, E.G. The Hsiung-nu Language, Appendix to The Consonantal System of Old Chinese: Part II. Asia Major, 1962/3, pp.59—144, 1962/9, pp.206—265. Vovin, A. Did the Xiong-nu Speak a Yeniseian Language? Central Asiatic Journal, 2000, Vol.44, No.1, pp.87—104.

⑦　Bailey, H.W. Indo-Scythian Studies Being Khotanese Texts, Volume VII. Oxford: Cambridge University Press, 1985.

应的词语其实并不可靠，如认为"撑犁"对应伊朗语 čanɣaraka-。就目前研究而言，匈奴的亲属名词只有"孤塗"在部分印度—伊朗语中能找到相似的形式，但是印度伊朗部分语言中，表示"儿子"最常见的词语是 putra。

表 3-1　匈奴语言与欧亚大陆语言中的亲属名词①

	儿子、孩子	妻子	女儿、儿媳、弟媳
匈奴语	孤塗 *koda~ *kola	阏氏 *atti ~ *arri ~ *alli	居次 *kaṭil
达罗毗荼语	kara~kada	āṭṭi ~ āddi ~alli	kātal-
闪含语	gadya	ʾarrtā	kallāt-
突厥语	oɣul、ol	qatən	kelin
蒙古语	kəku	əxnər	bere
满通古斯语	hahədz̟i	xəx	orun
伊朗语　中古波斯语	frzynd、pwbr、pws	bwg、zn	wuwg、zstg
伊朗语　粟特语	wð	ðβāmman	šwnš
叶尼塞语	hiʔb	qim	énnam

在表 3-1 中我们可以发现，如果对三组亲属名词进行严格比对，匈奴语言和达罗毗荼语以及闪含语系最为接近。"孤塗"（*kwada ~ *koda ~ *kola ~ *kora，意为"儿子"）对应达罗毗荼语 *kara ~ *kada"儿子"以及闪含语的 gadya"孩子"，"阏氏"对应达罗毗荼语的 aṭṭi"妻子、女人"以及闪含语的 ʾarrta"妻子"，"居次"对应达罗毗荼语的 *kōḍar"女儿、儿媳、弟媳"以及闪含语的 kallāt-"儿媳"。在亲属关系中，"儿子""妻子""儿媳"构成一个完整的

① 达罗毗荼语和闪含语的材料参见 Burrow, T. & M.B. Emeneau. *A Dravidian Etymological Dictionary*. 2nd ed. Oxford：Clarendon Press, 1984. Orel, V.E. & Stolbova, O.V. *Hamito-Semitic Etymological Dictionary*：*Materials for a Reconstruction*. Leiden：Brill, 1995。突厥语材料参见陈宗振：《中国突厥语族语言词汇集》，民族出版社，1990 年。蒙古语材料参见孙竹：《蒙古语族语言词典》，青海人民出版社，1990 年。满通古斯语材料参见朝克：《满通古斯语族语言词汇比较》，中国社会科学出版社，2014 年，第 118—119 页。中古波斯语材料参见：Durkin-Meisterernst, D. *Dictionary of Manichaen Texts*. Turnout：Brepols, 2004。粟特语材料参见 Gharib, B. *Sogdian Dictionary*：*Sogdian-Persian-English*. Tehran：Farhangan Publications, 1995。叶尼塞语材料参见 Georg, S. *A Descriptive Grammar of Ket*（*Yenisei-Ostyak*）. Leiden：Global Oriental, 2007。

亲属名词系统。匈奴语中的亲属名词与达罗毗荼语和闪含语存在系统性对应。①

从语音形式看,相对于闪含语,匈奴语和达罗毗荼语更为接近。从语义上看,也是匈奴语和达罗毗荼语更为接近。匈奴语"孤塗"和达罗毗荼语 qade 都是"儿子"的意思,而闪含语系中的 gadya 是"孩子"的意思。显然语义上也是匈奴语与达罗毗荼语更加接近。

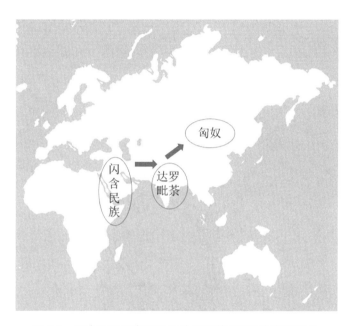

图 3-1　闪含语民族东迁以及达罗毗荼文明和匈奴的诞生

我们再来看匈奴与达罗毗荼文明以及近东文明之间的关系。

第一,从时间序列看,古代美索不达米亚文明最为古老,达罗毗荼文明其次,匈奴文明相对较晚。马松、卡瓦里—斯佛扎都认为达罗毗荼文明的起源和古代美索不达米亚有关,达罗毗荼人从古代美索不达米亚穿过伊朗高原,经过土库曼斯坦、阿富汗,到达巴基斯坦、印度。②克里斯那木提指出达

---

① 即使满语的 kada "儿子"是满通古斯语常见,后面"阏氏"和"居次"也找不到对应的词语。

② Masson, V.M. *The Bronze Age in Khorasan and Transoxania*, A.H. Dani & V.M. Masson (Eds.), *History of Civilizations of Central Asia*: *Vol.1 The Dawn of Civilization*: *Earliest times to 700B.C.* Paris: Unesco, 1993, Vol.I, p.242. Cavalli-Sforza, Luigi Luca. *Genes Peoples and Languages.* Translated by Mark Seielstad, London: The Penguin Group, 2001, p.160.

罗毗荼人在梨俱吠陀时期(公元前 15 世纪)就已经进入印度。①匈奴明确出现的时间和地点为公元前 3 世纪的中国北部,晚于近东文明和达罗毗荼文明。

第二,从空间看,闪含语系在亚洲的西部,达罗毗荼语在亚洲的中部,匈奴语在亚洲的东部。

第三,从人种看,近东的闪含语系民族基本上都是欧罗巴人种,匈奴人种的考古研究表明,部分中亚、阿尔泰地区、新疆地区的匈奴人明显具有欧罗巴人种特征。②

图 3-2 巴泽雷克匈奴墓葬中的骑士③

第四,从语言看,上文已经揭示,闪含语、达罗毗荼语以及匈奴语的部分亲属名词存在整齐的对应。

因此,根据这四方面证据,最有可能的结论是:部分闪含民族从古代近东向东迁徙,途经中亚的时候分开。一部分进入巴基斯坦、印度,成为达罗毗荼人;另外一部分继续向东行进,最终来到了中国的北部,建立了一个传

---

① Krishnamurti, B. *The Dravidian Language.* New York: Cambridge University Press, 2003, p.3.
② 乌恩:《论匈奴考古研究中的几个问题》,《考古学报》1990 年第 4 期,第 409—437 页。张全超、朱泓:《关于匈奴人种问题的几点认识》,《中央民族大学学报(哲学社会科学版)》2006 年第 33 卷第 6 期,第 34—38 页。
③ Кубарев В. Д., Шульга П. И. *Пазырыкская культура* (курганы Чуи и Урсула). Барнаул: Издательство Алтайского государственного университета, 2007, С.268.

奇的匈奴帝国。[①]

3.6　余　　论

从亲属名词看，匈奴语、印度达罗毗荼语以及近东的闪含语系存在对应关系，这可以解释匈奴文明里的许多近东文明元素：

（一）在匈奴墓葬中，经常会有很多辫子和头发陪葬（图 3-3）。除了诺颜乌拉匈奴墓葬之外，在诺伊努林土丘中发现的物品中，有辫子或一簇头发。在布里亚特察拉姆墓地，也发现多条陪葬辫子。[②]坟墓中辫子和头发的存在有不同的解释，其实这是来自近东闪含民族的传统。在古代闪含民族中，如犹太人和阿拉伯人，在哀悼死者时，往往会撕裂上衣，划破自己的脸，同时剪下自己的头发或辫子，放在墓穴中或墓碑周围。[③]

---

① 最后还要略微解释一下"撑犁"这个问题，白鸟库吉等人指出"撑犁"和蒙古语以及突厥语的 tängri "天"对应，这无疑是正确的。但是这并不必然表明匈奴语和蒙古语以及突厥语同源，也有可能突厥语 tängri 和蒙古语的 tengri 是借自匈奴语"撑犁"，然后一直流传下来。古代近东闪含语系文明中，如苏美尔语中，dingir 表示"神"，霍美尔很早就发现 dingir 和突厥语中的 tängri 存在相似性。参见 Hommel, F. *Grundriss der Geographie und Geschichte des alten Orients 1：Ethnologie des alten Orients：Babylonien und Chaldäa.* München：C.H. Beck, 1904, p.22。但是，伊利亚德指出早期突厥明显有一位天空之神，与印欧神话中的天空之神比较相似，从源头上看，原始突厥神话与印欧神话关系更为密切，与近东并没有那么接近。参见 Eliade, M. *Patterns in comparative religion.* London：Sheed & Ward, Inc, 1958, p.64。这就是说，突厥语中的 tängri 很有可能借自匈奴语。如果考虑到匈奴语和闪含语存在关联，在中国古代，"天"经常等同于"神"，因此，匈奴语的撑犁 * tangli "天、神"无疑和苏美尔语中的 dingir "神"就是同源词。它们在音义方面的相似应该不是巧合。伊利亚德苏美尔神话中，dingir 的词源与"天空""发光"相关，从这一点看，达罗毗荼语也可以找到同源词，泰米尔语 tikar "发光"，tinkal "月亮"。参见 Burrow, T. & M.B. Emeneau. *A Dravidian Etymological Dictionary.* 2nd ed. Oxford：Clarendon Press, 1984, pp.278—279。因此除了三个亲属名词之外，匈奴语中的"撑犁"tangri 与苏美尔语中的 dingir "神"以及达罗毗荼语的 tikar 或 tinkal 构成整齐的对应。这也能说明匈奴语与闪含语系和达罗毗荼语之间的内在关联。

② 详见 Руденко, С.И. *Культура хуннов и Ноинулинские курганы.* Ленинградское：Издвое Академии наук СССР. 1962. С.87—92. Minyaev, S.S. TSARAM：A BURIAL GROUND OF THE HSIUNG-NU ELITE IN TRANSBAIKALIA, Archaeology, Ethnology and Anthropology of Eurasia, Volume 37, Issue 2, 2009, pp.49—58。

③ [英]詹姆斯·乔治·弗雷泽著：《〈旧约〉中的民间传说——宗教、神话和律法的比较研究》，叶舒宪、户晓辉译，陕西师范大学出版社，2012 年，第 407 页。

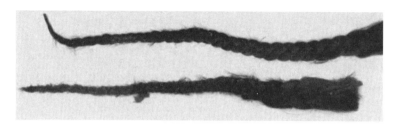

图 3-3　诺彦乌拉匈奴墓葬中的辫子①

图 3-4　巴泽雷克匈奴墓葬木乃伊
身上的神奇动物文身②

（二）匈奴墓葬中存在贵族文身和死后制作木乃伊的现象。闪含民族早期文明经常会有文身和为死者制作木乃伊的传统,如公元前西古提陵墓中的遗体上发现有文身,文身主要起护身符的作用,而近东埃及木乃伊举世皆知。③在巴泽雷克匈奴墓葬中,发现了匈奴贵族的木乃伊,墓葬中的男性和女性匈奴贵族都有文身（图 3-4）,女性左边肩膀的文身为神兽格里芬,男性的文身为猛兽撕咬鹿,这也是欧亚草原民族常见的艺术造型。

（三）匈奴墓葬经常发现圣树主题的艺术形象。苏联考古学家 Miniaev 指出,匈奴的许多艺术

---

① Полосьмак Н. В. Богданов Е. С. Курганы Суцзуктэ. Ноин-Ула, Монголия. Часть 1, ИНФОЛИО, 2015, C.65—66.

② Азбелев П.П. Пазырыкские татуировки как художественное свидетельство древних войн и бракосочетаний. Искусство и художественная культура Древнего мира. Археологический памятник и произведение искусства — общее и особенное, различия и взаимосвязь. 2017. C.51—57.

③ ［美］华尔顿、［美］麦修斯、［美］夏瓦拉斯:《旧约圣经背景注释》,中央编译出版社,2013年,第 156 页。

母题都和近东艺术有关。①在诺颜乌拉墓葬发现的匈奴毛毯经常会出现"圣树","圣树"是典型的亚述艺术。②非常值得一提的是,匈奴巴泽雷克墓葬中,经常出现狮身人面的图像(图 3-5),而狮身人面是亚述艺术的重要主题之一(图 3-6)。由此也可以说明,匈奴王族和近东闪含民族有关。

图 3-5 巴泽雷克墓葬中的狮身人面像　　图 3-6 亚述帝国狮身人面像③

（四）在匈奴墓葬中发现六角星符号,即两个三角叠加的符号。这个符号没有引起国内外学者的重视,其实这是近东经典符号,较早出现于巴比伦石雕中。此后,以色列民族六角星被称为大卫之星,现在以色列国旗上也有这个符号。但是可以肯定,这个符号在近东闪含民族出现相对较早,在距今公元前 2000 多年的地中海锡拉(Thera)遗址中,就出现了带有六角星的象牙玺印。但是这个符号很可能源自近东。因为锡拉遗址中还出现了埃及、叙利亚生产的石花瓶、象牙制品,鸵鸟蛋形状的酒器。同时考虑到材质为象牙,大象是埃及等近东国家常见的大型动物,所以锡拉岛上出土的六角星象

① Minyaev, S. The Origins of the "Geometric Style". Davis-Kimball, Jeannine et al. (eds.) *Kurgans, Ritual Sites, and Settlements Eurasian Bronze and Iron Age. BAR international series 890.* Archaeopress, 2000, pp.293—321.

② [德]N.伊什詹茨:《中亚东部的游牧人》,[匈]雅诺什·哈尔马塔主编:《中亚文明史》第二卷,第 119 页。

③ Полосьмак Н.В., ПОЗДНЯКОВ, Д.В. *Пазырыкцы: культура в лицах.* НАУКА из первых рук, 2010, том 90, №.5/6, C.110—127. Curtis, J. E. & Reade, J.E. *Art and Empire Treasures from Assyria in the British Museum.* London: British Museum Press. 1995, p.129.

牙印章可能是来自近东。① 六角星在早期近东闪含民族中很常见，主要是作为护身符。根据目前考古发现，六角星于公元前 600 年在犹太民族出现。② 这些地区的六角星在时间上早于东亚地区。在战国时代六角星就传入华夏文化，在战国铜镜和瓦当中都有出现，与匈奴语和近东语言的关联是对应的

图 3-7　六角星符号（一）③

图 3-8　六角星符号（二）④

① Aruz, Joan, Sarah B. Graff, and Yelena Rakic. *Cultures in Contact：From Mesopotamia to the Mediterranean in the Second Millennium B.C.* New York：Metropolitan Museum of Art, 2013, p.183.

② Issitt M, Main C. *Hidden Religion：The Greatest Mysteries and Symbols of the World's Religious Beliefs.* London：ABC-CLIO. 2014, p.26. Scholem, G. *The Messianic Idea in Judaism：And Other Essays on Jewish Spirituality.* New York：Schocken Books, 1971, p.260. Клесов, А.А., Саидов Х.С. Евреи и пуштуны Афганистана. Пропавшие колена Израилевы：История, политика и ДНК-генеалогия, 2015, С.217.

③ 图 3-7 分别为公元前巴比伦石刻图案、地中海提拉遗址象牙印章上六角星、匈奴六角星符号、伊沃尔加城匈奴遗址铜镜。引自 Radner, K., Robson E. *The Oxford Handbook of Cuneiform Culture.* Oxford：Oxford University Press. 2011, p.743. Aruz, Joan, Sarah B. Graff, and Yelena Rakic. *Cultures in Contact：From Mesopotamia to the Mediterranean in the Second Millennium B.C.* New York：Metropolitan Museum of Art, 2013, p.182. Ishjamts, N. Nomads in Eastern Central Asia. János Harmatta(ed.), *History of Civilizations of Central Asia. Vol.2. The Development of Sedentary and Nomadic Civilizations：700 B.C. to A.D. 250.* Paris：UNESCO Publishing, 1994, p.161. Давыдова, А.В. Иволгинский комплекс(городище и могильник) — памятник хунну в Забайкалье. Ленинградского：Изд-во Ленинградского университета 1985.图版 10。

④ 图 3-8 分别为图瓦匈奴墓葬的腰带牌、战国蒙古瓦当、战国六山图纹铜镜的六角星，引自 Леус П.М. Художественные бронзы эпохи хунну в Туве // Искусство Евразии. —2019. No 3(14). С.50—65. 陈永志：《内蒙古出土瓦当》，文物出版社，2003 年，第 64 页。铜镜藏于皖西博物馆，为六安白鹭洲 566 号战国墓出土。详见刘春、汪欣：《六安出土战国六山镜鉴赏》，《文物鉴定与鉴赏》2015 年第 5 期。

(图 3-7、3-8)。六角星经常出现于瓦当和镜子上,这和近东地区的护身符功能也是吻合的。因此六角星来自近东闪含民族文明,匈奴正是来自近东,这就可以解释战国时代中国的文物图纹中为何突然出现六角星。

值得注意的是,六角星这个符号在欧洲 4—5 世纪苏贾河(Суджа)上游的匈奴墓葬作为戒指纹饰也有出现(图 3-9),主要为护身符和权力的象征,这和匈奴以及中国北方出现的六角星是对应的。

图 3-9　六角星符号(三)①

这还可以得到中亚考古发现的佐证。在中亚哈萨克斯坦等地公元前 1 世纪到公元 3 世纪之间的墓葬中,发现大量埃及陶器、圣甲虫等来自近东的器物,②这一带对应汉代匈奴的邻国康居,刚好处于匈奴和近东的中间节点。这些近东器物的出现,也说明匈奴从近东迁徙而来,在路线上是可能的。

总而言之,匈奴和达罗毗荼语民族、近东闪含民族存在深度的语言文化、艺术、宗教上的关联。

---

① 图 3-9 分别是苏贾河匈奴墓葬戒指上的六角星、9 世纪伊斯兰木雕上的六角。引自 Мацулевич. Л.А. Погребение варварского князя в восточной Европе. Новые находки в верховьи реки Суджи. социально-экон. изд-во, 1934,图版 9。

② Подушкин. А.Н.Египетский фаянс в погребениях могильников Кылышжар и Культобе Южного Казахстана. Stratum plus. Археология и культурная антропология. 2005, 3. С. 307—320.

第4章　头曼的谜底:太阳、祭司、国王以及护身符

4.1　引　　言

"头曼"是《史记·匈奴列传》中记载的秦汉时期匈奴帝国的一位单于,也是匈奴传奇帝王"冒顿"的父亲,"头曼"和"冒顿"是匈奴帝国崛起过程中最重要的两个人物。然而"头曼"的语源一直不明。在1900年,夏德(Hirth)认为其与突厥语的 tuman"万"语源相关,相当于"万夫长"。[①]此后学者一般都接受夏德(Hirth)对"头曼"的语源解释。[②]

但是如果认真推敲,夏德(Hirth)这个解释显然是有问题的。

第一,匈奴单于下属存在"万骑"这一官职。根据《史记·廉颇蔺相如列传》记载,"李牧多为奇陈,张左右翼击之,大破杀匈奴十余万骑",匈奴在战国时期被赵国名将李牧大破,仅死亡人数就有十多万,这也说明匈奴士兵人数至少有十几万,而且匈奴本身有掌管万人的官员,称为"万骑"。如果匈奴首领的名称表示"万"或"万夫长",那就和自己下属官员"万骑"一样,那显然是对"头曼"身份的矮化。因此,从这个角度看,"头曼"不可能表示"万"。

---

① Hirth, F. Sinologische Beiträge zur Geschichte der Türk-Völker. Die Ahnentafel Attila's nach Johannes von Thurócz. Известия Императорской Академии Наук. 1900, Volume 13, Issue 2, pp.221—261.

② 马长寿:《突厥人和突厥汗国》,上海人民出版社,1957年,第17页。[日]泽田勋:《匈奴》,王庆宪、丛晓明译,内蒙古人民出版社,2010年,第17页。

第二,突厥语并不等同于匈奴语,拿突厥语里的同音词来解释匈奴语在前提上存在问题。

第三,即使"头曼"是突厥语 tuman"万",仍然存在不可解释的问题。因为"万"并不等于"万夫长"。"头曼"表示"万夫长"比较可疑。在帖木儿帝国中,有"百户长"yuzbashi 和"千户长"minbashi,但是后面都是加了 bashi ("领袖、长官")后缀。①从这一点看,简单地把数字"万"当作"万夫长"或"万户长"是不合适的。也就是说,即使"头曼"确实表示"万",也不存在单独用数字作为长官称号的先例。

因此,"头曼"的语源可能需要重新考虑。

4.2 头曼名称(D-M-N 辅音组合)的世界史

4.2.1 头曼的语源

讨论"头曼"的语源必须先明确"头曼"的上古读音。音韵学自高本汉之后已经取得了长足的进步,同时梵汉对音材料也越来越多,语音演变类型规律也越来越多地被揭示出来,②这为我们的讨论提供了坚实的基础。根据音韵学的构拟,"头"是定母侯部字,定母上古音为 *d,侯部上古音为 *o,因此"头"上古音为 *do;"曼"是明母元部字,明母的上古音为 *m,元部上古音为 *an,因此"曼"上古音为 *man。同时梵汉对音中,"头"可以对应梵文 do、du,"曼"(同音字"漫")可以对应 mañ、man,③也与上古音对应。因此"头曼"的上古读音可能为 *doman。

---

① [塔吉克斯坦]M.S.阿西莫夫、[英]C.E.博斯沃思:《中亚文明史》第四卷(上)《辉煌时代:公元 750 年至 15 世纪末——历史、社会和经济背景》,中国对外翻译出版公司、联合国教科文组织,2008 年,第 252 页。

② [瑞典]高本汉:《中上古汉语音韵纲要》;[瑞典]高本汉:《中国音韵学研究》,赵元任译,商务印书馆,1940 年;王力:《汉语史稿》;李方桂:《上古音研究》;郑张尚芳:《上古音系》;潘悟云:《汉语历史音韵学》;白一平、沙加尔:《上古汉语新构拟》,上海教育出版社,2020 年;Baxter, William H. & Sagart, Laurent. *Old Chinese*: *A New Reconstruction*. New York: Oxford University Press, 2014;金理新:《上古汉语音系》,黄山书社,2002 年;叶晓锋:《汉语方言语音的类型学研究》)。

③ 俞敏:《后汉三国梵汉对音谱》,《俞敏语言学论文集》,第 1—62 页。

表 4-1　欧亚大陆语言中的部分王者称号①

	梵文	波斯语	希腊语	阿拉伯语	埃塞俄比亚语
语音	dámūnas	tauman	daimon	damin	dämin
语义	主人，主宰	权力	守护神	首领	首领

　　通过对欧亚非大陆许多民族和语言中"领袖、王者、主人"称呼的归纳，我们发现，在欧亚非大陆许多语言中，表示"首领、领袖，保护神"的词语的辅音组合结构都是 d-m-n 或 t-m-n。如：达罗毗荼语系的泰米尔语中，தம்மான் tammāṉ、தம் tam"主，主人，首领"，②希腊语 daimon"守护神"，埃塞俄比亚语 dämin"首领"，阿拉伯语 damin，梵文 dámūnas，波斯语 tauman"权力"。t 和 d 发音位置一样，仅仅是发音方法略微不同，读音十分接近。为了行文方便，下文把 d-m-n、t-m-n 等辅音组合统称 D-M-N 辅音组合。

　　匈奴单于"头曼"（*doman）和这些 D-M-N 辅音组合表示"主人、首领、保护神"的词语的语音非常相似。因此，"头曼"很可能原来就是"皇帝、王、主宰"之类的意思。

　　《史记》记载"头曼"作为匈奴发展过程中具有里程碑意义的王的名字，至少有两种可能：

　　一、《史记》原来记载的可能不是人名，而是匈奴对王的称呼之一。③当然，匈奴最常用的王的称号肯定是"单于"。后来汉人不清楚，就当成了匈奴王的名字。这种情况在古代很常见，比如根据《世界征服者史》记载，菊儿别速的长女名字为 Qunqu，柯立夫认为就是汉语中的"皇后"，这也是将"皇后"称号当作女子的名字。④"头曼"的名字来源可能也是同样的道理。

---

① Apte, V.S. *The Practical Sanskrit-English Dictionary*：*Containing Appendices on Sanskrit Prosody and Important Literary and Geographical Names of Ancient India*. Delhi：Motilal Banarsidass Publ., 1965, p.802. Steingass, F.J. *A Comprehensive Persian-English Dictionary*，*Including the Arabic Words and Phrases to Be Met with in Persian Literature*. London：Routledge & K. Paul, 1892, p.277. Leslau, W. *Arabic Loanwords in Ethiopian Semitic*. Wiesbaden：Otto Harrassowitz Verlag,1990, p.256. Kent, R.G. *Old Persian*：*Grammer Texts Lexicon*. New Haven：Amerian Oriental Society, 1950, p.185.

② University of Madras. *Tamil Lexicon*. Madras：University of Madras, 1924, p.1754. Vaze, S.G. *The Aryabhushan School Dictionary*，*Marathi-English*. Poona：Arya-Bhushan Press, 1911.

③ 罗新：《匈奴单于号研究》，《中国史研究》2006 年第 2 期。

④ ［伊朗］阿老丁·阿塔蔑力克·志费尼：《世界征服者史》（上），商务印书馆，2013 年，第 73 页。

虽然后来正史记载匈奴王者称号为"单于",但是并不能排除"头曼"原来也是王的称呼。后来冒顿只采用"单于"称号,"头曼"这个称号就被弃用了,类似的例子如李世民被称为"天可汗",但是之后的唐朝皇帝基本没有采用"可汗"的称号。

二、"头曼"是匈奴单于的名字,但是这个名字可能是皇帝专用。帝国首领名字出现变换和升级是古代帝国崛起时常见的现象。"头曼"刚好是匈奴帝国崛起最重要的领袖之一。秦始皇前后称号就有"秦王、皇帝、王、天子、祖龙",刘邦原来名字是刘季,后来当了皇帝,改名刘邦,"邦"就是国家,显然是对原来名字的升级。从这些例子中也可以看出,古代帝王经常以国家或表示国王的名词作为名字,为名字塑造尊贵化的趋势,所以"头曼"原来有可能就是匈奴中帝王的称呼,或者是匈奴接触到的其他古代高级文明中帝王的称呼,后来被帝王直接拿来作为自己的名字。

在上面的材料中,很值得注意的是,这些与"头曼"读音相似、表示"主人、首领"含义的词语,基本分布在亚欧非大陆的闪含语系和印欧语系,并不见于阿尔泰语系。这和笔者此前的研究是一致的。根据亚欧非大陆各语系中亲属名词的对应关系,笔者曾推断,匈奴语言并不是阿尔泰语系语言,而是与达罗毗荼语系以及闪含语系比较接近。①由上面材料可以看出,"头曼"与达罗毗荼语系中的泰米尔语 tammāṉ"主,主人"非常接近。这也可以进一步证明匈奴语和达罗毗荼语存在对应关系。

4.2.2　统万城的语源

匈奴后代赫连勃勃建立了"统万城"。根据《晋书·赫连勃勃载记》,"朕方统一天下,君临万邦,可以统万为名",看起来"统万"是一个汉语词,不过"统万"又写作"吐万",从汉语的字面意思看不出意义,这显然不是一个汉语词。陈喜波、韩光辉认为"统万"是匈奴语,和"头曼"是同源词,是"万"的意思。②"统万"又写作"吐万",从语音来看,在北方汉语西北方音中,ŋ 经常会省略掉,比如在西北于阗文书中,"同"读为 thū,"公"读为 kū,③因此,

① 叶晓锋:《匈奴语言与族源新探》,《中山大学学报(社会科学版)》2018 年第 5 期,第 128—139 页。
② 陈喜波、韩光辉:《统万城名称考释》,《中国历史地理论丛》2004 年第 3 期,第 156—157 页。
③ 〔日〕高田时雄:《于阗文书中的汉语语汇》,《敦煌·民族·语言》,钟翀等译,中华书局,2005 年,第 203—315 页。

"统万城"的"统"在中古西北方言也可能读 thu，"万"中古音是 * man，那么"统万"读音就是"吐万"thuman，①可以看出"吐完"并没有汉语字面意思可言，我们赞同"统万"是匈奴语词，和匈奴的"头曼"是同源词，"统万"是音义兼顾的翻译，显然和匈奴的头曼 * doman 语音极为相似，语源应该也是"王、主人"，"统万城"就是"王城"的意思。②

4.2.3　罗马帝国的 dominus

与"头曼"（ * doman）类似的 D-M-N 辅音组合的王者称号并不仅仅见于匈奴和达罗毗荼，也见于罗马帝国。在罗马帝国的拉丁语中，dominus、domn 可以表示"主人、主人之子、团队的管理者和控制者、至高统治者、上帝"。③在文多兰（Vindolanda）文书中，有一个非常相似的词语 domino，表示"军队里的长官"。④此外还有 domina 和 domine，辅音结构都是 d-m-n。这些词语出现于公元前 1 世纪，原本是用来表示可以对奴隶施加权力的人。一般认为，这些词语是拉丁语中本就存在的词语。⑤确实，我们可以在拉丁语内部找到这些词语的同源词：拉丁语 damnum"权力、统领、统治"，dominus"主宰、主人"。不过从绝对年代看，显然匈奴"头曼"出现时间更早。而且从拉丁语内部看，domine 有一个发展的过程，domine 最早见于西塞罗，后来在公元 1 世纪变得很常见。⑥这说明这个词语可能也是借词，只不过借入年代比较早。

① 比如"图们江"，辽史又称为"统门""徒门"，"统"也带有 ŋ 韵尾，"徒们"则没有鼻音韵尾。详见李无未：《"图们"的口语读音及其来源》，《东疆学刊（哲学社会科学版）》1993 年第 3 期。
② 陈喜波、韩光辉：《统万城名称考释》，《中国历史地理论丛》2004 年第 3 期，第 157—158 页。
③ Glare，P.G.W. *Oxford Latin Dictionary*（2ⁿᵈ Edition）. Oxford：Oxford University Press，2012，pp.626—627.
④ Bowman，A.K. and Thomas，J.D. *Vindolanda：The Latin Writing Tablets*. Malet Street：Society for the Promotion of Roman Studies，1983，p.92. Bowman，Alan K. Roman Military Records from Vindolanda. *Britannia*，1974，Vol.5，pp.360—373.
⑤ Zlatuška，Z. *Dominus als Anrede und Titel unter dem Prinzipat*. Stiebitz，Ferdinand（eds.），Charisteria Francisco Novotný octogenario oblata. Praha：Státní pedagogické nakladatelství，1962，pp.147—150.
⑥ Dickey，E. Kypie，ΔΕΣΠΟΤΑ，Domine Greek Politeness in the Roman Empire. *The Journal of Hellenic Studies*，2001，Vol.121，pp.494—527.

4.2.4 欧亚大陆许多伟大君主名字的语音特点

除了罗马帝国的 dominus 和 domino 之外，还有许多和"头曼"读音相似的王者称号或名字：早期吴国国王寿梦(*dumong)，高句丽的开国国王东明或朱蒙(*domong)，突厥的祖先土门(tumen)可汗，帖木儿始祖 toumenay，这些君王有个共同的特点，即他们都是开国君主或者带领部落由弱变强的关键人物。

根据《史记·吴太伯世家》："寿梦立而吴始益大，称王。"[1]"朱蒙"是夫余开国国王，《通典·边防二》记载："高句丽，后汉朝贡，云本出于夫余先祖朱蒙。朱蒙母河伯女，为夫余王妻，为日所照，遂有孕而生。及长，名曰朱蒙，俗言善射也。"[2]从《通典》看，朱蒙就是善射的意思。这个说法是非常可疑的。首先，在更早的史料(如《魏略》)里，并没有朱蒙或东明善射或射箭相关的说法。《三国志·魏书三十·夫余传》引用《魏略》曰："昔北方有高离之国者，其王者侍婢有身，王欲杀之。婢云：'有气如鸡子来下，我故有身。'后生子，王捐之于溷中，猪以喙嘘之，徙至马闲中，马以气嘘之，不死。王疑以为天子也，乃令其母收畜之，名曰东明。"[3]其次，从《通典》看，朱蒙出生和太阳有关，从这一点看，"善射"的意思更像是后来附会的。"朱蒙"原来可能就是夫余国对"太阳""国王"的称呼。

《周书·异域传下·突厥》："突厥者，盖匈奴之别种，姓阿史那氏 ……其后曰土门，部落稍盛，始至塞上市缯絮，愿通中国。"[4]一般认为"土门"也是万夫长，不过根据上文材料，可能未必是突厥语，而是"头曼"的另外一个变体，意思是"首领"。

以上材料可以看出，"头曼""寿梦""朱蒙"(或称"东明")"土门"都是部落变强的关键人物，有意思的是，阿维斯塔波斯语中，dami 或 damay 表示"创造者、创始人"。[5]

值得注意的是，太平洋南岛语神话中也有 D-M-N 结构的神或王者称

---

[1] (汉)司马迁：《史记》，第 1447 页。

[2] (唐)杜佑：《通典》，中华书局，1988 年，第 5010 页。

[3] (晋)陈寿：《三国志》，中华书局，1964 年，第 842 页。

[4] (唐)令狐德棻：《周书》，中华书局，1971 年，第 908 页。

[5] Расторгуева В. С., Эдельман Д. И. Этимологический словарь иранских языков, Издательская фирма «Восточная литература», Tome 1, 2000, С.324.

号,如新西兰毛利传奇国王 tamanui、婆罗尼洲 Iban 族首领名字 demong。这些名字显然和"头曼""朱明""寿梦"是对应的。

在南岛语中,语义演变也可以看得比较清晰。由于 m 经常会演变为 w 或 v(这在亚欧非各大语言都很常见),①因此 d-m-n 有可能会演变为 d-w-n。反过来也可以说,表示"主人"意义的 d-w-n 原来可能是 d-m-n。现在的南岛语系中,古代爪哇语 tuhan"主人、主宰",新爪哇语 tuwan"主人、主宰",Madurese 语 tuwan"主人、主宰",马来语 tu(h)an"主人、主宰"。南亚语系中,semnam 语 twaːn"主人、主宰",Temiar 语 tuan"老板、先生,荣誉性称号",Semelai 语 tuhɒn"主人、人类创造者"。②通过与周边语言的比较,考虑到 b、p、m 演变为 w 是常见的音变规律,且东南亚语言中经常会增生 h,因此,我们认为南岛语系和南亚语系中的 tuwan"主人、主宰"原始形式可能就是 *tuman。

因此,阿维斯塔波斯语 damay"创始人、创造者"语音和南岛语系的 tuhɒn"主人、人类创造者"都与头曼(*doman)等君主名字读音接近,因此"头曼""寿梦""朱蒙""土门"这些君主名字的语源可能除了"主人、领袖"的意思之外,还有"创造者、创始人"之意,这也符合这些君主领导了各自部落或帝国崛起的事实。

4.3 头曼名称的变体(D-M-R 辅音组合)的世界史

4.3.1 D-M-N 辅音组合的变体 D-M-R/D

在欧亚非各大洲各语言中,普遍存在 n 和 r、l、t、d 互变的语音现象。印度伊朗语中,"风"的原始形式为 *bad-~ *bar-~ *bal-~ *ban-,如:梵文 vāta,巴利文 vāta,阿维斯陀波斯语 vaāta,波斯语 baad,粟特语 wāt,晚期于阗语 padama,巴列维语 vāt, Gabri 语 vād,奥塞提克语 vād,印地语 bal, Gādī 语 biar, Chaměāli 语 biār, Kuḷuī 语 bianna, Ormuri 语 bad, Baghāṭi 语 pauṇ,

① 详见杨剑桥:《汉语现代音韵学》,复旦大学出版社,1998 年,第 133—144 页。
② Nothofer, B. *The Reconstruction of Proto-Malayo-Javanic*. Leiden:Brill, 1975, p.177. Kruspe, N. *A Grammar of Semelai*. Cambridge:Cambridge University Press, 2004, p.457.

Kuḷui 语 biānnā, Outer Siraji 语 pauṇ, Marwari 语 b'aero, Braj Bhasha 语 biar, Mewati 语 beyar, Jaipuri 语 baero, Wagdi 语 waero, Sambalpuri 语 pobon, Desia 语 pobon,标准 Oriya 语 pobono, Relli 语 ba。①可以看到,印度—伊朗语中的"风"的韵尾分别有-d、-r、-l、-t,其实都是交替形式。

因此 D-M-N 结构的王者称号还有一个常见的变体 D-M-R/D。这可以帮助我们确定欧亚非各大洲语言中表示"创造者、神灵、王、主宰"的同源词。需要注意的是,这些词语虽然分布在不同的地域和语系,但语源应该是相同的,可以看出,同一个王者称号向周边扩散的过程是文化交流互鉴的重要部分。因此在考证许多古代帝王名号和称号的语源时,一定要注意不能局限于该帝王所在民族的语言,也可能是从周边民族借来的。

4.3.2　希腊语中的 demiurges"宇宙创造者"

在柏拉图的 *Tiamaeus* 中,dēmiurgós(又写作 demiurge) 被用来表示"宇宙的创造者",他类似一个工匠,创造了物质世界。在柏拉图另外一些篇章中,dēmiurgós 也可以表示"神"。②在希腊传统中,dimiurges 被用来表示"伯

---

① 详见 Akira, Hirakawa. *Buddhist Chinese-Sanskrit Dictionary*. The Reiyukai, 1997, p. 1272. Hunter, W.W. *A Comparative Dictionary of the Language of India and High Asia with a Dissertation*. London: Trübner and Co., 1868. Grierson, G. *A Linguistic survey of India*. Vol. 10. Low Price Publication, 1921. Grierson, G. *A Linguistic Survey of India* Vol. 1, Low Price Publications, 1927. Gharib, B. *Sogdian Dictionary*: *Sogdian-Persian-English*. Tehran: Farhangan Publications, 1995. Cheung, J. *Etymological Dictionary of the Iranian Verb*. Leiden/Boston: Brill, 2007. Bailey, R.T.G., *The Languages of the Northern Himalayas*, *Studies in the Grammar of Twenty-six Himalayan Dialects*, London: The Royal Asiatic Society 1908. LDO(Language Division Office of The Registrar General & Census Commissioner of India). *Linguistic Survey of India*: *Orissa*. Language Division Office of the Registrar General & Census Commissioner of India, 2002. LDO(Language Division Office of The Registrar General & Census Commissioner of India). *Linguistic Survey of India*: *Dadra and Nagar Haveli*. Language Division Office of the Registrar General & Census Commissioner of India, 2003. LDO(Language Division Office of The Registrar General & Census Commissioner of India). *Linguistic Survey of India*: *Rajasthan*. Part 1, Language Division Office of the Registrar General & Census Commissioner of India, 2011. LDO (Language Division Office of The Registrar General & Census Commissioner of India). *Linguistic Survey of India*: *Sikkim*, Part 2, Language Division Office of the Registrar General & Census Commissioner of India, 2012. Gray, H.S. *Indo-Iranian Phonology*: *with Special Reference to the Middle and New Indo-Iranian Languages*. New York: Columbia University Press, 1902, pp.80, 88, 102.

② O'Brien, C.S. *The Demiurge in Ancient Thought*. Cambridge: Cambridge University Press, 2015, p.19.

罗奔尼撒城邦的君主"，与此相似的还有宙斯的祭司名字为 Τομοῦροι（拉丁形式为 Tomouroi）。①这些词语的核心辅音组合都是 D-M-R。

在罗马帝国，Domitor 表示"征服者、胜利者"，核心词根也是 D-M-D 辅音组合。显然和希腊语中的 demiurge 的语源是相关联的。罗马的凯旋仪式是 Trumphus，核心词根 trum 也应该和"胜利、征服"有关。②

4.3.3　乌孙国王难兜靡和拉丁语 domitor"征服者、驯服者"

汉武帝多次询问张骞关于大夏的情况。张骞提到乌孙和大月氏之间的关系时说道："臣居匈奴中，闻乌孙王号昆莫。昆莫父难兜靡本与大月氏俱在祁连、焞煌间，小国也。大月氏攻杀难兜靡，夺其地，人民亡走匈奴。"（《汉书·张骞李广利传》）③

乌孙王昆莫的父亲的名字是"难兜靡"（*nar-tomar 或 *nan-tomar），"难"和匈奴语"若鞮"语音接近，可能是"好"或"主宰"的意思。④"兜靡"（*tomar）和"头曼"（*doman 或 *domar）相似，可能本来不是名字，是王的称号，表示"王者、主宰、权力"的意思。汉代人不知，将"难兜靡"记录为名字。

由于 m 经常会演变为 w，在波斯语中，dāwar"神、公正的王子、统治者"，⑤可能来自 dāmar。拉丁语中的 domitor 表示"征服者、驯服者"，⑥这些词语应该和兜靡（domar）在语源上存在关联。

4.3.4　楚简中的"视日"

陈伟指出，在战国楚简中有一个词语"视日"表示"楚王或者重臣"。⑦如：

---

① Haarmann, H. *Roots of Ancient Greek Civilization*：*The Influence of Old Europe.* Jefferson：McFarland & Company Inc., Publishers, 2014, p.161.
② 值得注意的是，上古汉语中的"胜（勝）"从"朕"得声，"朕"为澄母侵部字，上古音为 *dəm，语源可能也存在关联。
③ （汉）班固：《汉书》，第 2691—2692 页。
④ 《汉书·匈奴传》记载："匈奴谓孝曰'若鞮'。"
⑤ Steingass, F. J. *A Comprehensive Persian-English Dictionary*, *Including the Arabic Words and Phrases to Be Met with in Persian Literature.* London：Routledge & K. Paul, 1892, p.502.
⑥ de Vaan, M. *Etymological Dictionary of Latin and the Other Italic Languages.* Leiden：Brill. 2008, p.178.
⑦ 关于"视日"的探讨详见陈伟：《楚简册概论》，湖北教育出版社，2012 年，第 162 页。李零：《简帛古书与学术源流》，三联书店，2004 年，第 286 页。范常喜：《战国楚简"视日"补议》，简帛研究网，2005 年 3 月 1 日。

（1）仆既得辱视日之廷。（2—3 号简）

（2）女（如）以仆之观视日也。（3 号简）

（3）今视日为楚令尹。（9 号简）

陈伟认为“视日”从语境看表示“楚王和重臣”,这是正确的。王宁进而指出,古人出于对谈话者的尊敬,谦称自己为“仆”,尊称对方相当于“主”,因此“视日”是尊称,相当于“足下”,①这无疑在之前的研究基础上又推进了一大步。不过王宁认为“视日”的语源是由于尊重对方如同仰望太阳,这又未免望文生义,因为那样的话,应该还会有“望日”之类的尊称,但是实际上并没有。总体而言,这个词的语源很不明了。

要深入探究“视日”,首先要确定“视日”的上古读音。

“视”,中古禅母脂韵,上古为禅母脂部,上古读音为 * dir。“视”的古文为“眡”,“眡”从氏得声,上古音为端母支部,上古读音为 * ti。“日”中古日母质韵,中古读音为 * nit,②不过由于 mi>ni 是常见音变,比如汉代“金日磾”的“日”读如“密”,因此“日”的上古读音为 * mid。③因此“视日”的上古读音为 * dimid。值得一提的是,在古代中外对音中,汉语中的-d 或-t 韵尾的字经常对应西域语言中的-r,如东汉三国佛经对音中,“越”(* vad)对应梵文var,“萨”(* sad)对应梵文 sar。④这就说明,“视日”也可能对应语音为 * dimir。综上所述,“视日”的上古音为 * dimid 或 * dimir。

至此可以看出,“视日”（上古音为 * dimid 或 * dimir）出现的语境、读音和“头曼”(* doman)“兜靡”(* tomar)非常相似,原来应该是“有权势者、主、主宰”的称呼。⑤

因此,楚简中“视日”(* dimid 或 * dimir)的语源就是“主人、主宰”的意思。这可能和楚国祖先来自北方有关。《史记·楚世家》记载:“楚之先祖

---

① 王宁:《再说楚简中的“视日”》,复旦大学出土文献与古文字研究中心网站,http://www.gwz.fudan.edu.cn/Web/Show/1622,2011 年 8 月 20 日。

② 关于上古塞音韵尾我们赞同郑张尚芳的意见,认为都是浊塞音,后来才演变为清塞音。因此质韵上古音为 * id。详见郑张尚芳:《上古音系》,第 193 页。

③ 上古汉语韵尾没有清浊对立,为了表述方便,我们统一处理为浊塞音,后来才变成了清塞音。详见叶晓锋:《汉语方言语音的类型学研究》,第 100—104 页。

④ 俞敏:《后汉三国梵汉对音谱》,《俞敏语言学论文集》,第 1—62 页。

⑤ 古代大臣也是可以称为“主”的,如:(1)《左传》:“盛服将朝,尚早,坐而假寐,魔退,叹而言曰,不忘恭敬,民之主也。”这里将赵盾说成“民之主”。(2)《左传》:“子展废良而立大叔,曰国卿,君之贰也,民之主也。”这里的子展明确提出国卿就是“民之主”。

出自帝颛顼高阳。高阳者,黄帝之孙,昌意之子也。"从《史记》可以看出,楚国国君认为他们是黄帝的后代。而根据《国语·晋语四》:"黄帝以姬水成,炎帝以姜水成,成而异德。故黄帝为姬,炎帝为姜,二帝用师以相济也。"姬水的具体位置虽然仍有争议,但是华夏的西北方是肯定的,如赵世超认为姬水大致应该在陕西省北部和甘肃省东部,①这一带一直以来与西域文明交流接触频繁。因此楚国的"视日"(*dimid 或 *dimir) 可能是借自欧亚大陆上的草原部落。

4.3.5　帖木儿(Timur)

图4-1　世界征服者帖木儿②

一般认为,帖木儿是突厥语和蒙古语中"铁"的意思。③不过,考虑中亚本身多民族多语言混杂,其语源未必是突厥语或蒙古语。比如帖木儿的始祖 tomanay 和匈奴始祖"头曼"名字相似,帖木儿有一个祖先名字为 qarachar noyan, qara 就是"大",char 波斯语"王",noyan 蒙古语贵族称号"诺颜"。帖木儿父亲名字是 taragai,可能就是蒙古语 darag"首长",④帖木儿母亲名字为 tekina khatun,tekina"特勤",这是中亚和阿尔泰民族王子常见的称号,khatun 就是阿尔泰语中的贵族夫人称号"可敦"。⑤

帖木儿家族成员名字同时包含波斯语、阿尔泰语的官号,因此帖木儿的名字也可能来自其他中亚语言。鉴于帖木儿和希腊语 demiurges"宇宙创造者"以及拉丁语 domitor"征服者"非常相似,帖木儿又被称为"世界征

① 赵世超:《炎帝与炎帝传说的南迁》,《陕西师范大学学报(哲学社会科学版)》1998 年第 4 期。

② 图为苏联考古学家 Mikhail Mikhaylovich Gerasimov 根据帖木儿的头骨重构的帖木儿造像。

③ 布哇:《帖木儿帝国》,上海古籍出版社,2014 年,第 77—78 页。

④ 孙竹:《蒙古语族语言词典》,青海人民出版社,1990 年,第 202 页。

⑤ Woods, John E. Timur's Genealogy. Michel M. Mazzaoui and Vera B. Moreen(eds.) *Intellectual Studies on Islam: Essays written in honor of Martin B. Dickson*. Salt Lake City: University of Utah Press, 1990, pp.85—126.

服者"，因此帖木儿的语源不是"铁"，更有可能是"征服者、权势、领袖"的
意思。

4.4 头曼名称的变体（D-M 辅音组合）的世界史

4.4.1 D-M-N 辅音组合的变体 D-M 辅音组合

由于鼻音韵尾经常会脱落，因此 D-M-N 辅音组合还有一个变体是
D-M。

在古代波斯语中，tauman"力量、权力"和 tauma"有权力的、有力量的"
是同源词。①这说明 D-M-N 辅音组合模式还可能存在变体 D-M 辅音组合模
式。日本的爱奴语也有这种平行的现象，日本爱奴语（Ainu）中，tum"力
量"、tumuan"成为强的或好的"，②这说明 D-M-N 结构王者称号和 D-M 结构
王者称号之间存在密切关系。

4.4.2 炎帝、斗母、埃及 Atum 神、日本 tama、太平洋岛屿天神 Tama

炎帝是华夏民族的始祖之一。

"炎"，根据《经典释文》："于廉、于凡二反，又音谈。"③《集韵》的读音除
了"于廉切"之外，还有"徒甘切"的读音，与"谈"同音，④这样"炎"上古声韵
为定母谈部字，上古读音是 *dam。根据《白虎通义·五行》记载："炎帝者，
太阳也。"可见，炎帝和太阳有关，是太阳神的称号。《文选·扬雄〈剧秦美
新〉》："炎光飞响。"李善注："炎光，日景。"《说文》："景，光也。"⑤可见，
"炎"*dam 本身就是"太阳"的意思。

---

① Kent，R.G. *Old Persian*：*Grammer Texts Lexicon*. New Haven：Amerian Oriental Society，1950，
    p.185.
② Batchelor，J. *An Ainu-English-Japanese Dictionary*. Tokyo：Methodist Publishing House，1905，
    p.456.
③ （唐）陆德明：《经典释文》，第 362 页。
④ （宋）丁度：《宋刻集韵》，中华书局，1989 年，第 82 页。
⑤ 宗福邦等：《故训汇纂》，第 1032、1348 页。

　　道教中的"斗母"又称"斗姥天尊""紫光夫人""北斗九真圣德天后"等。①李耀辉指出"斗母"源自印度教的摩利支神（Mārīcī），Mārīcī 的语源来自"阳光"，藏文翻译为"威光女神"。②这说明"斗母"原来的语义应该和"太阳"有关。传入中国以后，就变成北斗之母，地位等同于"王母"，成为至高神，但是为何把 Mārīcī（摩利支）翻译为"斗母"，一直没有得到很好的解释。

　　我认为将"斗母"理解为"北斗之母"，这有可能是望文生义所致。"斗母"其实是音译词，对应的语音为 tomu，应该和藏缅语表示"天"或"太阳"的 tum 对应。在南亚语系中，柬埔寨的孟语 təmɓah ləmah 是"阳光、闪耀、太阳"的意思。③道教中的"斗母"可能和南方藏缅语民族或南亚语民族宗教相关。

　　在埃及神话中，Atum 神是最重要的，也是被最频繁提及的神灵。在金字塔文书中，Atum 主要是作为太阳神、创造者和国王的父亲形象出现。④

　　印欧语中，宙斯 dieus 的致使格写作 temu，⑤显然在语音和语义上和 Atum 是一个类型。

　　日本神话中 tama 表示"造物主、神灵"。根据《三国志·魏志·倭人传》记载："东行至不弥国百里，官曰多模。"⑥根据梵汉对音，"多"对应 ta，"莫"对应 mah，"模"是平声字，那么和"莫"的区别在于没有韵尾。因此"模"的对音最有可能是 ma。"多模"的三国读音为 tama，显然和日本神话中的造物主 tama 相关。

　　与"多模"相似的词语其实广泛出现在太平洋海上民族中，如太平洋岛屿原住民的天神名字为 Tama，印尼语 tomas"人群、社团或群落领导人"，巴布亚岛人的图腾祖先名字为 Dema，西南太平洋地区新赫布里底群岛原住民

①　栾保群：《中国神怪大辞典》，人民出版社，2009 年，第 107 页。

②　Macdonell, A.A. *A Practical Sanskrit Dictionary with Transliteration, Accentuation, and Etymological Analysis Throughout*. London：Oxford University Press, 1929, p.219. 李耀辉《从斗姥与摩利支天的融合看佛道文化的交涉》，《中国道教》2011 年第 4 期。

③　Shorto, H.L. *A Dictionary of the Mon Inscriptions from the Sixth to the Sixteenth Centuries*. London：Oxford University Press, 2004, p.406.

④　Wilkinson, Richard H. *The Complete Gods and Goddesses of Ancient Egypt*. Thames & Hudson, 2003, pp.99—101. Pinch, G. *Handbook of Egyptian Mythology*, ABC-CLIO, 2002, p.111.

⑤　Coleman J.A. *The Dictionary of Mythology*. London：Arcturus Publishing Limited, 2007, p.999.

⑥　见（晋）陈寿：《三国志》，第 854 页。

神话中的精灵名字是 teme，太平洋帕劳群岛神话创世神为 tmelo，可以看出太平洋神话中神或领导人的名字有许多都是 D-M 辅音结构的。①

4.4.3　多模、蒙文档案中的 teümu、头目和铁木真

蒙文档案中，teümu 经常用来表示"首领或附庸小国的酋长"。Rybatzki 认为蒙古语 teümu 是借自汉语的"头目"②，不过这非常可疑，汉语"头目"作为"领袖"的意思，是在宋代突然出现的，如宋代赵珙的《蒙鞑备录》："其次曰刘伯林者，乃燕地云内州人，先为金人统兵头目，奔降鞑主。"仔细分析语素词义，"头目"这个词本身非常可疑，"头"在语言中演化为领袖很常见，但是"目"和"眼睛"演化为领袖非常罕见，③"目"就是眼睛，组合起来就是"头眼"，这个词在近代汉语中常表示神态、表情，如周邦彦的《归去难·期约》："到得其时，知他做甚头眼。"④"头眼"并没有"领袖"的意思。因此我们认为宋代出现"头目"可能是来自阿尔泰语或中亚波斯语的借词 tauma。

《蒙古秘史》记载："因为他父亲也速该擒了塔塔尔部的头领帖木真·兀格，所以给他取名帖木真（temüjin）。"关于"铁木真"或"帖木真"这个名字的解释，《多桑蒙古史》认为铁木真是"精铁"的意思。姚从吾则指出，temüjin 这个名字的取名仅仅是古代蒙古纪念武功的习俗，并无其他意义。⑤

这里值得注意的是，temüjin 本来就是塔塔尔部的领袖，因此语音、语义和"头曼"非常相似，都是 D-M-N 辅音组合，因此不能排除原来就是"领袖、王者"的意思。

4.4.4　秦始皇开始的皇帝专用第一人称代词"朕"

从殷商甲骨开始，"余""吾""朕"都可以作为第一人称，但是使用的语

---

① ［苏］谢·亚·托卡列夫、叶·莫·梅列金斯基等：《世界各民族神话大观》，魏庆征译，国际文化出版公司，1993 年，第 1033 页。

② Rybatzki, V. *Die Personennamen und Titel der Mittelmongolischen Dokumente. Eine lexikalische Untersuchung.* Helsinki：Yliopistopaino Oy，2006，p.359.

③ 值得注意的是，部分闪含语中的"头"读音和汉语的"头目"相近，如 Geez 语 dəmah，Gafat 语 dəmo，Argobba 语 dəmah。详见 Hudson, G. *Northeast African Semitic：Lexical Comparisons and Analysis.* Wiesbaden：Harrassowitz Verlag，2013，p.84.

④ 袁宾：《宋语言词典》，上海教育出版社，1997 年，第 279 页。

⑤ ［瑞典］多桑：《多桑蒙古史》，冯承钧译，上海书店出版社，2008 年，第 37 页。札奇斯钦：《蒙古秘史新译并注释》，联经出版事业股份有限公司，1980 年，第 58 页。

境并不相同。陈梦家指出,殷商卜辞中,"余"表示第一人称单数,"我"表示第一人称复数概念,"朕"则是第一人称单数领格。此后一直到战国时代,张玉金、管燮初、周法高基本上认可这一区分。①

表4-2　殷墟甲骨文中的第一人称区别

	单复数	主宾格
余	单数	主格、宾格
朕	单数	领格
我	复数	主格、领格、宾格

　　从秦始皇开始,"朕"(*dəm)突然成为皇帝的专属自称。为什么秦始皇采用"朕"而不是其他,这很值得研究。

　　王力、周法高等人指出,从殷商到周,"朕"主要用作第一人称的领格,一般不作第一人称主格。②如:

　　《尚书·尧典》:"汝能庸命,巽朕位。"

　　《史记·周本纪》:"余嘉乃勋,毋逆朕命。"

　　《诗经·大雅·韩奕》:"无废朕命,夙夜匪解。"

　　管燮初的西周金文人称代词统计数据中,"朕"一共出现90次,其中85次充当第一人称代词的领格,这也说明"朕"基本上不充当第一人称主格。③

　　但是秦始皇突然采用"朕"作为皇帝的第一人称专用代词,背后可能有多方面的原因:

　　第一,"朕"(*dəm)和古代波斯语 adam"我"④读音非常相似。波斯帝国是第一个横跨亚欧非的帝国,创造了辉煌的文明,与上古中国存在文明互鉴是很正常的。

　　段清波通过考察大量考古现象后指出,秦文化中的铁器、黄金、屈肢葬、槽形板瓦、茧形壶及石雕石刻等文化因素,和波斯帝国之间存在高度的一致

---

① 陈梦家:《殷虚卜辞综述》,科学出版社,1956 年,第 96—97 页;张玉金:《西周汉语代词研究》,中华书局,2006 年,第 57 页;周法高:《上古汉语语法·称代编》,中华书局,1990 年,第 57 页;[加]蒲立本:《古汉语语法纲要》,孙景涛译,语文出版社,2006 年,第 85 页。

② 王力:《汉语史稿》,第 329 页。周法高:《中国古代语法:称代编》,第 329 页。

③ 管燮初:《西周金文语法研究》,商务印书馆,1981 年,第 174 页。

④ Johnson, E.L. *Historical Grammar of the Ancient Persian Language*. Cincinnati and New York: American Book Company, 1917, p.135.

性,并由此推断,自春秋以来,东西方文明之间就存在着频繁和深入的交流活动。①

笔者的研究发现,上古名医扁鹊(又作"敝昔"*pasag)就和古代印度—伊朗语对应,如波斯语 bizishk"医生、内科医生",巴列维语 bizeʃk"医生、内科医生",印度铭文 bishak"国王的医学顾问、内科医生",梵文 bhishag"内科医生",巴利文 bhisakka"医生、内科医生"。②

正是由于波斯文化和上古中国发生深度交流和互鉴,在此背景上,本来作为领格的第一人称代词"朕"由于和古代波斯语 adam 读音相似,所以"朕"作主语也越来越多,波斯语 adam"我"还有一个变体:阿维斯塔波斯语 azam"我"。③元代以后出现了"咱(喒)"(*tsam)表示"我们",语源一直不详,④其实可能是音译借词,来自波斯语 azam"我"。

第二,欧亚大陆各语言中 D-M 辅音组合经常表示"天、神、王权","朕"的读音与此辅音组合(*dəm)是一样的。因此,秦始皇之所以采用"朕"作为第一人称,除了表示第一人称之外,还有表示皇帝自认为是"天神""天帝"的意思。

在秦国,与"朕"读音相似的还有一个职官"詹事"也很值得留意。《汉书·百官公卿表上》:"詹事,秦官,掌皇后、太子家,有丞。"可以看出,"詹事"基本上和"皇家"有关。但是从中文语境来看,本身很难解释。如果留意"詹"的上古音为*dam,而欧亚大陆各语言 D-M 辅音组合往往表示"天、神、王权",那就很好理解了。秦的"詹事"其实就是"王事",专门处理皇家事务的职官。"詹事"的"詹"(*tam)和"朕"(*dəm)应该有共同语源。

---

① 段清波:《从秦始皇陵考古看中西文化交流(一)》,《西北大学学报(哲学社会科学版)》2015 年第 1 期;段清波:《从秦始皇陵考古看中西文化交流(二)》,《西北大学学报(哲学社会科学版)》2015 年第 2 期。

② Steingass, F. J. *A Comprehensive Persian-English Dictionary*, *Including the Arabic Words and Phrases to Be Met with in Persian Literature*. London: Routledge & K. Paul, 1892, p.183. Mackenzie, D. N. *A Concise Pahlavi Dictionary*. London, New York: Oxford University Press, 1971, p.18. Macdonell, A. A. *A Practical Sanskrit Dictionary with Transliteration*, *Accentuation*, *and Etymological Analysis Throughout*. London: Oxford University Press, 1929, p.84. Sircar, D. C. *Indian Epigraphical Glossary*. Delhi: Motilal Banarsidass, 1966, p.54. Davids, T. W. & William S. *The Pali Text Society's Pali-English Dictionary*. Chipstead: The Pali Text Society, 1921, p.505.

③ Beekes, R. *A Grammar of Gatha-Avestan Asian Studies*. Leiden: Brill, 1988, p.137.

④ 吕叔湘、江蓝生:《近代汉语指代词》,商务印书馆,2017 年,第 88—89 页。

4.5　头曼名称的变体(M-N 辅音组合)的世界史

D-M-N 辅音组合还有一种变体,即 M-N 辅音组合。

在东南亚语言和南亚语言中,表示"王者、主宰"的语音形式主要是 D-M-N 辅音组合和 M-N 辅音组合。显然这两者是同源的。

南岛语系中,古代爪哇语 tuhan"主人、主宰",新爪哇语 tuwan"主人、主宰",Madurese 语 tuwan"主人、主宰",马来语 tu(h)an"主人、主宰";南亚语系中,Semnam 语 twaːn"主人",Temiar 语 tuan"老板,先生,荣誉性称号",Nicobares 语 doman"战斗中的胜利者"。① 通过东南亚语言的比较,同时考虑到 b、p、m 演变为 w 是常见的音变,因此南岛语和南亚语中的"主人、主宰"原始形式可能是 *tuman、*tuban 或 *tupan。

藏缅语中,Trung 语 dəmaŋ"长者、大人",缅语 mâŋ"统治者、总督、官员"、maŋ"王室、皇家",② 藏文 dpon"官",墨脱门巴语 pon"官",独龙语 pɔn"官"。③ 由此可见,藏缅语中经历了 d-或 də-脱落的过程。此外,南亚语中还有一个变体形式:d 变成 s,比如古代孟语 smiñ"国王、王子"。④

在其他南方亚洲语言中,这个 d-或 də-前缀基本上脱落了。王者称号的语音形式变成了 m 和 n 或 ŋ 组合的模式,我们简称为 M-N 辅音组合,如:

达罗毗荼语中,泰米尔语 man"王、勇士、主宰、首领、丈夫",Malayalam 语 mannan"国王",Telugu 语 manne"主、首领"。⑤

侗台语中,"官",保定黎语 mun¹,中沙黎语 mun¹,白沙黎语 mɔŋ¹,南部

---

① Man, E.H. *A Dictionary of the Central Nicobarese Language*:*English-Nicobarese and Nicobarese-English*. London:WH Allen, 1889, p.111; Nothofer, B. *The Reconstruction of Proto-Malayo-Javanic*. Leiden:Brill, 1975, p.177. Stevens, A.M. *A Comprehensive Indonesian-English Dictionary*. Athens:Ohio University Press, 2010, p.1037.

② Matisoff, J.A. *Handbook of Proto-Tibeto-Burman*:*System and Philosophy of Sino-Tibetan Reconstruction*. Berkeley:University of California Press, 2003, p.264.

③ 黄布凡等:《藏缅语族语言词汇》,中央民族出版社,1992 年,第 87 页。

④ Shorto, H.L. *A Dictionary of the Mon Inscriptions from the Sixth to the Sixteenth Centuries*. London:Oxford University Press, 2004, p.406.

⑤ Burrow, T. & M.B. Emeneau. *A Dravidian Etymological Dictionary*(*2nd Edition*). Clarendon Press, 1984, p.424.

侗语 muŋ,北部侗语 moŋ³,仫佬语 muŋ³,水语 buŋ³,毛南语 buŋ⁴,佯僙语
ʔmuŋ³,锦语 buŋ³,莫语 ʔbuŋ³。①

从上面语言材料可以看出,在达罗毗荼语和侗台语中表示"王"的称号
的发音基本上都是 m 和前鼻音相结合,即 m-n 组合模式,如黎语 mun¹,其他
侗台语基本都是 m 和后鼻音组合,即 m-ŋ 组合模式,如南部侗语 muŋ³。从
理论上看,原始侗台语的"官"可能同时存在 m-n 组合模式和 m-ŋ 组合模
式,但是如果考虑到达罗毗荼语和南亚语都是 m-n 组合模式,侗台语中的
m-ŋ 很可能是从 m-n 演变而来。

需要注意的是,部分侗台语 m 变成同部位塞音 b,而 b 和 p 在藏语中经
常可以交替。因此藏文中的 dpon 可能和侗台语的 mun、达罗毗荼语的 man
"王"相关。最值得注意的是,古藏文的 dpon 和 Trung 语 dəmaŋ 保存了这
个前缀 d-或 də-,这有可能是原始形式的重要线索,至少可以说明两种
可能:

一、侗台语和达罗毗荼语等语言中的 m-n 原来也是从 d-m-n"王、主
人"演变而来,后来 d-脱落了,就变成了 m-n,在传播过程中,n 又演变为 ŋ。

二、d-m-n"王、主人"是亚洲的侗台语和达罗毗荼语的 mun"王、官"增
加前缀 d-或 də-而来。

因此,在亚洲南方,"王"的名称的辅音组合演变过程至少有两条
路径:

(1) d-m-n>m-n>m-ŋ;

(2) m-n>d-m-n>d-m-ŋ。

很值得玩味的是,根据 Turin 和 Abydos 埃及列王表,第一个统一埃及的
传奇国王名字是 Meni,他同时也是 Manetho 第一王朝的创立者。5 世纪的
希罗多德称之为 Men,此后希腊语中一般称为 Menis,也是 M-N 辅音组合。
Menis 创造了埃及的历史书写和对神灵的祭祀仪式,因此也是祭司。②一般
认为这个名字的语源是"忍受的他"。③但是作为一个王者的名字,这是很奇

① 梁敏、张均如:《侗台语族概论》,中国社会科学出版社,1996 年,第 247 页。欧阳觉亚、郑
贻青:《黎语调查研究》,中国社会科学出版社,1983 年,第 413 页。
② Heagy, Thomas C. Who Was Menes? *Archeo-Nil*, 2014, Vol.24, pp.59—92.
③ Edwards, I.E.S. *The Early Dynastic Period in Egypt*, *The Cambridge Ancient History*, *Vol.1*. Cambridge:Cambridge University Press, 1971, p.11.

怪的。从丝绸之路沿线语言来看,这个词语可能是官号或王者尊号,和亚洲南方语言有关,如达罗毗荼语的 man"王、勇士、主宰、首领、丈夫"和侗台语 mun"官",从语源上又可以追溯到 mun"太阳",辉煌的古代埃及文明可能也受到来自亚洲南方文化的影响。

日耳曼民族最早的祖先名字是 Mannus,见于塔西佗的《日耳曼尼亚志》:"歌谣是日耳曼人传述历史的唯一方式,在他们自古相传的歌谣中,颂赞着一位出生于大地的神祇隤士妥(Tuisto)和他的儿子曼努斯(Mannus),他们被奉为全族的始祖。"①这个名字最初可能也是尊号,语源应该也是"王者、领袖、太阳",说明其受到东方文明的影响。

4.6 头曼与太阳、祭司、国王、护身符

4.6.1 D-M-N 辅音组合与太阳、祭司、国王、保护神、护身符

从上文讨论可以看出,D-M-N 辅音组合的语义基本上都和"帝王""主人""神""领袖"有关,但是这个辅音组合最早来自哪个语言,最初是什么意思,很值得探究。

缪勒曾经有一个很敏锐的观察,世界上许多神灵的原型都可以追溯到太阳,而太阳往往引申出"创造者""保护者""统治者""奖赏者""主宰",特尤斯、宙斯、朱庇特等神灵的名字都是来自"光明、明亮",②Frankfort 指出,在埃及文学中,太阳经常用来比喻国王。太阳也是创造力的源泉,太阳的创造活动也包括对宇宙的规划。③Charpin 也发现,在巴比伦,国王直接可以称

---

① [古罗马]塔西佗:《阿古利可拉传 日耳曼尼亚志》,马雍、傅正元译,商务印书馆,1997 年,第 56 页。

② [英]麦克斯·缪勒:《宗教的起源与发展》,金泽译,上海人民出版社,2010 年,第 170—172 页。[英]麦克斯·缪勒:《宗教学导论》,上海人民出版社,2010 年,第 31 页。

③ Frankfort, Henri. *Kingship and the Gods: A Study of Ancient Near Eastern Religion as the Integration of Society and Nature*. Chicago: University of Chicago Press, 1978, pp.148, 150. [美]亨利·富兰克弗特:《王权和神祇:作为自然与社会结合体的古代近东宗教研究》,郭子林、李岩译,上海三联书店,2007 年,第 216、218 页。

自己为"巴比伦的太阳"。①同时鉴于"天"和"太阳"经常同源,那么可以反过来说,"创造者""保护者""统治者""奖赏者""主宰"这些词语的语源可能和"太阳"或"天"相关。这比较符合人的认知发展过程,抽象政治概念最有可能是从具象的自然天体引申而来。

值得注意的是,在亚洲南方的侗台语中,"太阳"的语音形式也是 D-M-N 辅音组合,如:侗语 ta^{5}man^1,仫佬语 thəu^{5}fan^1,水语 da^{1}wan^1,西双版纳傣语 ta^{1}van^2,临高语 da^{1}vən^2,壮语 taŋ^{1}ŋon^2,布央语 toŋ^{11}vən^{24}。②从这里可以看出,在一部分侗台语中发生了 m>v 音变,taman 演变为 ta van;而在另一部分侗台语中发生了 m>ŋw 音变,其演变过程是 ta man>ta ŋwan>taŋŋwan。由此可见,侗台语中的"太阳"原始形态为 *daman 或 *doman。

鉴于 m 和 p、v 之间的密切关系,梵文 ātman"太阳",印度达罗毗荼的泰米尔语 ātavaṉ、ātapaṉ"太阳"③可能也是来自侗台语借词。

《楚辞·招魂》:"朱明承夜兮。"王逸注:"朱明,日也。"④从王逸的注解可以确定,"朱明"(*domaŋ)就是楚语中的太阳。《淮南子·天文训》:"南方,火也,其帝炎帝,其佐朱明,执衡而治夏。""朱明"是火神炎帝的副神。这和"朱明"本来表示太阳是有关的,由此可见"太阳"和"火"之间的语义关联。

"朱明"之外,"大明"(*dadmmaŋ)、"昭明"(*daumaŋ)也可以表示"太阳"。如《礼记·礼器》"大明生于东,月生于西",这里"大明"和"月"对应,显然就是"太阳"。又如《楚辞·九思·遭厄》"适昭明兮所处",王逸注:"昭明,日晖。"⑤可见"朱明"(*domaŋ)、"大明"(*dadmmaŋ)、"昭明"

① Charpin, D. "I Am the Sun of Babylon": Solar Aspects of Royal Power in Old Babylonian Meso-potamia. Jane A. Hill, Philip Jones, and Antonio J. Morales(Eds.), *Experiencing Power, Gener-ating Authority: Cosmos, Politics, and the Ideology of Kingship in Ancient Egypt and Mesopotam-ia.* Pennsylvania: University of Pennsylvania Press, 2014, p.65.

② 王均:《壮侗语族语言简志》,第796—797页。李锦芳:《仡央语言词汇集》,贵州民族出版社,1999年,第1页。

③ Apte, V.S. *The Practical Sanskrit-English Dictionary: Containing Appendices on Sanskrit Prosody and Important Literary and Geographical Names of Ancient India.* Delhi: Motilal Banarsidass Publ., 1965, p.325. University of Madras. *Tamil lexicon.* Madras: University of Madras Press, 1924, pp.226, 227.

④ 宗福邦等:《故训汇纂》,第1069页。

⑤ 朱明、朱蒙等人的探讨可以参阅杨宽:《丹朱、驩兜与朱明、祝融》,《杨宽古史论文选集》,上海人民出版社,2003年,第307—320页。

（*dauman）之类读音都是"太阳"或"阳光"之意。

《魏书·高句丽传》："高句丽者，出于夫余。自言先祖朱蒙。朱蒙母河伯女，为夫余王闭于室中，为日所照，引身避之，日影又逐，既而有孕，生一卵，大如五升。"[1] 从中可以看出，"朱蒙"（*domon）明显跟"日""太阳"有关。

根据《后汉书·东夷列传》："以十月祭天大会，名曰东盟。"[2] "东盟"显然和"东明"是一样的，但也可以表示"天"。《论衡·吉验》："北夷橐离国王侍婢有娠，王欲杀之。婢对曰：'有气大如鸡子，从天而下，我故有娠。'……王疑以为天子，令其母收取，奴畜之，名东明。"

在东亚语言中，"太阳""天""天神"的语源往往相关。如藏缅语中，门巴语 ŋam 同时表示"天""太阳"。[3] 从中国古代典籍可以看出，"朱明"（*doman）、"昭明"（*dauman）、"大明"（*dadmman）、"朱蒙"（*domon）的语音与侗台语的 daman"太阳"是相似的。同时，又常常是东方帝国创建者的名字（如"寿梦"*domon、"东明"*donman）。这符合上文指出的历史学和语言学规律，即：太阳、天神、国王、征服者、祭司往往是同源词，他们在语义上存在历史事实上的关联。

"头曼"（*doman）和希腊语 daimon"守护神"辅音结构是一样的，都是 D-M-N 辅音组合。此外，希腊语 Demiurges"宇宙创造者"和这两个词语非常相似，可能是变体形式。希腊语中 daimon 表示"神圣的力量，可以控制个人命运的命运，一个善或恶的天才"。但是后来印欧语中语义色彩逐渐贬义化，变成"恶魔、恶灵"，如：拉丁语 daemon，意大利语 demonio，瑞典语 damon。从天神演变为语义相反的恶魔，是常见语言现象，如：梵文 déva"神"，波斯语 daēva"恶魔"。[4] 由此可见，daimon 表示"神"，这可能是比较早的状态，daemon 表示"恶魔"，被贬义化，这是后来的变化。一般而言，尊贵的词语被贬义化，说明这个词语很可能是外来词。由此可见，这个词可能不是印欧语的原生词语。

① （北齐）魏收：《魏书》，中华书局，1974 年，第 2213 页。
② （南朝宋）范晔：《后汉书》，第 2813 页。
③ 《藏缅语语音和词汇》编写组：《藏缅语语音和词汇》，第 371 页。
④ Buck，Carl D. *A Dictionary of Selected Synonyms in the Principal Indo-European Languages*. Chicago：The University of Chicago，1949，pp.1488—1489.

从印欧语内部来看,daimon 的语源一直不明。在印欧语和近东并没有 D-M-N 或 D-M 辅音组合的词语表示"太阳"或"上帝",在近东和印欧语中, 太阳一般都是 sol 或 son、sun 等,并没有 m-n 辅音结构表示"太阳"的意思 的词语。从这一角度也可以看出,印欧语的表示"统治者""主宰"意义的 D-M-N 辅音组合也可能是从其他语言借来的。

希腊文化曾受过古代亚洲世界的深刻影响,①如果从语源看,这个词语 更像是来自亚洲的词语,因此如果联系古代亚洲东方的"朱明"domaŋ 以及 现在亚洲南方侗台语 ta⁵man¹"太阳",达罗毗荼语 man"天",可以推断这可 能是来自古代东方世界的一个词汇,亚洲古代的"东明"(*doŋmaŋ)和"朱 明"(*domang)都和希腊语 daimon"保护神、天神"读音相似。daimon"保护 神"后来在印欧语中变成了 demon"恶魔",这符合借词的一般规律:外来民 族的"上帝"经常会演变成本民族的"恶魔"。

4.6.2　D-M-R/D 辅音组合与太阳、祭司、国王、保护神、护身符

上古汉语的"日"读音为 *mit 或 *mid。②

Wolfenden 指出,汉藏语在形态上有个重要的特征,就是在名词前面加 上 te、ta 或 de 等前缀。③我们可以概括为齿龈音名词前缀,这一前缀一般出 现于身体部位、天体自然、亲属称谓等名词前面。④

如嘉戎语中就存在 tɐ 和 tə 名词前缀,其实 tɐ 是 tə 的一个变体,本质上 就是 t-前缀,详见下表。

表 4-3　嘉戎语中的名词前缀 tə-、tɐ⑤

tɐ-pɐ"父亲"	tə-mo"母亲"
tə-tsa"男人"	tə-mi"女人"
tə-mu"雨"	tə-mȵa"田地"
tə-məs"天"	tə-rdzi"雨"

① 详见[英]威廉·雷姆塞:《希腊文明中的亚洲因素》,大象出版社,2013 年。
② 详见第五章关于"金日磾"的讨论。为了避免行文重复,此处不再详细展开。
③ Wolfenden, Stuart N. *Outlines of Tibeto-Burman Linguistic Morphology*. London: The Royal Asiatic Society, 1929, pp.141—142.
④ [法]向柏霖:《嘉绒语研究》,民族出版社,2008 年,第 48 页。
⑤ 林向荣:《嘉戎语研究》,四川民族出版社,1993 年,第 161—162、632 页。

嘉戎语 ʈɐ wot"阳光"的词根是 wot，ʈɐ-是名词前缀。Thado 语 wat"阳光"，原始藏缅语 ʔwad"阳光"。①其实从语源看，这个就是"日"（*mid）的同源词。

考虑到原始藏缅语存在名词前缀 t-，同时 m>w 是常见的音变，那么原始汉藏语的"阳光"是*t-wad 或*t-mad。

在古代赫梯世界，Luvian 语中，太阳神又被称为 Tiwad，但是这个词语的语源并不清楚。②如果参照上文汉藏语的*t-wad 或*t-mad"阳光"，我们发现两者几乎一样。Tiwad 这个词肯定来自早期汉藏语，理由有两点:第一，通过对比可以看出 Tiwad 中的 Ti 是名词前缀，而 t-作为名词前缀，是汉藏语的一个重要的特征。第二，词根 wad 表示"太阳"，只见于汉藏语，如:Thado 语 wat"阳光"，嘉戎语 wot"阳光"。这在印欧语或闪含语系找不到对应的词语，印欧语中"太阳"基本上是 sol 或 sun，如:拉丁语 sōl，意大利语 sole，西班牙语 sol，古冰岛语 sōl，丹麦语 sol，瑞典语 sol，古英语 sunne，中古英语 sonne，古高地德语 sunna，中古高地德语 sunne，新高地德语 sonne。③

因此，从词源来看，古代赫梯文明中的太阳神 Tiwad 最有可能是来自古代中国的汉藏语民族。

D-M-R/D 辅音组合除了表示"太阳"之外，还可以表示"主人、主宰"。如:战国楚简里的"视日"（*dimid 或*dimir）表示"主宰、主人"。

在中亚，波斯语 tūmār"护身符"，塔吉克语 tumur"护身符"，维吾尔语 tumar"护身符"，哈萨克语 tumar"护身符"，乌兹别克语 tumar"护身符"，塔塔尔语 tumar"护身符"，撒拉语 tumur"护身符"。④中亚这些语言中"护身符"一词的来源不详，由于-d 韵尾和-r 韵尾可以互变，从词根来看，很可能和汉藏语的*t-mad 或*t-wad"太阳"存在关联。

---

① Benedict, Paul K. *Sino-Tibetan: A Conspectus*. Cambridge: Cambridge University Press, 1972, p.51.

② Melchert, H.C. Solar and Sky Deities in Anatolian, in Adam Alvah Catt(Eds.), *Anatolian and Indo-European Studies, in Honor of Kazuhiko Yoshida*. New York: Beech Stave Press, 2019, pp.239—249.

③ Buck, C.D. *A Dictionary of Selected Synonyms in the Principal Indo-European Languages*. Chicago: The University of Chicago, 1949, p.54.

④ Steingass, F.J. *A Comprehensive Persian-English Dictionary, Including the Arabic Words and Phrases to Be Met with in Persian Literature*. London: Routledge & K. Paul, 1892, p.337. 陈宗振、努尔别克、赵相如:《中国突厥语族语言词汇集》，民族出版社，1990 年，第 272—273 页。

因此我们可以看到 D-M-R/D 辅音组合的语义演化过程。嘉戎语 ʈɐ wot 表示"阳光"，希腊语 dēmiurgós 表示"神、宇宙创造者"，上古楚简中的"视日"(＊dimid 或＊dimir)表示"主宰、主人"，波斯和突厥语中的 tūmār 表示"护身符"，这些词语的语音都是 D-M-R/D 辅音组合，这印证了"太阳"和"祭司""国王""护身符"语义上是相关的。

4.6.3　M-N 辅音组合与太阳、祭司、国王、保护神、护身符

上文提到亚洲南方侗台语中，"太阳"的语音形式也是 D-M-N 辅音组合，如："太阳"，侗语 ta^{5}man^1，仫佬语 thəu^5 fan^1，水语 da^{1}wan^1，西双版纳傣语 ta^{1}van^2，德宏傣语 van^2。[1]上面材料中，德宏傣语 van^2 和西双版纳傣语 ta^{1}van^2 是同源词，可见西双版纳傣语 ta^{1}van^2 这个词语中，ta^1 是词缀，van^2 是词根。由于 m 变成 v 是常见音变，侗语 ta^{5}man^1 和西双版纳傣语 ta^{1}van^2 也是平行对应的。而西双版纳傣语 ta^{1}van^2 中，ta^1 是词缀，van^2 是词根，西双版纳傣语的 van^2 对应侗语 man^1，m>v 是单向不可逆音变，这就说明 man^1 是 van^2 更早的语音形式。因此原始侗台语中的"太阳"是＊man。

在藏缅语中也有类似的词语，如："太阳"，羌语 mun，拉祜语 mu^{53}ni^{33}，彝语 mɯ^{21}ŋi^{33}，僜语 min^{35}。[2]

在南岛语中，mana"王权、法力、荣耀等"还有一个换位形式的变体 nama。又如：Bugotu 语 mana"王"，Lau 语 mamana"王"，Sa'a 语 nanama"王"，可以看到 Sa'a 语 nanama 显然是 Lau 语 mamana 的换位变体。此外，Tolai 语 danim"水"，Halia 语 ramun"水"，Tolai 语的 nim 变成 Halia 语中的 mun，辅音发生了换位。[3]

换位是常见语言现象，[4]南岛语的 mana>nama 换位音变给我们很大启发。藏缅语中的"太阳"除了羌语 mun、拉祜语 mu^{53}ni^{33}等形式之外，还有另

---

[1]　中央民族学院少数民族语言研究所第五研究室：《壮侗语族语言词汇集》，中央民族学院出版社，1985 年，第 1 页。

[2]　《藏缅语语音和词汇》编写组：《藏缅语语音和词汇》，第 2 页。

[3]　Blust，R.，A. Proto-Oceanic ＊mana Revisited. *Oceanic Linguistics*，Vol. 46(2)，pp. 404—423. Ross，M.，Pawley，A. and Osmond，M. *The Lexicon of Proto Oceanic. The Culture and Environ- ment of Ancestral Oceanic Society*，*Vol. 2. The Physical Environment.* Canberra：The Australian National University，2007，p.59.

[4]　详见 Buckley，E. Metathesis. Oostendorp. Marc van et al. (eds). *The Blackwell Companion to Phonology*. West Sussex：Wiley-Blackwell，2011，pp.1380—1407.

外一种形式:藏文 ni ma,藏语(拉萨)ȵimə,扎巴语 nimɯ,尔苏语(甘洛)noma,纳木义语 nimi,史兴语 nɛmi,纳西语(丽江)nimi,哈尼语(碧卡)nɔma,阿昌语 nimɔ。可以看到,拉祜语 mu⁵³ni³³是阿昌语 nimɔ 等的换位变体。从这一角度看,原始藏缅语"太阳"的语音形式是*mani。①

显然藏缅语的*mani 或*man"太阳"和侗台语*man"太阳"存在关联。②

与此对应的是,上古中国神灵世界也有太阳崇拜,语音形式是*min,写作"旻",也作"旻天"或"旻天"。师訇簋"今日天疾畏",这里的"日天疾畏",西周晚期的毛公鼎作"旻天疾畏",③其实就是《诗经》中常见的成语"旻天疾威"。但是"日"和"旻"对应,以前一直不能对此作出解释。此前笔者提出,"日"的声母上古应该是明母字,因此"日"上古早期应该有明母质部的读音;而"旻",明母真部,"日"和"旻"刚好构成阳入对转,因此这里的"日"可以读为"旻"。这个例子也能说明"旻"(*min)等同于"日","旻"(*min)就是"太阳"的意思。④这和藏缅语 mun"太阳"、侗台语 man"太阳"对应。

如果将视野放大到古代世界,我们就会发现一些很有意思的事情。埃及的 Amun 神(也写作 Amon、Ammon、Amen)是太阳神、众神之王以及宇宙创造者。Amun 神后来又传播到腓尼基,在腓尼基宗教是 Baal Hammon。⑤这个词语的语源不详,在近东语言找不到语音相似的表示"太阳"的同源词。其实 Amun 核心词根是 mun,和上古中国"旻天"、中国羌语 mun"太阳"、原始壮侗语*man"太阳"对应。核心辅音是 m-n,从这里可以看到辉煌的埃及文明也受到过来自中国文明的影响。

古代小亚细亚 Manes 和 Menis 常见于祭司家族的名号和祭司领袖的名字,也是太阳神的称号。⑥同时摩尼教的摩尼(Mani),以及佛教的释迦摩尼

---

① 藏文 nima 等形式是 mani 的换位变体。
② 藏文的太阳为 nima,其实是 mani 的换位形式。这可以从南岛语找到佐证。
③ 师訇簋和毛公鼎铭文图版分别见马承源:《商周青铜器铭文选(三)》,文物出版社,1988年,第176、316页。
④ 叶晓锋:《汉语方言语音的类型学研究》,第113—114页。
⑤ Pinch, G. *Handbook of Egyptian Mythology*. Santa Barbara, California/Denver/Colorado/Oxford:Abc-Clio, 2002, p.100. Brandon, S.G. *A Dictionary of Comparative Religion*. New York:Scribner, 1970, p.175.
⑥ [英]威廉·雷姆塞:《希腊文明中的亚洲因素》,第35、142、172页。

（Muni），这些名号的核心辅音都是 m-n，语源最早可能都来源于"太阳"和"太阳神"，其后变成"祭司"和"神圣"的名称。

古代战争中，征服者经常会和祭司集团融合，成为神在大地上的代言人。因此 M-N 辅音组合又衍生出"国王和征服者"的含义。如古代埃及国王除了是上帝儿子之外，同时也是埃及唯一的祭司，在埃及，祭司、国王、神的儿子这三者身份是融为一体的。这是古代世界的常态。①

如前文所述，第一个统一埃及传奇国王的名字 Meni 就是 M-N 辅音组合。此外，达罗毗荼语中，泰米尔语 man"王、勇士、主宰、首领、丈夫"，Telugu 语 manne"主、首领"。②侗台语中，"官"，保定黎语 mun¹，中沙黎语 mun¹。这些表示"国王、领袖、官"的词语的语音都是 M-N 辅音组合。

由此可见，M-N 辅音组合在"祭司"之外又延伸出"国王、主人、首领"等意思。

南岛语中的 Mana 是人类学中经常讨论的概念，这个词语在南岛语民族中通常可表示如下意思：陛下、王权、权力、威望、光荣、力量、影响力、权威、吉祥、如意、法力、幸运、超自然力量、神圣的力量。③

但是这个词的语源一直不明。Blust 认为 Mana 和个别南岛语"风"mana、"雷"mana 有关。④Blust 的论证存在很大的问题：第一，"风"和"雷"本身一般不是同源词。如果生搬硬套地把这两个词都和 Mana 关联起来，那么意味着"风"和"雷"在南岛语是同源词，但是实际情况是在南岛语中"雷"从来不和"风"发生语源上的关联。⑤第二，无论是从宗教史还是从语义演变来看，"风"和"雷"在语义上都不和"权力""富贵""幸运"等词语发生关联。因此 Blust 的看法是不成立的。

---

① Fried, Lisbeth S., *The Priest and the Great King*：*Temple-palace Relations in the Persian Empire*, Eisenbrauns, 2004, p.50.

② Burrow, T. & Emeneau, M.B. *A Dravidian Etymological Dictionary*. 2nd ed. Oxford：Clarendon Press, 1984, p.424.

③ Capell, A., The Word "Mana"：A Linguistic Study. *Oceania*, 1938, 9(1), pp.89—96. Bender, B.W., Goodenough, W.H., Jackson, F.H., Marck, J.C., Rehg, K.L., Sohn, H., Wang, J.W. Proto-Micronesian Reconstructions—I. *Oceanic Linguistics*, 2003, Vol.42(1), pp.1—110.

④ Blust, R.A. Proto-Oceanic *mana Revisited. *Oceanic Linguistics*, 2007, Vol.46(2), pp.404—423.

⑤ Ross, M., Pawley A. and Osmond M. *The Lexicon of Proto Oceanic*. *The Culture and Environment of Ancestral Oceanic Society*. *Volume 5-People*：*Body and Mind*. Canberra：The Australian National University, 2016, pp.149—152.

如果从更大视野来看,我们就会发现南岛语中的 Mana 和古代亚欧非古代世界的 M-N 辅音组合在语义上完全对应,都有"祭司""神圣的力量""酋长、国王"的意思。而亚欧非古代世界的 M-N 辅音组合从语源上来自"太阳",来自古代中国的汉藏语族 mun 和壮侗语族的 man。白保罗指出,侗台语和南岛语存在亲属关系,①因此南岛语的 Mana 概念其实也来自古代中国的侗台语或汉藏语,语源其实也是"太阳"。

"卍"是佛教中佛祖胸前的一个符号,佛教经典和注释一般解释为"胜妙相海""吉祥胜德""吉祥相",②表示"吉祥""幸福"等含义,这个符号梵文称为 svastika,是表示"幸运"的神秘符号。③菩提流支翻译的《十地经论》最早将"卍"翻译为汉字"万",如:"于功德庄严金刚万字胸出一大光明名坏魔怨,……示无量神力亦来入是大菩萨功德庄严金刚万字胸。"舒邦新指出这里的"万"表示读音,而非具体数字。④这是非常正确的。但是为什么将"卍"翻译为"万"(中古音＊man),这是很值得探究的问题。因为"卍"梵文对音为 svastika,这和"万"(中古音＊man)完全不同。我们推测,这里翻译为"万"可能是为了便于北魏贵族理解。也就是说,"万"(中古音＊man)表示的是北魏鲜卑语。鲜卑语和满语存在较多的关联,⑤在满通古斯语中,"幸运",满语 majan,锡伯语 majan,鄂温克语 majin,鄂伦春语 majin,赫哲语 majin。⑥"万"(＊man)和满语 majan 在语音上是对应的。从全球文明史来看,满通古斯语的 majan 无论是语音还是语义都和亚洲南方的 Mana"吉祥""富贵"是对应的,可能是来自亚洲南方的借词。

综上所述,这些 M-N 辅音组合在古代世界经常可以表示"太阳神、祭司、国王、征服者、护身符、吉祥",这些词语的语义源头是"太阳"。上古中国神灵崇拜里的"旻天""旻天"里的"旻"就是"太阳"之意,在藏缅语和壮侗语里一直保存相似的词语,如:羌语 mun"太阳",拉祜语 mu⁵³ni³³"太阳",

① Benedict, Paul K. Thai, Kadai, and Indonesian, A New Alignment in Southeastern Asia. *American Anthropologist*, New Series, 1942, 44(4), pp.576—601.
② 舒邦新:《〈汉语大字典〉"卍"字条书证商榷》,《江西师范大学学报》1989 年第 2 期。
③ Apte, V.S. *The Practical Sanskrit-English Dictionary*: *Containing Appendices on Sanskrit Prosody and Important Literary and Geographical Names of Ancient India*. Delhi: Motilal Banarsidass Publ., 1965, p.1741.
④ 舒邦新:《〈汉语大字典〉"卍"字条书证商榷》。
⑤ 戴光宇:《鲜卑族的起源、分化及其语言》,《云冈研究》2021 年第 1 期。
⑥ 朝克:《满通古斯语族语言词源研究》,第 300—301 页。

彝语 muɯ²¹ŋi³³"太阳"，傈语 min³⁵"太阳"，侗语 ta⁵man¹"太阳"。因此"旻天"是上古中国自有的神灵崇拜对象，埃及太阳神 Amun 神、小亚细亚的太阳神和祭司名字 Manes 和 Menis，在近东和小亚细亚语言中找不到语音相似的表示太阳的词语。因此，从源头看，这些神灵和祭司名字源自上古中国或亚洲东部文明。

　　除了太阳神之外，上古中国还影响了近东闪含文明的祭祀仪式。在《圣经》中祭坛所在的高地被称为 bamah，经常是作为区域或城市的宗教中心。①这个词语在希伯来语甚至整个闪含语系找不到语源，其实是来自汉藏语 pam"山"，如：浪速语 pam，阿昌语 pum，载瓦语 pum，景颇语 pum。由于 om/um 和 oŋ/uŋ 经常互变，②因此上古汉语"封"poŋ 也可以与之对应。"封"，《史记·秦始皇本纪》"乃遂上泰山，立石，封，祠祀"，裴骃集解："积土为封。谓负土于泰山上，为坛而祭之。"

　　《圣经·诗篇》中，希伯来语 tehom 表示"深渊""深水"，③闪含语系中元音之间会增生 h，因此希伯来语 tehom 原来读音当为 teom，但是这个词语的语源不清楚，其实这个词语是借自上古汉语的"潭"dəm。

　　由此可见，上古中国在宗教信仰上对近东文明有很大的影响。

4.6.4　D-M 辅音组合与太阳、祭司、国王、保护神、护身符

　　上文已经指出，华夏民族传说中的创始帝王炎帝的"炎"上古读音之一为 *dam，而根据《白虎通义》记载："炎帝者，太阳也。"由此可见国王和太阳之间的语义关联。

　　在汉藏语中，"巫师"，景颇语 tum³¹ sa³⁵，仙语岛 tum³¹ sa⁵⁵，载瓦语 tum²¹ sa⁵⁵，浪速语 tum⁵¹ sa⁵⁵，独龙语 nam⁵³ sa³⁵。④独龙语 nam 和景颇语 tum 对应，而 nam⁵³是"太阳"，可见 tum 应该是"太阳"或者"天"的意思。这和"炎帝"的"炎"读音是对应的，都是 D-M 辅音组合。华夏民族属于汉藏语系，两者存在对应，说明这是汉藏民族的重要文化基因之一。

① Walton, J.H. Mattews V.H., M.W. Chavalas. *The IVP Bible Background Commentary*：*Old Testament.* Downers Grove：InterVarsity Press, 2014, pp.182, 293.
② 叶晓锋：《汉语方言语音的类型学研究》，第 152—155 页。
③ Walton, J.H. Mattews V.H., M.W. Chavalas. *The IVP Bible Background Commentary*：*Old Testament.* Downers Grove：InterVarsity Press, 2014, p.526.
④ 《藏缅语语音和词汇》编写组：《藏缅语语音和词汇》，第 64 页。

蒙古语族,"巫术",正蓝旗 dom,布里亚特 dom,达尔罕 dom,达斡尔 dom,东部裕固语 dom。①这些词可能是从藏缅语借来的。

埃及的 Atum 神是太阳神、创始神。一般认为 Atum 的词根是 t-m,表示"结束"的意思。从神灵的职能来看,Atum 语源应该和"太阳"有关。但是在闪含语系中找不到相似的表示"太阳"的词源,因此有可能是从其他语言中借来的。通过上面材料的比较,从词根上看,我们可以看到,Atum 神和炎帝(*dam)以及藏缅语中的 tum"太阳"是对应的,都是 D-M 辅音组合。

与埃及 Atum 相似的是日本的天神 Tama,两者显然有着相同的语源。

太平洋神话中,神、国王、始祖的名字有许多都是 D-M 辅音结构的。太平洋岛屿原住民的天神名字为 Tama,印尼语 tomas 表示"人群、社团或群落领导人",巴布亚岛人的图腾祖先名字为 Dema。②最合理的解释是始祖或国王从词源上来自"太阳",但是这些语言里并没有类似的表示太阳的词语,可见它们更有可能是借词。

因此,从神的职能和语源的全球比较视野来看,埃及 Atum 神、日本 Tama 以及太平洋岛屿领导称呼 tomas,应该和炎帝(*dam)、斗母(*domu)等相关,可能是来自中国汉藏民族和太平洋民族,在语源上和"太阳、天"有关。

D-M 辅音组合进而引申出"法术""巫术""魔法"的概念。tum 原意为"太阳"或者"天",汉藏语许多民族的巫师都是 tum sa,可见,已经演化出"巫""法术""魔法"的意义。蒙古语中,dom"巫术"可能就是借自古代的汉藏语民族。

4.7 余 论

通过上文的讨论,我们仔细分析了亚欧非古代世界里各大语言"天神""王者""主人"等称号的语音,如:梵文 dámūnas"主人、主宰",阿拉伯语 damin"首领",拉丁语 Dominaca"主、主人",希腊语 daimon"守护神",波斯

---

① 孙竹:《蒙古语族语言词典》,青海人民出版社,1990 年,第 224 页。
② 主要参考[苏]谢·亚·托卡列夫、叶·莫·梅列金斯基等著:《世界各民族神话大观》,魏庆征译。

语 tauman"权力"，希腊语 demiurges"宇宙创造者"，拉丁语 domitor"征服者"，埃及的 Atum 神和 Amon 神，小亚细亚的祭司 Manes。以此为讨论的出发点，可以归纳出表示"王"的称号有四种辅音组合模式：(1)D-M-N；(2)D-M-R/D；(3)D-M；(4)M-N。缪勒提出太阳和神灵经常语义相关。从印度吠陀文献中，太阳从一个发光的天体演变成了世界创造者、保护者、统治者和奖赏者。①以此为基础，本章从历史比较语言学和语言考古学的角度重新解释"头曼、朱蒙、寿梦、铁木真、帖木儿、兜靡、视日、朕"等这些帝王名号的语源，认为这些与帝王相关的名号语源都和"神、祭司、王、主人、保护者"有关，在人类对神或神圣的认知里，存在一个普遍的语义演化模式，即从太阳引申出"太阳神""天神""祭司""王""保护者""护身符"等语义，这是人类的普遍认知规律。

---

① ［英］麦克斯·缪勒：《宗教的起源与发展》，金泽译，第 186 页。

第5章　金日磾的隐语：匈奴
万神殿迷宫的入口

5.1　引　言

匈奴帝国的官号和人名、地名是研究匈奴语言和宗教信仰的重要材料。因为每个宗教都有自己非常特殊的宗教信仰和神灵术语系统，如果能在另外一种语言里能找到与某种宗教神灵术语相对应的语词，就可以判断该语言的民族曾受过这种宗教的影响。

本章以匈奴帝国的人名、官号、地名为线索，探索匈奴帝国和当时各大宗教之间的关联。金日磾的名字来源于琐罗亚斯德教传统，匈奴的官号与单于家族的名号反映出印度教许多神灵和神圣概念，匈奴的神圣空间龙城和蹛林则和近东的闪含民族存在关联。

5.2　金日磾和琐罗亚斯德教

5.2.1　休屠与胡大（Huda）

根据《史记·建元以来侯者年表》记载："金翁叔名日磾，以匈奴休屠王太子从浑邪王将众五万，降汉归义，侍中，事武帝，觉捕侍中谋反者马何罗等功侯，三千户。中事昭帝，谨厚，益封三千户。子弘代立，为奉车都尉，事宣帝。"①

---

① （汉）司马迁：《史记》，第1059页。

　　我们先来讨论"休屠"的上古读音。"休",晓母幽部字,上古音为﹡hu,"屠",定母鱼部字,上古音为﹡da。因此,"休屠"的上古音是﹡huda。

　　波斯琐罗亚斯德教(即一般所说的拜火教)中的上帝 Ahura Mazda(图 5-1)还有另外一类的称呼:huda、Xuda、khuda、khoda、khuday,语义为"主、主人、领导人"。无论是 Ahura Mazda 还是 Huda,都是早期琐罗亚斯德教很重要的标志性专名。从语音上看,休屠﹡huda 和 Mazda 的另外一个称呼 Huda 是完全一样的。① 这就说明金日磾家族肯定和琐罗亚斯德教存在关联。

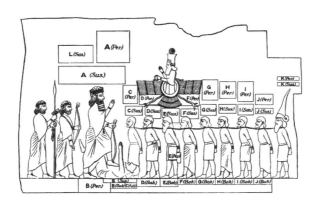

图 5-1　Bisitun 岩石浮雕上的 Ahura Mazda(中间半空中的长者)②

　　Huda 在中古以后被借入伊斯兰教,表示"上帝、主人",伊朗、中亚、中国等地的穆斯林称呼"安拉"时仍用 Huda 这个称呼。③

　　Huda 在中古波斯语中还有一个变体就是 wadag"领导、主人",④wa 和 o 和 u 经常互变,因此 wadag>odag 是可能音变。由于 b>w 是常见音变,wadag 更早阶段可能是 badag。因此,"休屠"可能的变体有:odag、wadag、badag。

　　以此为线索,我们发现藏缅语中有相关的借词,"主人",藏文 bdag

---

①　Wagenaar, H.W., Parikh, S.S., Plukker, D.F. & Veldhuijzen, Z.R. *Allied Chambers Transliterated Hindi-Hindi-English Dictionary.* New Delhi: Allied Publishers, 1993, p.314.陈宗振、努尔别克、赵相如:《中国突厥语族语言词汇集》,第 85 页。

②　Bisitun 岩石浮雕摹本,Curtis J., André-Salvini B., Tallis N. *Forgotten Empire: The World of Ancient Persia.* Berkeley: University of California Press, 2005, p.22。

③　中国伊斯兰教百科全书编辑委员会:《中国伊斯兰教百科全书》,四川辞书出版社,2007年,第 226 页。

④　Durkin-Meisterernst, D. *Dictionary of Manichaean Middle Persian and Parthian.* Turnhout, Belgium: Brepols Publishers, 2004, p.408.

(po),夏河藏语 hdak(kwo),泽库藏语 wdok(kwo),嘉戎语(jo) bdɐk,博噶尔珞巴语 a to,苏龙语 a tok,①其中括号中的 po、kwo 等是词缀,非括号部分是词根。这些表示"主人"的词语显然和波斯语 odag、wadag 同源,其核心语音成分是 V-T-V-K。其中 V 表示元音,T 表示舌尖塞音,K 表示软腭音。

为何 Huda 可以表示波斯琐罗亚斯德教中"主、主人、领导人",可能和"太阳"或"火"有关,如闪含语系中,"太阳",苏美尔语 utu,Dahalo 语 ado。突厥语中,"火",维吾尔语 ot,哈萨克语 ot,柯尔克孜语 ot,乌兹别克语 ot,塔塔尔语 ot。②由于元音前面经常可以增生 h,t 和 d 发音属于同一部位,可见,ot>hot 和 Huda 非常相似。③印度—伊朗雅利安人崇拜三种"火"或"光":"天光""雷电之光""地上的火光"。④在上古汉语中也有类似的语义演变,"主"(*to)本来表示"灯火",《说文》:"主,灯中火主也。"从古文字可以看得非常清楚,"主"的字形象灯火,是个象形字,后来变成"领袖"之意。

"主"的古文字⑤

5.2.2 "日"的上古音与密特拉(Mitra)

上古汉语中,"日"的读音是个很有趣的问题。

"日",《广韵》的读音为"人质切",中古音是日母质韵字。本来这是一个非常简单而明确的问题。但是,汉武帝时期的传奇匈奴王子金日磾的名字中的"日"一般都读为"密"。俞忠鑫指出,"金日磾"的"日"读"密",最早见于宋代释适之的《金壶字考》。不过他认为,"金日磾"的"日"读"密",是连读音变的结果。⑥

---

① 《藏缅语语音和词汇》编写组:《藏缅语语音和词汇》,第 668 页。
② 陈宗振、努尔别克、赵相如:《中国突厥语族语言词汇集》,第 156—157 页。
③ 英语 hot"热"语源可能也是相关的。
④ 元文琪:《二元神论》,商务印书馆,2018 年,第 163 页。
⑤ 季旭升:《说文新证》,福建人民出版社,2010 年,第 424 页。
⑥ 俞忠鑫:《字音献疑》,浙江大学古籍研究所编:《雪泥鸿爪——浙江大学古籍研究所建所二十周年纪念文集》,中华书局,2003 年,第 224—229 页。

　　王健、潘悟云、李家浩则认为"日"早期有"密"的读法。由于从"日"得声的"汨"和"魃"都读 mì，而且汉武帝时的犍为舍人在注《尔雅》的时候还以"密"对"篧"进行声训。闽北建瓯方言中，"日头"读"mi^{42}头"，潘悟云认为这里的 mi^{42} 也是"日"上古音的遗留。① 宁波方言中，"今日"读作"今密"（tçiɪ miɪ）。② 在宁波方言和建瓯方言中"日"读为"密"，很值得重视。根据 mi>ni 是常见单向音变，"日"发生的音变为 *mit> *nit 或 *mid> *nid。③ 考虑汉藏同源，与上古汉语对应的藏文同源词的塞音韵尾都是浊塞音韵尾，郑张尚芳提出上古汉语中的塞音韵尾原来可能也是浊塞音韵尾。④ 潘悟云指出，上古汉语中的塞音韵尾由于不存在清浊对立，因此塞音韵尾无论是清还是浊，都是可以的。⑤

　　因此，"日"的上古音可能是 *mid 或 *mit。

　　"日"在汉代读音还与"密"相同。在早期佛经梵汉对音材料中，"蜜"对应梵文 mad 或 mat。⑥"蜜"与"密"同音。同时，由于 m>w 是常见音变，如现代汉语的微母字中古以前都是 m，如"无""文"普通话声母是 w，但是早期佛经对音材料中，"无"读音为 ma，"文"读音为 mun。⑦ 因此"日"在与西域语言接触中，对应 mad、mat、wad、wat，是符合对音规律的。

　　汉藏语的"日"（*mit），还出现在南亚语中。南亚语的 Thavung 语"太阳"有两种形式：khalaaŋ、mat khalaaŋ。⑧ 这里 mat 语源不详，一般认为和南亚语的 mat"眼睛"同源，其实是借自上古汉语的"日"（*mit）。上古汉语中，"日"读为"密"，粤语中，"密"，惠州 mit^{31}，高明 mət^{22}，江门 mat^{21}，斗门

①　王健：《"日"字为什么读 mi》，《古汉语研究》2002 年第 4 期。李家浩：《说"峚"字》，《汉字研究》第一辑，学苑出版社，2005 年，第 488—491 页。潘悟云：《竞争性音变与历史层次》，东方语言学网，http://www.eastling.org/discuz/showtopic-2256-1.aspx.，2006 年。在 2005 年上古音课程，潘悟云老师也多次提起"日"的读音问题。

②　汤珍珠、陈忠敏、吴新贤：《宁波方言词典》，江苏教育出版社，1997 年，第 356 页。

③　叶晓锋：《汉语方言语音的类型学研究》，第 103 页。王健：《"日"字为什么读"mì"》，《古汉语研究》2002 年第 4 期。李家浩：《说"峚"字》，《汉字研究》第一辑，第 488—491 页。

④　郑张尚芳：《上古韵母系统和四等、介音、声调的发源问题》，《温州师院学报（哲学社会科学版）》1987 年第 4 期。

⑤　潘悟云：《汉语历史音韵学》，第 166 页。

⑥　俞敏：《后汉三国梵汉对音谱》，《俞敏语言学论文集》，第 58 页。

⑦　详见杨剑桥：《汉语音韵学讲义》，复旦大学出版社，2000 年，第 150 页。俞敏：《后汉三国梵汉对音谱》，《俞敏语言学论文集》，第 59 页。

⑧　Ferlus, M. Lexique Thavung-Français. *Cahiers de linguistique-Asie orientale*, 1979, Vol.5(1), pp.71—94.

mat[21]。汉越语中，"密"读为 mət。①所以南亚语中的 mat"太阳"很可能经过华南的广州和广西，然后传入南亚语。

通过上文，我们可以确定，原始汉藏语"太阳"是 *mit，由于-d 和-l、-r、-t、n 经常互变，所以原始汉藏语"太阳"的变体有 mid、mil、mir、min 等语音形式。

密特拉（Mitra）是古代印度—伊朗神话中的太阳神，他代表"光"和"太阳"，但是密特拉（Mitra）的词源一直不清楚。②值得注意的是，古代印度雅利安神话中太阳神名字是 Surya，而印欧语的"太阳"基本是 sol，如：拉丁语 sōl，意大利语 sole，西班牙语 sol，古冰岛语 sōl，丹麦语 sol，瑞典语 sol。③由于 r 和 l 经常互变，所以 surya 和印欧语的 sol 是完全对应的，这说明 Surya 是古代印度雅利安固有的神灵。反过来说，密特拉（Mitra）可能是印度—伊朗雅利安从其他文明借来的。

密特拉神（Mitra），古波斯语称为 Mithra，巴列维语称为 Mitr，还被称为 Mihr。这个词语同上古汉语的"日"（*mit）是对应的。Mitra 中 tr 表现出了 t 的卷舌音的色彩，这是印度梵文和达罗毗荼语所特有的，舌尖塞音有时自然变成卷舌音。另外一种可能是，Mit 是汉藏语"日"（*mit），ra 为近东闪含语言常见的"神"，Mitra 是"太阳神"之意。④因此可以确定，印度—伊朗神话中的太阳神密特拉（Mitra）名字明显是来自上古汉语或者原始汉藏语的"日"（*mid 或 *mit）。由此可见，早期中国对印度—伊朗的宗教信仰也产生了很大的影响。

密特拉（Mitra）还被称为 Mihr。其实是从 mit 的变体 mir 演变而来。由于中亚语言会增生 h，如西部裕固语中，qenɑt ~ qɑnɑht"翅膀"，可以看到第二音节 nat 和 naht 是一样的，⑤所以 Mihr 直接可以理解为 Mir 的变体，从源

① 詹伯慧等：《珠江三角洲方言字音对照》，新世纪出版社，1987 年，第 254 页。王力：《汉越语研究》，《岭南学报》第 9 卷第 1 期。
② Boyce, M. On Mithra's Part in Zoroastrianism. *Bulletin of the School of Oriental and African Studies*, London: University of London, 1969(1), pp.10—34; Schmidt, H. P. Mitra in old Indian and Mithra in old Iranian. Mithra I, 2006. 详见 https://iranicaonline.org/articles/mithra-i。
③ Buck, C.D. *A Dictionary of Selected Synonyms in the Principal Indo-European Languages.* Chicago: The University of Chicago, 1949, p.54.
④ 详见：Emeneau, M.B. India as a Linguistic Area. *Language*, *Linguistic*, *Society of America*, 1956, Vol.32, pp.3—16.
⑤ 陈宗振、努尔别克、赵相如：《中国突厥语族语言词汇集》，第 388—389 页。

头来看，是来自上古汉语的"日"（ * mid 或 * mit）。

5.2.3　金日磾与密特拉（Mitra）

金日磾这个名字在中国历史上也是非常特别的。

"日"，上古读音为 mit，"磾"，上古音 * tir 或 * tar，①因此"日磾"的读音是 * mittir 或 * mittar。由于在早期对音中，第一音节的韵尾经常可以作为第二音节的声母，如"南无"的上古音为 * namma，但实际对应梵文 nama，这里 m 既可以充当第一音节 nam 的韵尾，又可以充当第二音节 ma 的声母。因此，在复原以汉字拼读的外来名词时，如果第一音节的韵尾和第二音节的声母是一样的时候，可以直接合并。同理，"日磾"的上古音是 * mittir 或 * mittar，但是从语言接触的实际情况来看，"日磾"对应的匈奴语言是 * mitir 或 * mitar。

密特拉（Mitra）是琐罗亚斯德教重要神祇，这个名字在古代世界很常见。阿契美尼德铭文中经常出现密特拉以及密特拉相关的名字，如 Miθra-baga、Miθrada、Miθradata、Mitra-daatu、Mitirria-dada、Mitra-daati、Mitri-daata、Mitirea-ni、Mitar-raia。②从以上阿契美尼德铭文名字中，除了可以看出密特拉（Mitra）作为人名经常出现，还可以看到密特拉（Mitra）的变体还有 Mithra、Miitra、Mitar、Mitir。③从上述材料可以看出，"日磾"的两种可能读音，在阿契美尼德铭文中都能找到。

巴克特里亚铭文中也经常出现密特拉以及与密特拉相关的名字，如巴克特里亚的希腊文 MIOPAMANO，一般认为对应 miθra-mano。④

从辅音来讲，"日磾"（ * mitir）和密特拉（Mitra）都是 m-t-r 辅音结构。因此，"日磾"和密特拉（Mitra）对应是可以确定的。

这可以得到文献和考古两方面的印证。

---

① "磾"的中古读音为"都奚切"，郭锡良根据中古音认为是端母脂部字，潘悟云则根据"磾"从"单"得声，"单"的谐声系列主要分为两类，鼻音 n 作为韵尾的是元部字，非鼻音韵尾的读音是歌部字。脂部和歌部字韵尾我们采用李方桂的构拟-r。详见：郭锡良：《古代汉语》，北京出版社，1981 年。潘悟云：《汉语历史音韵学》，2000 年。李方桂：《上古音研究》。

② 为了比较直观，我们将 Tavernier 书中的国际音标 θ 直接转写为 th，详见：Tavernier, J. *Iranica in the Achaemenid Period*(ca. 550—330 BC) : *Lexicon of Old Iranian Proper Names and Loanwords*, *Attested in Non-Iranian Texts*. Leuven：Peeters Publishers, 2007, pp.246—250。

③ Mitra 变为 Mitar 属于换位音变。

④ Sims-Williams, N. *Bactrian Personal Names*. Budapest：Verlag der österreichischen Akademie der Wissenschaften, 2010, pp.90—91。

　　根据《史记·匈奴列传》:"单于朝出营,拜日之始生,夕拜月。"拜火教的基本仪式是要敬拜日、月、水、火。①从祭拜情况来看,匈奴单于的敬拜和琐罗亚斯德教是对应的。

　　根据考古发现,在巴泽雷克5号土丘的匈奴墓葬里出现了密特拉神。②除此之外,蒂什金进一步指出,巴泽雷克匈奴墓葬有明显的琐罗亚斯德教的元素,如太阳崇拜,以马殉葬,以熏蒸火盆为陪葬品等等,其中马象征着天空和太阳。③在外贝加尔湖的匈奴墓葬中,还可以看到匈奴人用火烧现场作为洁净仪式的痕迹,这是典型的拜火教的特征。④波洛斯马克则发现巴泽雷克女性贵族的帽子和琐罗亚斯德教祭司相似。⑤可见,匈奴帝国存在琐罗亚斯德教是可以肯定的。

　　因此,金日磾(*mitir)这个名字和匈奴帝国琐罗亚斯德教的太阳神密特拉(Mitra)相关,并不令人意外。

　　密特拉(Mitra)作为神灵,还有一个重要的职能是世界的观察者和监视者。他是至高的观察者,在每一个高度和每一个角度都可以观察,他也在黑暗中观察世界。⑥但是为什么太阳神会有这么一个职能? 伊利亚德认为"太阳"和"眼睛"发生关联是印度—伊朗地区重要的神灵观念之一,如"太阳"在伊朗被称为"阿胡拉·马兹达的眼睛",在《梨俱吠陀》中则被认为是"伐楼那的眼睛"。⑦

---

① 元文琪:《二元神论:古波斯宗教神话研究》,中国社会科学出版社,2018 年,第 355 页。[英]玛丽·博伊斯:《伊朗琐罗亚斯德教村落》,张小贵、殷小平译,中华书局,2005 年,第 77 页。Чунакова, О. М. Пехлевийский словарь зороастрийских терминов, мифических персонажей и мифологических символов. Издательская фирма "Восточная литература" РАН, 2004, С.141—142.

② Мартынов, А.И., Елин В.Н. Скифо-сибирский мир Евразии. Учебное пособие. Москва: Высшая школа, Абрис, 2012, С.117.

③ Тишкин, А. А. Дашковский, П. К. Социальная структура и система мировоззрений населения Алтая скифской эпохи: Монография/Барнаул; Изд-во Алт. ун-та, 2003, С.257—258.

④ Коновалов, П.Б. Хунну в Забайкалье(Погребальные памятники).//Улан-Удэ: Бурятское книжное издательство. 1976, С.165.

⑤ Полосьмак, Н. В. Всадники Укока.//Новосибирск: ИНФОЛИО-пресс. 2001, С. 306—307.

⑥ Schmidt, H.P. Mitra in Old Indian and Mithra in Old Iranian. Mithra I, 2006. 详见 https://iranicaonline.org/articles/mithra-i。

⑦ [美]米尔恰·伊利亚德:《宗教思想史》,晏可佳、吴晓群、姚蓓等译,上海社会科学院出版社,2004 年,第 275 页。

　　其实印度—伊朗的这个观念可能是从东南亚的语言中借来的。Urban
通过对全球语言的统计分析,发现将太阳比作"眼睛"是东南亚语言的一个
重要特征,包括东南亚的南亚语、南岛语以及侗台语。但是为何如此? 目前
并没有答案。①

　　通过深入分析,可以发现南岛语和侗台语中的这种比喻其实是借自南
亚语。

　　在南亚语中,mat 表示"眼睛",南亚语的太阳经常包含 mat,如:Kammu-
Yuan 语 màt-pr?"太阳",有两个词根构成:màt"眼睛",pr?"天",màt-pr?
"太阳"字面意思就是"天的眼睛"。②广东方言中,"密",江门 mat²¹,斗门
mat²¹,这和南亚语的 mat"眼睛"是一样的,此外,上古汉语"日""密"同音,
所以"太阳"和"眼睛"在语义上就发生了关联。这种语义关联是南亚语的
一个重要特征。密特拉(Mitra)是世界的观察者,恰恰说明了这个神是从中
国华南经由南亚语地区进入印度,然后被印度—伊朗雅利安文化吸收。

　　佛教创始人佛陀还被称为"没驮昧底哩",对应梵文 buddha-maitri,梵文
maitri 的含义是"慈",因此佛陀有时直接翻译为"慈氏"。③但是这个词语可
能还有双关语的意思。从词根看,maitri 和 Mitra 非常相似。Rowland 曾提
出,佛陀和太阳神之间存在关联。Revire 也指出,在佛陀的早期传记中,对
佛陀的描述充满了太阳和光的譬喻。④因此,佛祖的称号 Maitri 除了"慈"的
意思之外,可能还有"太阳"之意。⑤

5.2.4　翁叔与太阳、火

　　根据《史记》记载,金日磾的字是"翁叔"。

　　"翁叔"这个名字和"日磾"一样非常奇怪,因此我们有必要先讨论一下

---

① Urban, Matthias. 'Sun' = 'Eye of the Day': A Linguistic Pattern of Southeast Asia and Oce-
ania. *Oceanic Linguistics*. 2010, Vol.49, No.2, pp.568—579. Blust, R. 'Eye of the Day': A
Response to Urban(2010). *Oceanic Linguistics*, 2011, Vol.50, No.2, pp.524—535.

② Shorto, H.L. *A Mon-Khmer Comparative Dictionary*. Canberra: Australian National University,
2006. p.110.

③ [日]平川彰:《印度佛教史》,庄昆木译,北京联合出版公司,2018 年,第 710 页。

④ Rowland, J.B. *Buddha and the Sun God*. Eisenach: Paul Geuthner, 1938, p.84; Revire,
N. *Solar Symbolism in Early Buddhist Literature*. Berlin: Indological Studies, 2017, Vol.23,
pp.143—156.

⑤ 甚至佛祖称号最初为 Mitra"太阳",后来由于和 maitri"慈"读音相近,又被解释为"慈"。

"翁叔"的读音。"翁",上古影母东部字,上古音为 * oŋ。"叔",上古书母觉部字。中古书母来源比较复杂,有一个来源是舌尖塞音,如上古出土文献中,"叔"经常和"吊"通假互换。楚简中,"鲍叔牙"写作"鲍吊牙","管叔"写作"官吊";①银雀山汉简 918 号竹简中,"吊死问伤"写作"叔死问伤"。②"吊"是端母字宵部或药部,声母是 * t。"叔"和"吊"可以通假互换,所以"叔"的上古音应该是舌尖塞音。

此外,"督"的谐声偏旁是"叔",但"督"上古音为端母觉部字。因此,金理新将"叔"构拟为 * sthuk,斯塔罗斯金构拟为 * tiəuk,我们赞成上古三等字没有 i 介音,根据东汉梵汉对音来看,汉代应该已经不存在 st、sth 之类的复辅音了,"叔"在汉代读音应该和"督"相同。因此,综合金理新和斯塔罗斯金两家构拟,我们认为"叔"上古音为 * tuk。③

因此,金日磾的字"翁叔"的上古音为 * oŋtuk,考虑到汉语与西域语言的对音中鼻音经常会消失,④所以"翁叔"(* oŋtuk)的实际匈奴语读音还可以是 * otuk。

在丝绸之路沿线的语言中,达罗毗荼语和闪含语系中表示"太阳""火"的语词和"翁叔"(* oŋtuk ~ * otuk)非常相似。

闪含语中,"太阳",苏美尔语 utu,Dahalo 语 ado,Oromo 语 aduu。"火",Boka 语 Xwətə,Hausa 语 wutā,Tangale 语 wəti,Geji 语 wutu、wuti,Barawa 语 wut、wutu,Burma 语 wut,Sayanchi 语 wut,Kir 语 wut,Tala 语 wudi,Gabin 语 wəte,Gaanda 语 wəta,Tera 语 wəti。⑤

达罗毗荼语中,泰米尔语 aṭu "烧、烤、烹饪",⑥ Malayalam 语 aṭuka "烹饪",Kannada 语 aḍuge "烧沸",Konḍa 语 aṭk "烧",Kui 语 aṭa "加热、烧沸水"。

王引之研究春秋的人名时发现,上古中国的人名一般规律是名和字意

① 白于蓝:《简帛古书通假字大系》,福建人民出版社,2017 年,第 652 页。

② 吴九龙:《银雀山汉简释文》,文物出版社,1985 年,第 64 页。

③ 金理新:《上古音略》,第 570 页。[俄]斯·阿·斯塔罗斯金:《古代汉语音系的构拟》,上海教育出版社,2010 年,第 114—115 页。

④ [日]高田时雄:《敦煌·民族·语言》,钟翀等译,第 295 页。

⑤ Orel, V.E. & Stolbova, O.V. *Hamito-Semitic Etymological Dictionary*: *Materials for a Reconstruction*. Leiden: Brill, 1995. pp.7, 22, 186, 210, 224, 237, 264, 288, 338. Halloran, John Alan. *Sumerian Lexicon*: *A Dictionary Guide to the Ancient Sumerian Language*. Los Angeles: Logogram Publishing, 2006, p.306.

⑥ Burrow, T. *A Dravidian Etymological Dictionary*. Oxford: Clarendon Press, 1984, p.8.

义相关。①金日磾的名和字其实也是对应的。"日磾"对应密特拉(Mitra)，语源是"太阳"，而"翁叔"(*oŋtuk ~ *otuk)对应闪含语 utu"太阳"以及达罗毗荼语的 aṭu"火烧"。这说明以上对金日磾名字的阐释符合古代人名的一般规律。

崇拜光明是古代琐罗亚斯德教的重要特征之一。不仅太阳神密特拉(Mitra)很重要，火也具有非常崇高的地位，太阳就是"天火"。②因此，琐罗亚斯德也被称为拜火教。

《阿维斯塔》要求人们对着炉灶，将火作为神，并以之为祈祷对象，尊其为"值得人们献祭、祈祷"的神。琐罗亚斯德教徒一般认为，圣坛里的圣火本身代表独立的神，它居于特殊的场所里，监督信徒的礼拜，接受信徒的祭祀，聆听信徒的祈祷。信徒通过礼拜圣火，向阿胡拉·马兹达(Ahura Mazda)献上自己的崇拜。③

匈奴语与达罗毗荼语、闪含语系比较接近，金日磾作为匈奴帝国的贵族，又信奉琐罗亚斯德教，因此用达罗毗荼语和闪含语中的"火"来作为自己的名字，这是很正常的。

在阿契美尼德铭文中，就有类似的名字，如 Atrika(这个名字语义为"火")，可能也和琐罗亚斯德教有关。阿契美尼德时期火庙第二个祭司称呼为 Atrvaxsa，语义为"点火的那个人"。④在巴克特里亚铭文中，也有人名为 Adurigo，Sims-Williams 认为其语义可能也和"火"有关。⑤

金日磾是休屠王子，休屠就是 Huda(即 Ahura Mazda)，翁叔(*otok)的语义和"太阳""火"对应，结合琐罗亚斯德教中许多祭司名字都和"火"相关。所以不能排除金日磾除了休屠王子身份之外，还是琐罗亚斯德教祭司的可能性。⑥李特文斯基曾指出，印度和伊朗以及周边的游牧民族中，国王

① (清)王引之：《经义述闻》，上海古籍出版社，2018 年，第 1289—1454 页。
② 元文琪：《二元神论：古波斯宗教神话研究》，第 130—131 页。
③ [英]玛丽·博伊斯：《伊朗琐罗亚斯德村落》，第 77 页。
④ Tavernier, J. *Iranica in the Achaemenid Period*(*ca. 550—330 BC*)：*Lexicon of Old Iranian Proper Names and Loanwords*, *Attested in Non-Iranian Texts*. Leuven：Peeters Publishers, 2007, p.374.
⑤ Sims-Williams, N. *Bactrian Personal Names*, Verlag der österreichischen Akademie der Wissen-schaften, 2010, p.31.
⑥ 这对我们理解上古汉语中的一组同源词，"主"(*to)从字形看是灯火，但是后来主要意思为"主人、主宰"。"祝"(*tuk)为主持祭祀的人，即祭司，但是从火神"祝融"可以看出，"祝"也和"火"有关。"祝"(*tuk)和"主"(*to)"烛"(*tok)等音义接近，因此，上古中国，"火""祭祀""祭司""主宰"这四者语义之间存在关联性。"厨"(*to)语源也应该和"火"相关。

的名称经常和"太阳""火"同源，如印度国王名号为 pratāpin（意为"燃烧"
"闪亮"），在这方面，他可以与"太阳和火之神"Agni 相提并论。在伊朗传
统中，王权经常和"火""黄金"相关。斯基泰人祖先 Kolaksai 字面意思为
"太阳王"，居鲁士 Cyrus（古波斯语 Kurush）的语源也与"太阳"有关。①因
此，翁叔（*otok）语源和匈奴语中的"火"或"太阳"有关，是太阳神密特拉的
另外一种表达方式。将王者或贵族的名字与"太阳"或"火"相关，这也是古
代欧亚大陆许多民族王者或贵族的普遍命名方式。

　　在匈奴诺彦乌拉墓葬的羊毛刺绣地毯上，有琐罗亚斯德教的圣火和祭
坛图像（图5-2），这也可以佐证金日磾的名字可能和琐罗亚斯德教有关。
有意思的是，这件羊毛地毯的装饰细节不仅与叙利亚、巴勒斯坦地区织物有
着高度相似性，而且还与古代埃及的石棺绘画以及早期基督教马赛克图像
颇有雷同之处。②这和上文提出匈奴和近东闪含民族存在亲属关系是对
应的。

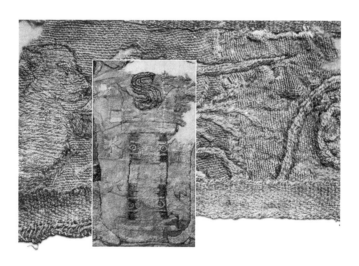

图5-2　诺彦乌拉匈奴墓葬中的琐罗亚斯德教圣火祭坛③

① Литвинский Б. А. «Золотые люди» в древних погребениях Центральной Азии（опыт
истолкования в свете истории религии）.//Советская этнография. 1982. №4. C.34—43.

② Полосьмак Н. В., Богданов Е. С. Курганы Суцзуктэ. Ноин-Ула, Монголия. Часть 1,
ИНФОЛИО, 2015, C.100.

③ Полосьмак Н.В., Мы выпили Сому, мы стали бессмертными. НАУКА из первых рук,
2010, том 33, №3, C.50—59.

5.2.5　祭天金人和翁仲

《史记·匈奴列传》:"其明年春,汉使骠骑将军去病将万骑出陇西,过焉支山千余里,击匈奴,得胡首虏万八千余级,破得休屠王祭天金人。"裴骃集解引《汉书音义》云:"祭天金人,象祭天人也。"司马贞索隐:"作金人以为祭天主。"①

《汉书·卫青霍去病传》:"票骑将军率戎士隃乌盭,讨遫濮,涉狐奴,历五王国,辎重人众摄詟者弗取,几获单于子。转战六日,过焉支山千有余里,合短兵,鏖皋兰下,杀折兰王,斩卢侯王,锐悍者诛,全甲获丑,执浑邪王子及相国、都尉,捷首虏八千九百六十级,收休屠祭天金人,师率减什七,益封去病二千二百户。"②

从《史记》和《汉书》来看,休屠王是和祭天金人联系一起的。上文已经指出,休屠(*huda)其实就是 Huda(即 Ahura Mazda),祭天金人肯定是祭天偶像。在哈萨克斯坦伊塞克土墩发现塞人(Saka)的祭天金人(图 5-3),除此之外,还有祭坛和香炉。阿基舍夫认为,这个金人本身是塞人的祭司,同时也是军事领袖和国王,是密特拉在尘世的化身,是世界的中心。这可以解释休屠王和金人之间的关系,由于金人是密特拉的化身,这可以说明金日磾除了王子身份之外,也是匈奴的祭司。④

金人在汉代又被称为"翁仲"(*oŋtuŋ),《淮南子·氾论训》载:"秦之时,高为台榭,大为苑囿,远为驰道,铸金人。"高诱注:"秦始皇二十六年,初兼天下。有长人见于临洮,其高五丈,足迹六尺。放写其形,铸金人以象之,翁仲、君何是也。"⑤上文已经指

图 5-3　哈萨克斯坦伊塞克土墩金人③

①　(汉)司马迁:《史记》,第 2908—2909 页。

②　(汉)班固:《汉书》,第 2479 页。

③　Казақстан Республикасы Мәдениет және спорт министрлігі, ҰЛЫ ДАЛА МҰРАСЫ: ЗЕРГЕРЛІК ӨНЕР ЖАУҺАРЛАРЫ, Астана, Национальный музей Республики Казахстан. 2018.

④　Акишев, А·К. Искусство и мифология саков. Издательство «НАУКА» Казахской ССР, 1984, C.52—53.

⑤　何宁:《淮南子集释》,中华书局,1998 年,第 942 页。

出，金日磾的字为"翁叔"（*oŋtuk），语源和"太阳""火"有关，密磾对应密特拉（Mitra），但是为何金人被称为"翁仲"（*oŋtuŋ），一直不得其解。"翁仲"（*oŋtuŋ）原意为密特拉的金像，和"翁叔"（*oŋtuk）对应，其实是匈奴语中密特拉（Mitra）的称呼，引申为祭司或巫师。早期文明中，祭司经常充当领袖或国王本人，因此祭司经常和"神""主人"是同源词。而在波斯语中，wdg"领袖"和"翁叔"（*otuk）以及闪含语 utu"太阳"对应，通过以上比较，也可以看出，"翁叔"（*otuk）的语源同时具有"太阳""领袖""祭司"之意。这和"金日磾"（Mitra）是对应的。

了解"翁叔"的语音和词源，有助于理解秦始皇所禁的"不得祠"。《史记·秦始皇本纪》："禁不得祠，明星出西方。"藤田丰八认为"不得"就是佛陀（buddha）。岑仲勉则认为是拜火教的阿维斯塔 avesta。陈槃等则认为是误读，"禁不得"应该读为"禁不得，祠"。对此，岑仲勉专门有辩驳。①我们赞同藤田丰八和岑仲勉的意见。"不得"与神灵祭祀有关。"不得"上古音为*putək，最后有-k 韵尾，可见，佛陀（buddha）和 avesta 在语音上并不对应。需要指出的是，岑仲勉的大局观非常好，从世界宗教史来看，能考虑早期中国和拜火教之间的可能关联，是非常有创造性的。

在藏缅语中，"主人"，藏文 bdag，德格藏语 taʔ ko，夏河藏语 hdak，泽库藏语 wdok，嘉戎语 bdɐk。②从藏缅语可以看出，b 和 w 经常可以交替，如藏文 bdag、嘉戎语 bdɐk 和泽库藏语 wdok 是同源词，藏文、嘉戎语的 b 和泽库藏语的 w 对应。从藏缅语内部看，这些在藏语内部比较奇怪，但是结合波斯语 wdg"领袖"，可以看出显然是借词。"不得"（*putək）和藏文 bdag、嘉戎语 bdɐk"主人"对应，由于 b、p 和 w 经常互变，这些词语是波斯语 wdg"领导"和"翁叔"（*otuk）的变体，因此，"不得"（*putək）和"翁叔"（*otuk）是同源词，是拜火教的太阳神密特拉神的变体。

在阿尔泰民族中，祭司或萨满经常被称为"渥都干"（如蒙古语 udagan，鄂伦春语 idokon），③渥都干在母系氏族社会时，既是氏族酋长，又是宗教领

---

① ［日］藤田丰八：《支那に於ける刻石の由来：附「不得祠」とは何ぞや》，《东洋学报》第 16 卷第 2 期，1927 年，第 149—184 页。陈槃：《禁不得祠明星出西方之诸问题》，收入《旧学旧史说丛上》，上海古籍出版社，2010 年，第 89—103 页。岑仲勉：《春秋战国时期关西的拜火教》，收入《两周文史论丛》，中华书局，2004 年，第 183—191 页。
② 《藏缅语语音和词汇》编写组：《藏缅语语音和词汇》，第 668 页。
③ ［美］N.鲍培：《阿尔泰语比较语法》，内蒙古教育出版社，2004 年，第 66 页。

袖。①其核心词根都是 udag- 或 idok-，语源其实可以追溯到"翁叔"（ˇoŋtuk ~ ˇotuk）或"翁仲"（ˇoŋtuŋ ~ ˇotu），语义和"太阳""祭司"有关。

值得注意的是，"卍"一般认为象征"太阳"，②藏文中"卍"的读音"雍仲"g-yung-drung，③读音与金日磾的字"翁叔"（ˇoŋtuk）以及"翁仲"（ˇoŋtuŋ）对应。

金日磾的姓氏"金"也蕴含深意。在草原民族信仰和观念中，黄金就是太阳和天堂的象征。④利特文斯基指出，印度—伊朗神话体系中，太阳、火、黄金、国王存在对应关系。波斯—塔吉克诗歌传统中，国王经常被比作"火""光""太阳"，黄金也是"太阳、天堂、王权"的体现。⑤托波洛夫也发现，印度史诗《梨俱吠陀》表达过太阳和黄金之间的相似性。⑥太阳崇拜的一个重要表现就是尊崇黄金。因此，金日磾的姓氏也是太阳崇拜和世俗王权的体现，也体现了金日磾家族在匈奴帝国的不寻常地位（可能是祭司），这和金日磾的名字是太阳神密特拉（Mitra）是对应的。

在欧亚草原上的古代波斯艺术考古中，Ahura Mazda 经常在造型艺术中以人的形象出现。古波斯琐罗亚斯德教于公元前 4 世纪时已经建立火庙，将拜火作为琐罗亚斯德教的主要敬拜仪式。

虽然早期琐罗亚斯德教是反对圣像崇拜的，琐罗亚斯德教主要以火坛为重要宗教特征。⑦不过，琐罗亚斯德教艺术考古中还是经常出现敬拜阿胡拉·马兹达以及各种祭司场景的艺术作品，Bisitun 岩石浮雕中，阿胡拉·马兹达表现为在圆盘之上的有翼的人物形象。此外琐罗亚斯德教艺术中经常出现立于火坛两侧的半人半鸟祭司形象，这在后来拜火教文物中经常出

---

① 波·少布：《黑龙江杜尔伯特蒙古族辞典》，民族出版社，2006 年，第 336 页。
② 芮传明、余太山：《中西纹饰比较》，上海古籍出版社，1995 年，第 72 页。巫新华：《天山女神：康家石门子岩刻画文化探新》，广西师范大学出版社，2020 年，第 109—160 页。
③ Eitel, Ernest John. *Hand-book of Chinese Buddhism*, *Being a Sanskrit-Chinese Dictionary with Vocabularies of Buddhist Terms in Pali*, *Singhalese*, *Siamese*, *Burmese*, *Tibetan*, *Mongolian and Japanese*. Tokyo: Sanshusha, 1904, p.167.
④ Акишев, А.К. Искусство и мифология саков. Издательство «НАУКА» Казахской ССР, 1984, C.131.
⑤ Литвинский, Б.А. «Золотые люди» в древних погребениях Центральной Азии（опыт истолкования в свете истории религии）.//Советская этнография. 1982. №4. C.34—43.
⑥ Топоров, В.Н. В СВЕТЕ ВЕДИЙСКОЙ АНТРОПОЛОГИИ.Исследования по этимологии и семантике. Том.3.МОСКВА：ЯЗЫКИ СЛАВЯНСКИХ КУЛЬТУР. 2009, C.44.
⑦ 张小贵：《中古祆教半人半鸟形象考源》，《世界历史》2016 年第 1 期，第 131—143 页。

现,是源自中亚的传统。①

汉代以后出现的"鸟形祭司面对圣火敬拜"主题的作品(图5-4、5-5、5-6),可能最初是从匈奴传来,而匈奴的鸟形祭司形象又源自波斯。

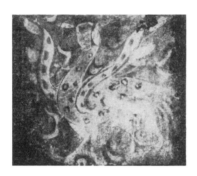

图 5-4　卜千秋壁画墓壁画中的人首鸟身神②

图 5-5　千秋万岁画像砖(邓州学庄出土,南朝)③

图 5-6　太原虞弘墓半人半鸟祭司(摹本)④

①　施安昌:《火坛与祭司鸟神》,紫禁城出版社,2004 年,第 132—138 页。
②　黄明兰等:《洛阳西汉卜千秋壁画墓发掘简报》,《文物》1977 年第 6 期。
③　中国画像砖全集编辑委员会:《中国画像砖全集:河南画像砖》,四川美术出版社,2006 年,第 57 页。
④　山西省考古研究所:《太原隋虞弘墓》,文物出版社,2005 年,第 134 页。

5.3　匈奴帝国官号和人名的印度教元素

5.3.1　伊伐于虑鞮单于

伊伐于虑鞮单于是南匈奴的一个单于。“虑鞮”应该就是匈奴王号常见的“若鞮”。《汉书·匈奴传》记载:“匈奴谓孝曰'若鞮'。”那么重点要解决的是“伊伐于”的语义问题。

“伊”,《广韵》“於脂切”,影母脂部字,影母是零声母,脂部上古音一般认为是 il 或-ir*,[1]但是从西域语言对音材料来看,“伊”也可以对应 is、iś、it。我们可以找到以下证据。

第一,汉代的“伊循”古城对应 issedones,[2]可以看出“伊”对应 is 或 isse,这说明“伊”还有一个读音是 is。

第二,“伊沙”对应梵文 iśana,这里“伊”对应 iś 或 i,在梵汉对应,第二音节声母充当第一音节韵尾是很常见的,如“南无”对应梵文 nama,m 既是第二音节的声母,又是第一音节的韵尾,第二音节声母 m 充当了 na 的韵尾,这也使得第一音节从 na 变成 nam,“南无”namma 对应 nama。因此“伊沙”的“伊”也可能当时就是读 iś。

第三,“优婆塞”对应梵文 upāsakaḥ,但是“优婆塞”又称为“伊蒲塞”。“伊蒲塞”(*basǝk)对应 pāsakaḥ“(佛教)敬拜者”,这个称呼在语音上一直没有得到很好的解释。这个词语可能跟摩尼教的 ispasag“仆人、主教”对应更为工整。[3]由此可见,“伊”对应 is。

第四,“尼”也是脂部字,在梵汉对音中,对应 nir 和 nis。这和“伊”是平行的。

综合以上材料,我们可以确定:

---

① 详见郑张尚芳:《上古音系》,第 164 页。

② 岑仲勉:《汉书西域传地里校释》,第 562 页。

③ Durkin-Meisterernst, D. *Dictionary of Manichaean Middle Persian and Parthian*. Turnhout, Belgium: Brepols Publishers, 2004, p.86.

（一）"伊"在汉代可以读为 is 或 iś。

（二）"伐"，《广韵》"房越切"，上古音 *bat，也可以对应梵文 var。早期梵汉对音中，b 和 v 经常可以自由互换，b 经常可以对应梵文 v，古代-t 韵尾经常对应-r，如"拔"（上古音 *bat）对应梵文 var。[1]因此，"伐"对应 var 也是成立。

（三）"于"，《广韵》"哀都切"，上古音 *wa。

因此，"伊伐于"的读音为 *iś-var-wa，这和印度教的湿婆（Īśvara）完全对应。单于的名号中有湿婆 Īśvara 作为修饰语，可见匈奴帝国的王族也信仰印度教。

5.3.2　颛渠阏氏

匈奴历史上一共有两个颛渠阏氏。一个颛渠阏氏是狐鹿姑单于最宠信的妃子，她的儿子就是后来的壶衍鞮单于；另外一个颛渠阏氏是匈奴车牙若鞮单于且莫车的母亲。这说明"颛渠"肯定是一个很尊贵的称号。

我们再来看"颛渠"的读音。

"颛"，上古章母元部合口字。根据梵汉对音，俞敏指出章母在后汉时期还和端母合在一起。"端"（*ton）和"颛"是同一谐声系列，也就是说，章母在汉代的音值应该是 t 或 tj，元部合口字，郑张尚芳构拟为 *on，因此"颛"的上古音为 *tjon 或 *ton。[2]

在早期佛教经典翻译中，西域语言的-l、-r 经常对应汉语的-n，如："潘"（*phan）对应梵文 phal，[3]"揵"（*gran）对应梵文 gal 和 kan，"干"（*kan）对应梵文 kar，"还"（*ɦuan）对应梵文 val。[4]

因此，根据早期佛教对音材料，"颛"（*ton ~ *tjon）也可能对应梵文 *tjor、*tjol、*tor、*tol。

"渠"，上古群母鱼部字，上古音为 *ga。

所以"颛渠"可能对应的是 *tjorga、*tjolga、*torga、*tolga。印度教最高女神 Durga"难近母"是湿婆的妻子。可以看到，"颛渠"（*torga）和 Durga

---

① 罗常培：《唐五代西北方音》，商务印书馆，2012 年，第 62 页。俞敏：《俞敏语言学论文集》，第 19—20 页。

② 郑张尚芳：《上古音系》，第 167 页。俞敏：《俞敏语言学论文集》，第 57 页。

③ 俞敏：《俞敏语言学论文集》，第 57 页。

④ 俞敏：《俞敏语言学论文集》，第 20 页。

"难近母"对应。这也符合颛渠阏氏的尊贵身份。

5.3.3 且莫车

颛渠阏氏的儿子且莫车是匈奴车牙若鞮单于。

"且",《广韵》"七也切",又"子鱼切",上古精母或清母鱼部字。金理新认为,上古精组的读音是ṭ、ṭh。鱼部字,一般认为音值都是a,因此"且"读音为 *ṭa 或 *ṭha。

"莫",《广韵》"慕各切",上古明母铎部字,上古音为 *mak。

"车",《广韵》"九鱼切",上古见母鱼部字,上古音为 *ka。

因此"且莫车"的上古音为 *ṭamakka ~ *ṭamaka。这里 m 可能既是第一音节的韵尾,也是第二音节的声母,因此 *ṭamaka 也有可能是 *ṭammaka。"且"(*ṭam)对应梵文 dharm "法、美德、正义",[①]"莫车"(*maka)对应泰米尔语 maka "孩子、婴儿"。[②]泰米尔语属于达罗毗荼语,而达罗毗荼语跟匈奴语言存在亲属关系。

因此,"且莫车"的语义可以理解为"美德、正义或法之子"。

5.3.4 囊知牙斯

颛渠阏氏的第二个儿子是囊知牙斯。[③]

囊,《广韵》"奴当切",上古音为 *naŋ。在西域语言中,有时可以对应 nan。如"面包",波斯语 nān,维吾尔语 nan,哈萨克语 nan,柯尔克孜语 nan,乌兹别克语 nan。汉语中,nan "面包"则写作"馕"(读音为 *nang),从前鼻音韵尾-n 变成了后鼻音韵尾-ng。

"知",《广韵》"陟离切",上古音为 *ti。早期佛教对音材料中,"知"可以对应梵文 ti。

---

① Apte, V.S. *The Practical Sanskrit-English Dictionary*: *Containing Appendices on Sanskrit Prosody and Important Literary and Geographical Names of Ancient India*. Delhi: Motilal Banarsidass Publ., 1965, p.804.

② Burrow, T. *A Dravidian Etymological Dictionary*. Oxford: Clarendon Press, 1984, p.407.

③ 匈奴还有"乌鞮牙斯","牙斯"是匈奴王子称号,由于疑母经常对应 g,因此"牙斯"对应 gasir,相似还有"都涂吾西""句龙吾斯""伊屠智牙师""呼屠吾斯","牙斯"gasir 等词语和凯撒、格萨尔王语音相似,是同源词,原意为"狮子"(如印度雅利安语 kēsari "狮子")。由此可见匈奴和近东文明之间的关联。

因此，"囊知"（*naŋti）对应的读音可能是*naŋti 或*nanti。这和梵文
nāndī"喜乐、满足、繁荣、湿婆或毗湿奴的称呼"是对应的。①

5.4　匈奴帝国神圣空间的闪含民族宗教元素：龙城与蹛林

《汉书·匈奴传》："岁正月，诸长小会单于庭，祠。五月，大会龙城，祭
其先、天地、鬼神。秋，马肥，大会蹛林，课校人畜计。"《史记·匈奴列传》
"龙城"写作"茏城"。

从《史记》《汉书》记载来看，匈奴每年有两次大会，分别是"茏城大会"
和"蹛林大会"。据《汉书》所记汉军攻打茏城行动规模之大判断，"茏城大
会"（即"龙城"）在匈奴人心中特别重要。在龙城大会上，主要祭祀祖先、天
地、鬼神。

这里的"龙城""蹛林"的语源一直没有得到很好的解释。江上波夫认
为"龙城"不是特定地名，而是类似蒙古敖包的小土包，在上面堆积草木等
物供祭祀。"龙城"，《后汉书》写作"龙祠"，为匈奴祭祀祖先的大庙。②江上
波夫对龙城的性质的判断是对的。

"蹛林"无疑也应该和"龙城"一样，是匈奴的重地。

关于匈奴的"蹛林"，有两种不同解释：

第一种观点认为"蹛林"是地名或者某个祭祀场所的名字，比如《汉
书·匈奴传》的"蹛林"，服虔指出："蹛音带，匈奴秋社八月中会祭处也。"
《史记索隐》引郑氏云："蹛林，地名也。"白玉冬、张庆祎发现过刻有"蹛林"
汉文地名的残碑。③

第二种观点则认为是匈奴的祭祀仪式。唐人颜师古注《汉书·匈奴
传》："蹛者，绕林木而祭也。鲜卑之俗，自古相传，秋祭无林木者，尚竖柳
枝，众骑驰绕三周乃止，此其遗法也。"第二种解释获得了较多学者的认

① Macdonell, A.A. *A Practical Sanskrit Dictionary with Transliteration, Accentuation, and Etymological Analysis Throughout.* London: Oxford University Press, 1929, p.136.
② ［日］内田吟风：《北方民族史与蒙古史译文集》，云南人民出版社，2003 年，第 23 页。
③ 白玉冬、张庆祎：《碎叶出土残碑再考——唐伊犁道行军相关史事蠡测》，《敦煌学辑刊》2021 年第 3 期。

同。①王其格依据民族学和语言学资料,从祭祀的时间、规模、对象和称谓等多方面详细论述了匈奴"蹛林"与蒙古族的敖包祭祀是同源的。②

其实从"蹛林"汉文地名的残碑就可以看出第一种观点更有可能,第二种观点有望文生义之嫌。但是"蹛林"究竟是指什么?

先来看"蹛林"的上古音。"蹛"端母月部字,上古音为 *tat。古代汉语与西域语言对音中,-t 韵尾的汉字经常对应西域语音的-r 或-l,③如:"萨"(*sat)对梵文 sar,"达"(*dat)对应梵文 dhar,"末"(*mat)对应梵文 mal,"密"(*mit)对应粟特语 mir。因此"蹛"也可能对应 tal 或 tar。"林",来母侵部字,上古音为 *ləm。

因此,"蹛林"的上古音可能为 *taləm、*tarəm 或 *tatləm。由于第二音节的声母可以充当第一音节韵尾,因此从语音的自然流利角度看,更有可能是 *taləm、*tarəm。

上文已经指出,匈奴语言和达罗毗荼语、闪含语系存在亲属关系。而在达罗毗荼语系的泰米尔语中,talam 表示"神圣地方、圣所、王者、首都、指挥部、法庭、避难所",④这和"蹛林"taləm 几乎一样。这也说明,"蹛林"可能是匈奴的世俗政治中心,而"龙城"则可能是匈奴祭祀中心。

"蹛林"问题的探讨,有助于解释秦汉时期的皇家园林"上林苑"。"上林"可以说是秦汉历史绕不过去的一个地方,但是"上林"这个词语不像看起来那么简单,"上林"究竟是什么意思? 为什么只有"上林",没有"中林""下林"? 这个词很有可能就是外来的借词。"上林"的上古音为 *daŋləm,⑤但是上古汉语与西域语言对音中,有时-ŋ 会脱落,如梵文 shaman 对应"沙门"和"桑门","桑门"的"桑"的后鼻音韵尾脱落了,对应就和"沙"一样整齐。因此 *daŋ 的鼻音韵尾脱落,就变成了 *da,这样,"上林"实际读音可能就

①　详参陈序经:《匈奴史稿》,中国人民大学出版社,2007 年。张碧波、董国尧:《中国古代北方民族文化史(上)》,黑龙江人民出版社,2001 年。何显亮:《中国自然崇拜》,江苏人民出版社,2008 年。毕力贡达来:《试论匈奴人的天崇拜文化》,《中央民族大学学报(哲学社会科学版)》2014 年第 6 期。

②　王其格:《匈奴"蹛林"与北方民族祭祀形态》,《论草原文化》第八辑,2011 年,第 323—341 页。

③　罗常培:《唐五代西北方音》,第 62 页。俞敏:《俞敏语言学论文集》,第 19—20 页。

④　Winslow, M. Winslow's A Comprehensive Tamil and English Dictionary of High and Low Tamil. Madras: P.R. Hunt, 1862, p.555.

⑤　"上",中古音为"时掌切",上古音为 *dang;"林",中古音为"力寻切",上古音为 *ləm。

是*daləm。可以看到,"上林"(*daləm)和"蹛林"(taləm)几乎一样,无论
是语音还是语义,都和达罗毗荼语中的 talam"神圣地方、圣所、王者、首都、
指挥部、法庭、避难所"对应。

"龙城"是匈奴的神圣空间,语义不太好理解。

在旧约圣经中,希伯来语 Elyon 表示"上帝、至高者"。①Elyon 最早出现
于《旧约·创世纪》第 14 章第 18 节,是上帝或耶和华(Yahweh)的同义词,
后来在《旧约·诗篇》以后很常见,直接用来表示"上帝"。

"龙"上古音为*loŋ,在古代汉语与西域语言对音中,oŋ 有时可以对应
on,如于阗对音中,"雍"(*juŋ)和于阗语 una 对应,于阗语中辅音不能独立
充当韵尾,因此会加一个 a,-na 就是汉语-n 韵尾。②

因此,我们认为,"龙城"的"龙"可能是希伯来语 Elyon"上帝、至高者"
的音译形式。"龙"理解为"上帝","龙城""龙祠"就是"上帝之城""上帝
之祠",这样就能解释"龙城"在匈奴帝国祭祀中的独一无二的地位。

5.5　余　　论

上文我们以金日磾家族和名字作为线索,进而拓展到匈奴贵族和匈奴
圣地的称号,讨论匈奴帝国的宗教信仰问题。

金日磾家族的名字中的信息量很大。休屠(*Huda)这个称号可以对
应波斯琐罗亚斯德教的 Huda(即"阿胡拉、马兹达"),而金日磾的名字"日
磾"和"翁叔"分别对应密特拉(Mitra)和 aṭuka"烧"。从这里可以看出匈奴
帝国存在琐罗亚斯德教信仰。

在匈奴语言的官号和人名中,有一批与古代印度教密切相关的词语。

伊伐于虑鞮单于的"伊伐于"isvara 语音上对应印度教湿婆 Īśvara,颛
渠阏氏的儿子且莫车读音为*ṭamaka,*ṭam 对应 dharm"法、美德、正义"。
由于 n 和 r 经常互变,"颛渠"(*tonga)可以对应 tjorga 或 torga,和印度教的
最高女神"难近母"(Durga)对应,这和颛渠阏氏的尊贵身份是符合的。囊

---

① Vida, D.G.L. El'Elyon in Genesis 14:18—20. *Journal of Biblical Literature*, 1944, Vol.63(1),
pp.1—9.

② [日]高田时雄:《敦煌·民族·语言》,钟翀等译,第 295 页。

知牙斯是颛渠阏氏的儿子,是匈奴的王子,和梵文 nāndī"喜乐、满足、繁荣、湿婆或毗湿奴的称呼"对应。从以上名字和称号可以看出匈奴帝国存在印度教信仰。

有趣的是,在诺彦乌拉第 20 号匈奴墓葬中,发现了具有显著古代印度人特征的牙齿,这个牙齿来自一位匈奴贵族的妻子。随着这位印度女子陪葬的还有一个银质女神像(图 5-7),①额头有印度古代特有的圆形修饰标记(即 Tika)。诺彦乌拉匈奴墓葬可以证明古代匈奴和古代印度之间存在密切关系。

图 5-7　诺彦乌拉墓葬中的印度女神像

匈奴帝国的神圣空间是"龙城"和"蹛林"。此前,我们已经论证过匈奴亲属名词与闪含语系、达罗毗荼语存在对应关系,闪含语系和达罗毗荼语存在亲属关系,由此推断,匈奴帝国王族的语言和达罗毗荼语、闪含语比较接近。以此为基础,通过与闪含语系和达罗毗荼语的对比,我们发现,"龙城"(*loŋ)与闪含语系希伯来语的 Elyon"上帝、至高者"对应,而"蹛林"(*taləm)则与达罗毗荼语系泰米尔语的 talam"神圣地方、圣所、王者、首都、指挥部、法庭、避难所"对应。从这些神圣空间的名称可以看出匈奴帝国和闪含民族宗教存在关联。

通过上面的讨论,我们可以看到,匈奴帝国宗教信仰兼容并包,通过闪含民族宗教、琐罗亚斯德教、印度教等名号和名字可以大致勾勒出匈奴的"万神殿"神灵系统。

---

① Полосьмак Н.В. Курган для луноликой. НАУКА из первых рук, 2009, том 28, №.4, С.118—126.

第 6 章　蒿里和挽歌的世界史

6.1　引　　言

挽歌或哀歌一般都是用于殡葬场合或仪式的诗歌,表达对某人、国家、民族等哀思。《蒿里》《蒿里行》是汉乐府著名挽歌。

> 蒿里谁家地,聚敛魂魄无贤愚。鬼伯一何相催促,人命不得少踟蹰。(《蒿里》)
>
> 关东有义士,兴兵讨群凶。初期会盟津,乃心在咸阳。军合力不齐,踌躇而雁行。势利使人争,嗣还自相戕。淮南弟称号,刻玺于北方。铠甲生虮虱,万姓以死亡。白骨露于野,千里无鸡鸣。生民百遗一,念之断人肠。(曹操《蒿里行》)①

崔豹《古今注》曰:“《薤露》《蒿里》,并哀歌也。本出田横门人,横自杀,门人伤之,为作悲歌。言人命奄忽如薤上露,易晞灭也,亦谓人死魂魄归于蒿里。”②王运熙《汉魏六朝乐府诗评注》注:“蒿里,即蒿里,又叫下里。古指人死后魂魄聚居之所。”③

传世文献中,“蒿里”(又称“蒿庐”)还见于《汉书》和《焦氏易林》。

> 蒿里召兮郭门阅,死不得取代庸,身自逝。(《汉书·武五子传》)

---

① 逯钦立:《先秦汉魏晋南北朝诗》,中华书局,1983 年,第 257—348 页。

② (晋)崔豹:《〈古今注〉校笺》,牟华林校笺,线装书局,2015 年,第 77 页。

③ 王运熙、王国安:《汉魏六朝乐府诗评注》,齐鲁书社,2000 年,第 48 页。

病笃难医,和不能治。命终期讫,下即蒿里。(《焦氏易林·丰之》)

病笃难医,和不能治。命终斯讫,下即蒿庐。(《焦氏易林·临之》)

值得注意的是,在汉代及其后的地券文书中也经常出现"蒿里"或"高里",都表示"地府"。从这里也可以看出"蒿里"在民间社会影响很大。如:

元年后九月丙戌,桃侯国丞寿成:都乡佐疵:高里公乘路平不幸,从车一乘、马二匹、奴婢十人,各将千石米,谒告地丞下〈地下丞〉。以律令从事。(周家寨汉简《告地书》)①

死人归蒿里地下。(东汉光和二年王当铅券)

告立之印,恩在墓皇、墓伯、墓长、墓令、丘垂、地下二千石、地下都尉、延门伯史、蒿里父老。(晋代蛇程氏葬父母铅券)②

从上引材料可以看出,"蒿里"表示"地府",这是没有疑义的。

但是还有另外三个问题尚需回答:第一,"蒿里"为何可以表示"地府"?这个问题在传统训诂学上还没有解决。第二,为什么在汉代突然出现这个词? 第三,为什么在汉代挽歌作为葬礼的一部分开始确立? 此前儒家世界观里"哀"和"歌"是对立的,并没有"挽歌"。③

6.2　蒿里和闪含语言里的 qabra"坟墓"

从丝绸之路比较语言学的角度来看,可为解决上文的问题找到新的线索。

在近东闪含语系中,希伯来语 qabar"埋葬"、qaber"坟墓",叙利亚语 qabra"坟墓",东部叙利亚语 qwûrâ"葬礼"、qâwir"埋葬"、qorâ"坟墓",阿拉伯语 qabar"埋葬"、qabr"坟墓",埃及语 'abr"坟墓",苏丹阿拉伯语 gabur,

---

① 陈伟:《周家寨汉简〈告地书〉识小》,《古文字研究》第三十三辑,2020 年。

② 王育成:《考古所见道教简牍考述》,《考古学报》2003 年第 4 期。

③ 吴承学:《汉魏六朝挽歌考论》,《文学评论》2002 年第 3 期。

Ge'ez 语 ma-qbar, Tigrinya 语 ma-qabər, Tigre 语 qäbər。①

可以看出,闪含语系中表示坟墓的词语的发音基本都是 qabar、qabra 或 qabr,闪含语系的重要特点是词语的发音以辅音为主要构架,元音是次要因素,因此闪含语系中的"坟墓"的原始语音形式是 *q-b-r。

"蒿"上古音晓母宵部字。李新魁指出,晓母与软腭塞音存在比较多的谐声和通假现象,看起来非常特别。后来潘悟云进而把晓母的音值构拟为 *q。②我们采用潘悟云的意见,所以"蒿"的上古时期声母为 *q-;宵部上古音一般构拟为 aw 或 av。③由此可知,"蒿"上古音为 *qaw 或 *qav。

由于 b>w/v 是常见音变。如满通古斯语中,"多",满语 labdu,锡伯语 lavdə。"盐",女真语 dabsun,满语 dabsun,锡伯语 davsun。蒙古语中,"拿",蒙古书面语 ab,布里亚特语 aw,卡尔梅克语 aw。④闪含语里,"舞蹈",原始闪含语 habay,Bed 语 hawaay。希伯来语中'ûgab"管乐"又叫作'ûgav。⑤波斯语中,琐罗亚斯德教教徒被称为 gabr 或 gavr。⑥显然这些语言中发生的音变为 b>w/v。这就意味着部分宵部字(*aw/av)更早阶段也可能是 *ab 或 *ap。

俞敏指出,在梵文中,b 和 v 关系密切,经常相互演变。在早期佛经翻

① Larry, A.M. *A Students Vocabulary for Biblical Hebrew and Aramaic*. Grand Rapids: Zondervan Academic Press, 1984, pp.11/18; Thackston, W.M. *Introduction to Syriac: An Elementary Grammar with Readings from Syriac Literature*. Bethesda: Ibex Publishers Inc Press, 1999, p.216; MacLean, A.J. *A Dictionary of the Dialects of Vernacular Syriac: As Spoken by the Eastern Syrians of Kurdistan, Northwest Persia, and the Plain of Mosul*. Oxford: Clarendon Press, 2010, pp.268—269; Steingass, F. *The Student's English-Arabic Dictionary*. London: Crosby Lockwood and Son Press, 1884, p.816; Orel, V.E. & Stolbova, O.V. *Hamito-Semitic Etymological Dictionary: Materials for a Reconstruction*. Leiden: Brill, 1995, p.274; Bennett, R. Patrick. *Comparative Semitic Linguistics: A Manual*. Winona Lake, Indiana: Eisenbrauns Press. 1998, p.128.
② 李新魁:《上古音"晓匣"归"见溪群"说》,《李新魁语言学论集》,中华书局,1994 年,第 1—19 页;潘悟云:《喉音考》,《民族语文》1997 年第 5 期;郑张尚芳:《上古音系》,第 89—90 页。
③ 王力:《汉语史稿》,第 80 页。
④ 朝克:《满通古斯语族语言词源研究》,第 257 页;朝克:《满通古斯语族语言词汇比较》,第 188—189 页;德力格尔玛、波·索德:《蒙古语族语言概论》,第 63 页。
⑤ Orel, V.E. & Stolbova, O.V. *Hamito-Semitic Etymological Dictionary: Materials for a Reconstruction*. Leiden: Brill, 1995, p.289; Smith, J.A. *Music in Religious Cults of the Ancient Near East*, London: Routledge, Taylor & Franics Group Press, 2020, p.179.
⑥ Gholami, S. On The Terminology Designating the Zoroastrians of Iran and Their Language. *Bulletin of the School of Oriental and African Studies*, 2022, Vol.85(1), pp.1—26.

译中经常以宵部(＊aw)对应梵文 av,如"桥"gav,但是也经常以盍部(＊ab)对应 av,比如"劫"对应梵文 kap,"纳"nap 对应梵文 nav,"猎"lap 对应 lav。①这些材料说明宵部和盍部在语音上非常接近。此外,在中古于阗文书的对音中,韵尾-v 和-p 经常可以交替,如:"业"(＊ŋiap)对应于阗文 gye-hva,"十"(＊ziəp)对应于阗文 śihva 或 śaipä。②印欧语中,-b>-v 也很常见,"坟墓",古代高地德语 grab,丹麦语 grav,瑞典语 grav,英语 grave。这里发生的音变也是 ab>av。③由于"蒿"上古音为＊qaw 或＊qav,根据 ab>av 音变规则,"蒿"还可能对应＊qab。

因此,在与域外语言的对音中,"蒿"可以对应＊qab、＊qaw 或 qav。

"里"上古为来母之部字,来母经常可以与 l 或 r 对应,④之部我们采用王力的构拟＊ə,但是值得注意的是,之部字在西域语言对音中经常对应 a,如"龟兹"其实读 kucha,可见"兹"是之部字,对应 cha。因此"里"可以对应 ə 和 a。⑤

综上所述,"蒿里"的上古音可能是＊qabra 或＊qawra,表示"地府",这与希伯来语 qaber、叙利亚语 qabra"坟墓",阿拉伯语 qabr"坟墓"对应非常整齐。⑥

鉴于"蒿里"在汉代是突然出现的,而且本身字面看不出和"地府"有何关联,因此,"蒿里"很可能就是闪含语或其亲属语言的借词。

6.3 汉帝国语言文化里的闪含语言借词

汉代新出现的语词有可能是借词,因此,我们仔细考察了一组汉代的新

---

① 俞敏:《后汉三国梵汉对音谱》,《俞敏语言学论文集》,第 21、51、54、59 页。
② [日]高田时雄:《于阗文书中的汉语词汇》,《敦煌·民族·语言》,第 279 页。
③ Buck,C.D. A Dictionary of Selected Synonyms in The Principal Indo-European Languages. Chica-go：The University of Chicago, 1949, p.293.
④ 潘悟云:《流音考》,《著名中年语言学家自选集——潘悟云》,安徽教育出版社,2002 年,第 312—343 页。
⑤ 王力:《汉语语音史》,第 82 页;潘悟云:《汉语历史音韵学》,第 211—212 页。
⑥ 斯拉夫语 grob"坟墓"、日耳曼语 grab"坟墓"以及英语 grave,并不见于希腊语和拉丁语,可能是来自近东 gabar"坟墓"。Klein, Ernest. Kleins Comprehensive Etymological Dictionary of the English Language. London：Elsevier Publishing Company, 1971, p.322.

词:"酪""甜""舐舓""肚""霹雳""泰阶",这些汉代新出现的语词在现代中国周边各民族语言找不到对应,但是在语音和语义上往往和近东闪含语言、印度达罗毗荼语构成对应。①

6.3.1　酪

汉代"酪"有两个意思。《释名·释饮食》:"酪,泽也。乳作汁所使人肥泽也。"从这里看,"酪"显然是指奶酪。除此之外,汉代"酪"还可以表示"酒",《伤寒论》:"禁生冷、粘滑、肉面、五辛、酒酪、臭恶等物。"这里的"酪"显然是指"酒"。此外,"酪"从酉各声,偏旁"酉"(即"酒"),甲骨文中,"酉"本来是个象形字,表示尖底盛酒器,是"酒"的初文。一般偏旁为"酉"的字都和酒有关。②由此可见,"酪"(*lag~*rag)可以表示"酒"。

古文字中的"酉"③

这和阿拉伯语 araq"酒"语音对应非常整齐。④

裕尔(Yule)指出,阿拉伯语 arak(即 araq)原来是指"汗水""枣椰树中提取出来的汁液",后来用来表示"烈性酒""蒸馏酒""精华"。这个词传播到亚洲各地,从语言上就可以看得出来,叙利亚、埃及、印度等地的语言都有arak,土耳其语 rāķi"用葡萄皮做的酒",蒙古语 ariki"蒸馏酒",满语 arki"蒸馏酒",缅文 arag"酒",藏文 arag"由大麦酿制的酒",印度尼西亚语 arak"米

---

① 关于闪含语系和达罗毗荼语之间的关系,详见:Masson, V.M. The Bronze Age in Khorasan and Transoxania, A.H. Dani & V.M. Masson (Eds.), *History of Civilizations of Central Asia*: *Vol.1 The Dawn of Civilization*: *Earliest times to 700B.C.* Paris: Unesco, 1993, pp.225—245; Cavalli-Sforza, Luigi Luca. Genes Peoples and Languages, London: Penguin Group Press, 2001, p.160;叶晓锋:《匈奴语言及族源新探》,《中山大学学报(社会科学版)》2018 年第 5 期。
② 黄德宽、何琳仪等:《古文字谱系疏证》,商务印书馆,2007 年,第 593 页。
③ 季旭升:《说文新证》,第 983 页。
④ 高本汉较早发现这种对应关系,不过他也发现许多问题没法解释,详见 Karlgren, B. *Philology and Ancient Chinese*. Oslo: Haschehoug & Co Press, 1926, p.138.

酒",马来语 arak"米酒"。①

高本汉(Karlgren)指出 araq"酒"在前基督时代已经到达远东,并被借入汉语,也就是汉语中的"酪"(ˣlag～ˣrag),后来阿拉伯人征服世界,araq 这个词向全球扩散。②从行文看,高本汉(Karlgren)似乎也不太确定 araq 到底属于哪个语系,这主要是因为阿拉伯崛起时代是在中古以后,书面记载的年代明显晚于汉代的"酪"(ˣlag～ˣrag)。

其实高本汉的问题是可以回答的。

第一,从考古材料来看,近东地区和中国是世界上最早发明酿酒的地区。5000 年以前,美索不达米亚平原的苏美尔人和埃及人就已经大量酿制和饮用啤酒,甚至官员、祭司的工资都是直接以啤酒计算的。后来啤酒技术才从埃及传入古希腊。在古代印度和波斯,饮酒被认为是不道德的。③因此从这一点看,古代文明中酿酒技术拥有持续进步可能性的只有近东闪含民族和中国,"酪"对汉帝国的人而言,肯定是来自异质文明,因此最有可能和近东闪含民族有关。

第二,从历史比较语言学来看,书面记录出现晚的,实际出现未必晚。每一个活的语言肯定保存了一些相当古老的特征。比如,现代汉语中的"爸",这个字出现很迟,但是实际上如果了解上古音的话,这是口语中保存的"父"的上古读法,反而比现在汉语"父"的读音 fù 要古老很多。同理,阿拉伯语中 araq 虽然出现于中古,但是也很有可能是比较古老的读法。近东文明造酒技术发达,结合语词的历史来看,阿拉伯语中 araq 的出现有可能早于汉代中国的"酪"。

第三,从音变的角度看,在欧亚非语言中,r、l、n、d、t 相互演变是常见的语言现象、韵尾-q、-g、-k、-h 相互可以演变。④根据闪含语系的一般特

---

① Yule, Henry. *Hobson-Jobson*: *A Glossary of Colloquial Anglo-Indian Words and Phrases*, *and of Kindred Terms*, *Etymological*, *Historical*, *Geographical and Discursive*. London: J. Murray Press, 1903, p.36; Gwynn, J.P. *Telugu-English Dictionary*. New York: Oxford University Press, 1991, p.276; Laufer, Berthold. Loan-Words in Tibetan. *T'oung Pao*, Second Series, 1916, Vol.17, No.4/5. pp.403—552; Stevens, A.M. *A Comprehensive Indonesian-English Dictionary*. Athens: Ohio University Press, 2010, p.53.

② Karlgren, B. *Philology and Ancient Chinese*, Oslo: Haschehoug & Co Press, 1926, p.138.

③ [加]罗德・菲利普斯:《酒:一部文化史》,格致出版社,2019 年,第 15 页;[日]宫崎正胜:《酒杯里的世界史》,陈柏瑶译,中信出版社,2018 年,第 30—31 页。

④ 详见李方桂:《上古音研究》,第 13—14 页;潘悟云:《汉语历史音韵学》,第 268—270 页;Gray, L.H. *Indo-Iranian Phonology*: *With Special Reference to the Middle and New Indo-Iranian Languages*, New York: Columbia University Press, 1902, pp.79—89; Andronov, M.S. *A Comparative Grammar of the Dravidian Languages*. Wiesbaden: Otto Harrassowitz. 2003, pp.77—79.

点，辅音为主干，元音可以忽略，阿拉伯语 araq"酒"的核心辅音成分是 * r-q。从这一个角度看，原来的同源词音节结构也可能是以下矩阵里的辅音组合。

表6-1　阿拉伯语 **araq** 的可能同源词辅音结构

	-q	-g	-k	-h
r	r-q	r-g	r-k	r-h
n	n-q	n-g	n-k	n-h
l	l-q	l-g	l-k	l-h
d	d-q	d-g	d-k	d-h
t	t-q	t-g	t-k	t-h

在语义上，"酒"经常和"液体""水""喝的""饮料"存在密切的关联，比如"琼浆玉液"可以表示美酒。如果能找到一组语音和语义同时对应的同源词，就可以说明 araq 本身就是闪含语系的固有词语。

闪含语系中，"水"，阿卡德语 naqu，Ometo 语 nok，Ari 语 noka，Dime 语 naaɤo，Banna 语 nooqo，Karo 语 nuko，埃及语 nkw"液体"，①可以看出，这一组表示水的词语只要声母 n 演变为 r 就是 araq"酒"，裕尔指出 araq 的语源是"汗水""汁液"，这和阿卡德语 naqu"水"等是对应的。

此外，"喝"，闪米特语 d'ag，阿拉伯语 d'g，Mhr 语 təḳ。可以看出，如果 r 和 d 或 t 相互演变，d'ag"喝"也是 araq"酒"的同源词。

从闪含语系内部可以找到大批 araq 的同源词，这说明 araq 本身是闪含语系的固有词语。与闪含语系存在发生学关系的达罗毗荼语中也有类似的词语，泰米尔语 arakku"烈酒、棕榈酒"，②Tulugu 语 draak"酒"。③从语音上 araq 和达罗毗荼语非常接近，核心辅音都是 r-k。从这也可以看出，araq 是闪含语系固有的词语。闪含语系历史非常悠久，埃及文明公元前 4000 年就非常辉煌，匈奴语言也和闪含语系存在深度关联，匈奴在早期对汉帝国处于绝对优势。同时，"酩"（ * lag ~ * rag）在汉帝国突然出现，因此比较好的解

---

① Orel, V.E. & Stolbova, O.V. *Hamito-Semitic Etymological Dictionary: Materials for a Reconstruction*. Leiden: Brill, 1995, p.405.

② University of Madras. *Tamil lexicon*. Madras: University of Madras Press, 1924, p.58.

③ Tulugu 语"酒"完整形式是 draak sarasam"酒"分为两部分，sarasam 是"令人快乐的"，是修饰语，所以词根是 draak"酒"。

释是:汉代的"酪"(*lag ~ *rag)是从讲闪含语的匈奴人那里借来的,高本汉所说的前基督教时期远东语言中的 arak(比如爱奴语 arakke),可能和匈奴文化向东扩散有关。① 后来闪含民族另外一支后裔阿拉伯人在中古崛起,向全球扩散,进一步把 araq"酒"这个词语带到亚洲和欧洲的更多地方。阿拉伯语 araq"酒"这个词语到了元代的时候,由阿拉伯人再次传播到中国,那就是元代典籍里很常见的"阿刺吉"。②

"酪"本身在汉代出现时就有"酒"的含义,这有助于我们理解"卓文君当卢"这个典故。从上下文语境看,"当卢"其实就是卖酒。这个概念也是第一次出现,时间也是在汉代。但是如何解释,一直有争议。

《史记·司马相如列传》:"相如与俱之临邛,尽卖其车骑,买一酒舍酤酒,而令文君当鑪。"裴骃集解引韦昭曰:"鑪,酒肆也。以土为堕,边高似炉。"《汉书·司马相如传》中,"当鑪"作"当卢"。③

"卢"或"炉"(上古音为 *ra 或 *la),韦昭解释为"酒肆"(即"酒店"),从上下文看是比较通顺的,但是存在一个问题,为何"卢"或"炉"可以表示"酒肆",韦昭认为"以土为堕,边高似炉",这显然是望文生义,比较牵强。刘奉世对此有比较犀利的批评:"名卖酒为卢者,直此物自有此名耳,何必取锻家卢为义乎? 天下物同名者何算,而欲一一相附类,可乎?"④ 我们赞同刘奉世的看法,卖酒本身称为"卢"。

此外,《汉书·食货志》记王莽实行酒酤专卖之法:"率开一卢以卖。"颜注引臣瓒曰:"卢,酒瓮也。"如果以酒器来代称"酒",那么与"当卢"平行的应该也存在"当缶""当瓮"这样的说法,但是实际上经典中并不存在这类说法。

因此,我们需要重新考虑"卢"的意思。这个词为何在汉代出现,跟什么语言存在关联? 这值得深入探讨。

其实从语源看,"卢"就是"酪"(表示"酒")。"卢"或"炉"都是来母鱼

① 日语中的 sake"酒"语源一直不明,其实也是来自闪含语系,闪米特语 š-k"喝",阿卡德语šaqu"喝"。见 Orel, V.E. & Stolbova, O.V. *Hamito-Semitic Etymological Dictionary*: *Materials for a Reconstruction*. Leiden: Brill, 1995, p.468。
② 黄时鉴:《阿刺吉酒与中国烧酒的起始》,《文史》第 31 辑,1988 年;回达强:《古典戏曲中的波斯语、阿拉伯语语词例释》,《中华戏曲》2013 年第 2 期。
③ (汉)司马迁:《史记》,第 3000 页;(汉)班固:《汉书》,第 2531—2532 页。
④ (清)王先谦:《汉书补注》,第 1654 页。

部字,"酪"是来母铎部字,鱼部(＊a)与铎部(＊ak)阴入对转,可以通假。①
"当"应该和"当室""当国"的"当"是一样的,理解为"主""掌管""执
掌"。②"卢"(＊la~＊ra),就是"酪"(＊lag~＊rag),"当卢"字面意思就是"掌
管酒",也就是"酒店老板"。与后世的"掌柜"在构词上很相似。

因此,我们认为"当卢"的"卢"是"酪",就是"酒"的意思,在语源上也
和闪含语中的 araq"酒"有关。这还可以进一步解释另外一个有趣的现象,
秦汉时期出现女性卖酒的文化现象,特别是汉代出现了众多的"酒家女"
"酒家姬""酒家胡"(一般是女性),这不见于此前历史,女性卖酒是近东闪
含文化的重要特征,在《吉尔伽美什史诗》里,吉尔伽美什就遇到了酒肆女
主人希杜丽(šiduri),在古巴比伦时期,主要是由女性来酿酒。汉谟拉比法
典中(第108—111条),酿酒者或卖酒者基本上都是女性,酒肆通常也是妓
院。③这和秦汉(特别是汉代)是完全对应的。④结合"酪""卢"就是闪含语
系 araq 的音译,同时许多胡人女子来汉朝开设酒店,成为酒家胡,汉代经常
以"胡"指代"匈奴",⑤自然让人联想女性卖酒这一文化可能和匈奴有关,
如果追溯更早的源头,可能是来自闪含文化。反过来,这也能说明,将"酪"
"卢"和闪含语系的 araq"酒"联系起来是有依据的。

6.3.2　甜

《论衡·超奇》:"俗好高古而称所闻,前人之业,菜果甘甜,后人新造,
蜜酪辛苦。"

《伤寒论》:"呕家不可用建中汤,以甜故也。"

《金匮要略》:"食甜粥已,食盐即吐。"

在汉代第一次出现"甜"(上古音为＊diam),⑥其实是非常值得注意的
文化现象。先秦表示"甜",一般都用"甘"或"美"。

---

① 王力:《同源字典》,商务印书馆,1982 年,第 14—15 页。
② 宗福邦等:《故训汇纂》,第 1492 页。
③ Richardson, M.E.J. *Hammurabi's Laws Text, Translation and Glossary.* London: T & T Clark In-
　ternational, 2000, p.75;于殿利:《巴比伦与亚述文明》,商务印书馆,2013 年,第 491 页。
　拱玉书:《吉尔伽美什史诗》,商务印书馆,2021 年,第 218 页。
④ 只有从酒肆通常又是妓院的角度,才能真正把握卓文君卖酒的那种窘迫。
⑤ 如《史记·平准书》:"大将军、骠骑大出击胡。"这里的"胡"就是指代"匈奴"。
⑥ 郭锡良:《汉字古音手册》,商务印书馆,2010 年,第 210 页。

在闪含语系中,阿拉伯语 db"甜美的",阿拉伯语 tuyyab"甜美的",东部 chadic 语ʒimb"甜美的",Migama 语ʒimbe"甜美的",①Amharic 语ṭama"尝起来令人愉快的",由于 d 在 i 前面会腭化,变成ʒ,"甜"的闪含语原始形式是*dimb。其中 Amharic 语ṭama"尝起来令人愉快的"跟"甜"(*diam)非常相似。

在达罗毗荼语中,泰米尔语 tīm"甜"、tīvu"甜"、tēm"甜蜜的、愉快的、芬芳的"、tīyam"美味"、tittippu"甜",②Tulu 语 tīpè"甜"、śīpè"甜",Telugu 语 tīpi"甜"、tīpu"甜",Kui 语 semba"甜",kuwi 语 tīpa"甜"。③

上文已经指出,达罗毗荼语与闪含语系存在发生学关系,关系非常密切。可以看出,"甜"和闪含语系的*dimb、ṭama 以及达罗毗荼语中 tīm 对应。鉴于"甜"这个词语在汉代是突然出现的,所以,很有可能是从闪含语或达罗毗荼语借来的。

6.3.3　飦䬫和醍醐

"醍醐"又作"飦䬫",唐代玄应《一切经音义》:"酥酪之精醇者曰飦䬫。《通俗文》'酪酥谓之飦䬫'是也。"《通俗文》是服虔所作,服虔是东汉时期人物(公元 2 世纪),④因此罗绍文认为至少在东汉已经出现了"醍醐"或"飦䬫"概念,这是可信的。但是"醍醐"到底对应何种语言,至今未解。

"醍醐"上古音为*diga,而在佛经中对应的梵文为 maṇḍa、sarpis、sarpi-maṇḍa、sarpir-maṇḍa、amarta⑤。显然"醍醐"不可能是梵文的音译。

从闪含语和达罗毗荼语中可以找到答案。闪含语中,Silte 语 ṭege"蜂蜜",Zay 语 ṭage"蜂蜜"。达罗毗荼语中,泰米尔语 takra"奶油",Malayalam 语 takram,Marathi 语 takra。"醍醐"(*diga)和闪含语 ṭege"蜂蜜"、达罗毗

① Steingass, F. J. *A Comprehensive Persian-English Dictionary*, *Including the Arabic Words and Phrases to Be Met with in Persian Literature*. London:Routledge & K. Paul, 1892, p.651;Orel, V. E. & Stolbova, O. V. *Hamito-Semitic Etymological Dictionary*:*Materials for a Reconstruction*. Leiden:Brill, 1995, p.256.

② 由于-v、-m、-p 语音相近,这一组是同源词。

③ Burrow, T. & Emeneau, M. B. *A Dravidian Etymological Dictionary*. Oxford:Clarendon Press, 1984, p.285.

④ 罗绍文:《八珍之一——醍醐考》,《西域研究》1994 年第 2 期。

⑤ Akira, Hirakawa. *Buddhist Chinese-Sanskrit Dictionary*. Tokyo:The Reiyukai Press, 1997, p.1176.

茶语 takra "奶油"对应。①

　　"醍醐"已经成为了游牧民的日常食品,由此可以看出,汉帝国和匈奴、达罗毗茶之间的密切关联。②

6.3.4　肚

　　在汉语史上,"肚"第一次出现的时间是在汉代。

　　东汉张仲景《金匮要略》:"一身尽发热,面黄,肚热。""中寒,其人下利,以里虚也,欲嚏不能,此人肚中寒。"《玉篇》:"肚,腹肚。"这是在汉语历史上第一次出现"肚"这个词语。

　　"肚"上古音为 *da。原始闪含语 tah 或 tuh,其中 a 与 u 可以互变。闪米特语 tah "内部、肠",阿卡德语 tāhu "内部、肠",西部乍得语 tuH "腹部、内部、身体",Kir 语 tuwok "内部、肠",Geji 语 tuki "内部、肠",Polchi 语 tu "内部、肠",Barawa 语 tu "内部、肠",Sayanchi 语 tu "内部、肠"。③

　　从上面的材料可以看出,汉代新出现的"肚"和闪含语系的 tah ~ tuh 对应。

6.3.5　霹雳

　　"霹雳"(又写作"辟历""劈历")这个词最早出现也是在汉代。

　　《史记·天官书》:"雷电、虾虹、辟历、夜明者,阳气之动者也。"《释名·释天》:"震,战也,所击辄破若攻战也。又曰辟历。"《汉书·扬雄传上》:"辟历列缺,吐火施鞭。"《文选》作"霹雳列缺,吐火施鞭",李善:"应劭:霹雳,雷也。"④此后,董仲舒《春秋繁露》:"霹雳者,金气也,其音商也,故应之

---

①　Hudson, G. *Northeast African Semitic*:*Lexical Comparisons and Analysis*. Wiesbaden:Harrass-owitz Verlag, 2013, p.84. University of Madras. *Tamil lexicon*. Madras:University of Madras, 1924, p.1703. Gundert, H. *A Malayalam and English Dictionary*. Mangalore/London:Trübner & Co., 1872, p.418. Molesworth, J.T. *A Dictionary Marathi and English*. Bombay:the Bombay Education Society's Press, 1857, p.362.

②　这个词语后来也借入梵文以及个别印度雅利安语,梵文 takra "与水相混合的奶油",佛教混合梵文 takka "奶油,乳清",Gujarati 语 tāk, Marathi 语 tāk, Oriya 语 tāgarā "浓牛奶"。Turner, R.L. *A Comparative Dictionary of Indo-Aryan Languages*. London:Oxford University Press, 1966, p.319.

③　Orel, V.E. & Stolbova, O.V. *Hamito-Semitic Etymological Dictionary*:*Materials for a Recon-struction*. Leiden:Brill, 1995, p.496.

④　高步瀛:《文选李注义疏》,中华书局,1985 年,第 1917 页。

以霹雳。"《后汉书·皇甫张段列传》："又大风雨雹,霹雳拔树。"《说文》:
"震,劈历振物者。"段玉裁注:"劈历,疾雷之名。"可以看到,"辟历""劈历"
"霹雳"无疑是同源词。

在早期佛教翻译中,"辟"对应 pra,"薜荔"对应 pre。①"辟历"或"霹雳"
是联绵词,都是锡部字,在佛经翻译中,支部、锡部字经常对应梵文 a,比如:
"衹"对应 gha,"帝"对应 da。②因此"辟历"也可能对应 *parak,"霹雳"可能
对应 *pharak。

在闪含语系中,原始闪米特语 *bar(a)k "雷电",希伯来语 bārāq "雷
电、发光",Amharic 语 bəraq "雷电",阿卡德语 birku "雷电",Ugaric 语 brk
"雷电",叙利亚语 barkā "雷电",阿拉伯语 barq "雷电",Geez 语 mabrak
"雷电",Mehri 语 bōrək "雷电"。③可以看出闪含语系 *bar(a)k "雷电"和
"辟历"(*parak)或"霹雳"(*pharak)在音义上存在对应关系,④因此,"霹
雳"很有可能就是来自闪含语系的借词。⑤

6.3.6　泰　阶

《汉书·东方朔传》:"愿陈泰阶六符。"颜师古注引孟康曰:"泰阶,三台
也。每台二星,凡六星。"可见,"泰"就是"三"。这在中国古代典籍中非常
罕见,很值得注意。从上下文看,显然是和天文或方术有关,这是当时的高
科技。也就是说很有可能是借词。

"泰"上古音为 *tʰat,闪含语系中,"三",叙利亚语 tlata, Urmi 语 ṭla,摩

---

① 俞敏:《后汉三国梵汉对音谱》,《俞敏语言学论文集》,第 57 页。
② 俞敏:《后汉三国梵汉对音谱》,《俞敏语言学论文集》,第 55 页。
③ Weninger, S. *The Semitic Languages*:*An International Handbook*. Berlin:De Gruyter Mouton Press, 2012, p.194; Leslau, W. *Hebrew Cognates in Amharic*. Wiesbaden:Otto Harrassowitz, 1969, pp.34—35.
④ 支部的构拟基本上都前高元音 i 或者半高元音 e,我们采用王力的构拟。详见王力:《同源字典》,第 13 页;潘悟云:《汉语历史音韵学》,第 210—211 页;李方桂:《上古音研究》,第 67—68 页。
⑤ 值得注意的是,侗台语系个别语言中,"雷",壮语 pla3,布依语 pja3,侗语 pja3。详见中央民族学院少数民族语言研究所第五研究室:《壮侗语族语言词汇集》,中央民族学院出版社,1985 年,第 3 页。和"霹雳"非常相似,但是很明显普遍没有了-g 韵尾,而且其他侗台语中的"雷"差异比较大,如临高话 lɔi、黎语 om,而黎语是保持了较早侗台语面貌的语言,因此壮语 pla3"雷"可能又是借自汉语的"霹雳"。

洛哥阿拉伯语 tlata,埃及阿拉伯语 talata。① "泰"($^*t^hat$)和闪含语的 tlata "三"音义对应都非常整齐。由于"泰阶"是天文或方术词语,此前"泰"并没有表示数词"三"的用法,因此,很有可能是来自闪含语言的借词。

6.4　汉帝国和匈奴帝国之间的语言接触

从词汇史发展一般规律来看,如果一个词语是某语言固有词语,会呈现出前后的延续性。假如中间突然出现某个新的词语,那么这极有可能是借词。从这一思路出发,我们考察了汉代新出现的一组词语:"酪""甜""飥飿""肚""霹雳""泰阶",我们发现这些汉代新出现的词语和闪含语在语音和词义存在非常整齐的对应。由于不是个别现象,我们只能推断:汉帝国和闪含民族可能存在深度的接触和交流。

从这些语词的语义范畴来看,基本上可以分为两类:"酪""甜""飥飿"是奢侈而精美的食物,而"肚""霹雳""泰阶"分别是医学、天文、方术的术语。这两类最有可能来自一个在文化上不亚于汉帝国的帝国。

此前,通过对匈奴亲属名词"阏氏""孤屠""居次"等词语系统比较,笔者发现匈奴亲属名词系统和闪含语系以及达罗毗荼语构成系统对应,②以此为线索,我们发现"酪""甜""飥飿"这些食物都呈现出草原民族的特点。因此,我们认为,这些和近东闪含语言存在整齐对应的汉代新词语很有可能借自匈奴。

6.5　蒿里、汉代的挽歌和近东挽歌

汉帝国有这么多来自闪含语言的新词语,这也进一步证明"蒿里"和闪含语里的 qabra 对应不是偶然的。从汉代开始出现"蒿里",而与"蒿里"相关的题目经常作为丧歌出现,这就引出一个非常值得深入探讨的问题,中国

---

① Bennett, P.R. *Comparative Semitic Linguistics. A Manual.* Winona Lake: Eisenbrauns, 1998, p.141.

② 叶晓锋:《匈奴语言及族源新探》,《中山大学学报(社会科学版)》2018 年第 5 期。

文学史的挽歌传统有无受外来文化影响的可能？

吴承学指出，先秦确实存在悼亡诗，但是作为文体或葬礼仪式一部分，挽歌或哀歌与一般悼亡诗有所不同，挽歌或哀歌一般都是用于送葬场合或仪式。中国先秦一般认为"丧"和"歌"是对立的，因此一般出殡时不唱歌。在中国，丧葬仪式中的挽歌最早始于汉魏六朝。①挽歌作为葬礼仪式的一部分，为何是在汉魏六朝开始形成，一直以来没有很好的解释。

挽歌形成于汉代，"蒿里"最早出现于汉代，这两者几乎是平行的，上文通过语言比较，确定"蒿里"与闪含语＊qabra"坟墓""埋葬"对应。因此，中国文学史上挽歌的产生有没有可能同闪含民族文化存在关联呢？

在近东闪含文化中，挽歌是一个重要的文学传统。《吉尔伽美什史诗》第八块泥板就是吉尔伽美什（Gilgamesh）为死去好友恩基都（Enkidu）所写的哀歌。希伯来文学作为闪含文化的重要组成部分，希伯来历史和文学中挽歌或哀歌很常见，比如，由于公元前 586 年耶路撒冷被巴比伦摧毁，先知杰里迈亚专门写过《杰里迈亚哀歌》，这是专门为耶路撒冷及犹太民族而作，而大卫王（公元前 10 世纪）也专门写过哀歌《大卫哀悼扫罗及约拿单》，这是献给个人的挽歌。②希腊文学中，公元前 7 世纪就已经有挽歌的记录。在古希腊传统中，挽歌一般是一群哀悼者的哀歌。③

由此可见，希伯来文学和希腊文学分别在公元前 10 世纪和公元前 7 世纪就已经存在挽歌。挽歌作为文体和葬礼的一部分是汉代（公元前 202 年—公元 220 年）才开始形成的，远远晚于希伯来和希腊挽歌的出现时间。同时，汉代乐府经常出现的"蒿里"又与闪含语＊qabra"坟墓""埋葬"对应。通过对亲属名词的比较，匈奴帝国王族的语言特征与闪含民族对应，同时，匈奴帝国在相当长的时间内，对汉帝国处于绝对优势地位。因此，我们认为，汉代的挽歌可能是受匈奴影响产生，就本质而言，和近东闪含文化存在关联。

---

① 吴承学：《汉魏六朝挽歌考论》，《文学评论》2002 年第 3 期。

② Walton, J.H. Mattews V.H., M.W. Chavalas. *The IVP Bible Background Commentary*：*Old Testament.* Downers Grove：Inter Varsity Press, 2014, p.323. 朱维之：《古希伯来文学史》，高等教育出版社，2001 年，第 89—90 页。

③ David Konstan & A. *Kurt Raaflaub. Epic and History.* New Jersey：Blackwell Publishing Ltd Press, 2020, pp.145—166；Hornblower, S. & Spawforth, A. *The Oxford Classic Dictionary.* Oxford：Oxford University Press, 2012, p.486.

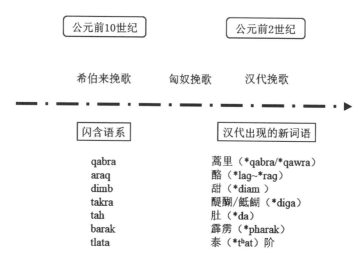

图 6-1　全球史视野中的闪含文化、匈奴帝国和汉帝国挽歌

从传世文献记载来看,近东闪含民族和古希腊的挽歌历史最为悠久,尤其是闪含民族的希伯来圣经记载的挽歌早至公元前 10 世纪,而中国挽歌作为丧葬制度一部分是汉代才开始的。中国挽歌与丝绸之路上不同文化中的挽歌是否存在关联,这是很值得探讨的一个问题。

上文已经提到,汉帝国语言里有这么多奢侈品和医学、天文、方术的词语来自匈奴或闪含文化,当然汉帝国文化对匈奴影响也很大,如纺织、丝绸、漆器、冶铁、铜镜在匈奴古墓中经常被发掘到。这说明他们之间互动频繁。

在汉帝国和匈奴帝国文明深度互鉴背景下,我们发现汉代挽歌中的"蒿里"与闪含语言的 qabra"坟墓""埋葬"对应。同时从历史记载来看,闪含民族的挽歌起源(公元前 10 世纪)远远早于汉帝国的挽歌(公元前 3 世纪)。因此我们认为汉帝国的挽歌的产生可能受匈奴影响,而匈奴挽歌则是延续闪含民族的挽歌传统。当然,文明的交流是双向的,汉帝国的音乐同样对匈奴有重大影响,贾谊认为和匈奴斗争策略之一就是将音乐和美女赏赐给匈奴使者和归降者。光武帝时期,北匈奴单于请求和亲的同时,还请求赏赐音乐。[①]从这可以看出,音乐的交流和互鉴也是双向的。

---

①　王子今:《丝绸之路与中原"音乐"的西传》,《西域研究》2019 年第 4 期。

6.6　余　　论

6.6.1　蒿里和笳、七言四行诗的同时出现

汉代新出现的"笳"（＊kral）表示"笛子"。《后汉书·窦融列传》："听笳龙庭,镂石燕然。"李贤注:"笳,胡乐也。"《文选·李陵〈答苏武书〉》："胡笳互动。"李周翰注:"笳,笛之类,胡人吹之为曲。"①龙庭是匈奴的神圣空间,"胡"在汉代一般指匈奴。由此可见"笳"是皇家最喜欢的乐器之一。上文已经指出,匈奴语和达罗毗荼语有发生学关系。达罗毗荼中,"笛子",泰米尔语 kural, kota 语 koral, Kodagu 语 kola。这和"笳"是对应的,可见,"笳"是来自匈奴语的借词。②

汉代有一个重要的文学现象:七言四行诗开始出现,并且频率越来越高。

七言绝句的起源一直是一个谜,明清时期学者分别认为起源于南朝的萧纲、虞世南或初唐四杰。葛晓音有非常全面的梳理,她认为七言绝句始于西晋。③但根据我们对丝绸之路诗歌文体的考察,绝句其实应该始于汉代。

《史记·乐书》有一段容易被文学史忽略的材料,"（汉武帝）又尝得神马渥洼水中,复次以为《太一之歌》。歌曲曰:'太一贡兮天马下,霑赤汗兮沫流赭。骋容与兮跇万里,今安匹兮龙为友。'后伐大宛得千里马,马名蒲梢,次作以为歌。歌诗曰:'天马来兮从西极,经万里兮归有德。承灵威兮降外国,涉流沙兮四夷服。'"这些诗歌明显就是七绝。第一首韵脚"下""赭"是鱼部字,"里""友"是之部字。秦汉时期,之部、职部和鱼部、铎部读音接近,经常押韵。秦始皇的石刻铭文多有其例。因此,可以认为这四句也是押韵的。第二首韵脚"极""德""国""服"都是职部字。汉代镜铭中,也有很多四句为段落的七言诗,其实也是绝句,如"汉有善铜出丹阳,和以铅锡清如明,左龙右虎尚三光,朱雀玄武顺阴阳"。④根据郑张尚芳等人的观

①　宗福邦等:《故训汇纂》,第 1669 页。
②　Burrow, T. & Emeneau, M.B. *A Dravidian Etymological Dictionary*. 2nd ed. Oxford: Clarendon Press, p.264.
③　葛晓音:《论初盛唐绝句的发展——兼论绝句的起源和形成》,《文学评论》1999 年第 1 期。
④　胡淑芳:《汉代铜镜铭文中的七言诗》,《湖北大学学报（哲学社会科学版）》2007 年第 32 卷第 4 期。

点,汉代四声和平仄的概念尚未产生,上声、去声都是后来产生的。①如果放宽平仄标准,汉代七言四行诗是最早的绝句。

此前,根据学习中亚语言的发现,我们曾提出"绝句"的"绝"是波斯、欧亚草原民族的数字"四"的音译,汉诗绝句和波斯、中亚的四行诗传统有关。②

在丝绸之路沿线的语言和文化中,四行诗是很常见的。印度、波斯、阿拉伯、突厥都存在四行诗。四行诗是波斯诗歌中最短小的一种体裁,从押韵来看,主要有三种类型:二四押韵、一二四押韵,以及四句全部押韵。波斯四行诗有一个名字是 rubā'ī,是阿拉伯语"四个一组"的意思。另一个名字是 tarana,语源也和"四"相关。在突厥诗歌传统中,四行诗也很常见。在哈萨克民间诗歌中,经常是四行为一段,而且是一二四行押韵。阿尔泰语中的 murabba 诗节,主要表现形式为四行一节,格律表现形式为 a-a-x-a 模式,也就是一二四行押韵。③

这些波斯和欧亚草原民族的四行诗重要特点就是七或八个音节为一句,一共 4 句,构成一首诗或篇章里的一段。"绝"对应中亚和北方民族的"四",如波斯语 chār,古代突厥语 dørt。"绝句"另外一个说法为"断句","断"则和满通古斯语的"四"对应,如满语 duin。就语源而论,"绝句"或"断句"就是"四句"之意,即四行诗。而四行诗是波斯和欧亚草原民族的重要文化传统。上文已经指出汉代出现最早的绝句,目前最有可能是来自以匈奴为首的草原民族的影响,也能解释为何汉代七言诗的句子总数常常是 4 的倍数。如蔡文姬《胡笳十八拍》明显和匈奴有关,从形式来看,大部分都是七言诗,每一句 7 个字,《一拍》一共 12 句,可以看作三首绝句叠加一起。《二拍》一共 8 句,可以看作两首绝句叠加一起。欧亚草原民族的四行诗常常是七个音节为一句,也极大影响了中国古代的边塞诗,中国古代在边疆生活过的诗人,喜欢用七言诗或七言绝句,如王昌龄号称"七绝圣手",这可能

① 郑张尚芳:《上古韵母系统和四等、介音、声调的发源问题》,《温州师范学院学报(社会科学版)》1987 年第 4 期。

② 陈永霖、叶晓锋:《丝绸之路视野下的绝句、竹枝词称谓起源研究》,《温州大学学报(社会科学版)》2020 年第 2 期。

③ 卢燕丽:《中国的〈诗经〉和马来西亚的班顿》,《北京大学学报》2000 年第 1 期。穆宏燕:《波斯古典史学研究》,昆仑出版社,2011 年,第 254—264 页。麻赫默德·喀什噶里:《突厥语大词典》(第一卷),民族出版社,2002 年,第 41 页。耿世民:《哈萨克民间诗歌简述》,《伊犁师范学院学报》2011 年第 1 期。[德]卡尔·赖希尔:《突厥语民族口头史诗:传统、形式和诗歌结构》,中国社会科学出版社,2011 年,第 181—182 页。

与唐朝和欧亚草原民族的文化交流和互动有关。

　　由此可见,任何文化交流肯定是双向的。汉帝国初期,匈奴在与汉帝国竞争中一直处于绝对优势地位,因此,汉帝国吸收借鉴匈奴优秀文化(如挽歌、四行诗)是很正常的。从汉武帝作歌曲为七言绝句来看,这代表汉代皇家对匈奴文化的高度欣赏,也可看出当时匈奴影响力之大。

　　此外,西汉楚王陵出土的文物中,有四件金带扣,内容为两只猛兽将一匹马按在地上撕咬的场景(图 6-2、6-3),这些金带扣明显来自匈奴。从这里可看出汉帝国皇族也能接纳和欣赏匈奴帝国的艺术。

图 6-2　匈奴诺彦乌拉墓葬里的青铜艺术①

图 6-3　徐州狮子山西汉楚王陵金带扣②

6.6.2　挽歌的语源

　　值得一提的是,从丝绸之路语言考古学角度来看,"挽歌"的语源其实可能需要重新讨论。"挽歌",这一文体学概念最早出现于魏晋南北朝。晋代崔豹《古今注·音乐》:"《薤露》送王公贵人,《蒿里》送士大夫庶人,使挽

---

① ［苏］鲁金科:《匈奴文化与诺彦乌拉巨冢》,孙危译,中华书局,2012 年,第 87 页。
② 马静娟、郁明:《徐州狮子山楚王墓出土丝质缀贝金带板(扣)腰带赏析》,《文物世界》2017 年第 4 期。周波、陈伯舸:《徐州狮子山楚王陵出土金属器铭》,《中国书法》2022 年第 3 期。

枢者歌之,世亦呼为挽歌。"①一般学者都采用崔豹的这个解释,即"挽歌"得名于"挽枢者"唱的歌。这个解释非常牵强。"枢"一般指放了尸体的棺材。但是整个汉代以前从没有"挽枢"这类说法。一般"枢"经常搭配的动词是"载",如"载光尸枢以辒辌车""今载枢而归"。由此可见,崔豹的"使挽枢者歌之,世亦呼为挽歌"这一说法非常可疑,崔豹的说法很可能是望文生义。

这样的话,我们就需要重新考虑"挽歌"的语源。

先来讨论"挽"的古音问题。

"挽",《广韵》"无远切",上古音 *mwan 或 *mon,中古音 *mīwɐn,不过实际中古读音"挽"可能更接近 man,因为在敦煌吐蕃汉藏对音材料中,与"挽"同音的"晚"藏文对音为 ban 和 ɦban,而"蔓"对应藏文也是 ɦban,在敦煌吐蕃汉藏对应中,汉语的 m 可以对应藏文的 b 或 m,②因此我们根据对应材料,大致可以确定:上古末期到中古时期,"挽"的读音是 *man。

作为韵尾的-r 和-n 也经常互换,在梵汉对音中,经常互混,如"桓"可以同时对应梵文 van 和 var,"波"可以同时对应 pan 和 par。因此,mar 和 man语音非常接近,因此"挽歌"的"挽"可以对应 *man 或 *mar。

中古中亚文化与汉文化存在深度交流和互鉴,上文已经指出,四行诗是波斯和中亚文学的悠久文化传统,出现年代比汉语绝句要早,因此中国文学史上的绝句可能和波斯、中亚文学的影响有关。③据此,"挽"(*man)在语音上和波斯语中 marṣāt"挽歌"、manāḥ"悼念"以及 moyān"哀悼者"接近,④波斯挽歌传统也比较早,著名诗人阿班曾创作过著名挽歌给 Savvār B·Abdallāh,⑤因此"挽歌"的"挽"可能是个音译词,借自波斯语 manāḥ"悼念"或 marṣāt"挽歌"。⑥挽歌可能是来自波斯语的音译词。

① (晋)崔豹:《〈古今注〉校笺》,牟华林校笺,第 77 页。
② 郭锡良:《汉字古音手册》,第 342 页;周季文、谢后芳:《敦煌吐蕃汉藏对音字汇》,中央民族大学出版社,2006 年,第 35、57 页。
③ 陈永霖、叶晓锋:《丝绸之路视野下的绝句、竹枝词称谓起源研究》,《温州大学学报(社会科学版)》2020 年第 2 期。
④ Steingass, F.J. A Comprehensive Persian-English Dictionary, Including the Arabic Words and Phrases to Be Met with in Persian Literature. London: Routledge & K. Paul, 1892, pp.1210, 1317.
⑤ Abbas, I. ABĀN B. ·ABD-AL-HAMĪD. Encyclopaedia Iranica, I/1, p.58, http://www.iranicaonline.org/articles/aban-b-abd-al-hamid.
⑥ 从印欧语看,英语 moan"悼念"、mourn"悼念、哀悼"可能和波斯语中 manāḥ"悼念"、moyān"哀悼者"是同源词,都和"挽"*mon 读音也比较接近。如果考虑到中古波斯文化随着粟特人入华这一历史实际接触和地理距离,"挽"还是从波斯语 manāḥ借入更合理一些。

任何文化的交流都不可能是单向的,就挽歌传统而言,中国挽歌的形成可能受到过近东闪含民族以及波斯的影响,但是中国的悼亡传统也对近东和波斯产生过影响。阿拉伯语的挽歌名称除了 marthiya、qasida 之外,还有一个不太正式的专门名称 nauḥ 或 nawḥa,与波斯语 naḥbāt"挽歌"极为相似,这个词的语源一直不明。①

由于上文已经指出 b 和 w/v 关系密切,这个词语其实来自汉语的"悼"。"悼",《说文》:"悼:惧也。陈楚谓惧曰悼。从心卓声。"《广韵》:"悼,徒到切。"上古音为 * daug,中古音为 * dau。在汉语与西域语言对音中,鼻音和相同部位的塞音可以对应。如:西域于阗语的汉语借词中,n 和 d 会相混。"男"对应的于阗语文可以是 namma,也可以是 damma。②同时,从汉语内部看,同一谐声系列的"淖"除了"徒较反"(* dau),还有"乃孝反"(* nau),③这说明在与域外语言的对译过程中,"悼"的声母与 n、d 接近,中古音为 * dau 或 * nau,语音与 nauḥ 或 nawḥa 非常接近。

但是阿拉伯语 nauḥ 或 nawḥa 后面的-ḥ、-ḥa 同样值得留意。

在西域语音对音中,汉语的软腭音韵尾-k 或-g 在西域语言中会转写为-h,由于许多语音没有独立辅音塞音韵尾,又会添加元音 a(或 ä),变成-ha(或-hä),比如"乐"于阗语对音为 lahä,"索"于阗语对音为 sahä。④"悼"上古音为药部字,读音为 * daug 或 * naug,是入声字,被翻译到阿拉伯语等西域语言中,就变成 nawha。从这一点可以看出,阿拉伯人在上古时期就从中国借入"悼"这个概念,也就是阿拉伯语里的 nawha"挽歌"。

---

①　Steingass, F. J. *A Comprehensive Persian-English Dictionary*, *Including the Arabic Words and Phrases to Be Met with in Persian Literature*. London: Routledge & K. Paul, 1892, p.1095; Martin, C. R., Said Amir Arjomand, Marcia Hermansen, Abdulkader Tayob, Rochelle Davis, John Obert Voll. *Encyclopedia of Islam & the Muslim World*. New York: Macmillan Reference USA Press, 2003, p.64.

②　[日]高田时雄:《于阗文书中的汉语词汇》,《敦煌·民族·语言》,第 241 页。

③　(唐)陆德明:《经典释文》,第 254 页。

④　[日]高田时雄:《于阗文书中的汉语词汇》,《敦煌·民族·语言》,第 286 页。

第7章　西王母的世界史

7.1　引　　言

随着大量汉代考古材料中西王母画像的出现,西王母研究有了很大的推进。[①]

西王母主宰的领域一共有三方面,吴晗、王子今、周苏平、马怡等指出,在汉代《易林》就有比较集中的体现:(1)长生延寿。如"弱水之西,有西王母,生不知老,与天相保"(《易林·讼之泰》)。(2)赐子赐福。如"西逢王母,慈我九子。相对欢喜,王孙万户,家蒙福祉"(《易林·鼎之萃》)。(3)逢凶化吉。如"王母善祷,祸不成灾"(《易林·讼之需》)。[②]

但是"西王母"或者"王母"到底是什么意思,语源上该作何解释,一直没有深入的讨论。巫鸿的研究很有启发,虽然他并没有对西王母的语源展开讨论,但是他注意到西王母的造型艺术后来出现的一个显著特点:西王母处于对称画面的中心。通过对称构图来表现宗教主题是印度佛教艺术的重要特点,因此,巫鸿认为在汉代画像石中的西王母的构图受到了印度佛教艺术的影响,但是西王母本身肯定是一个中国传统神祇。[③]

相较之前的西王母研究,巫鸿的研究是一个比较重要的突破。巫鸿是

---

① 巫鸿:《武梁祠》,生活·读书·新知三联书店,2015 年,第 126 页。关于西王母的文献综述,可以参见李凇:《论汉代艺术中的西王母图像》,湖南教育出版社,2000 年,第 14—26 页。

② 吴晗:《西王母的传说——西王母与昆仑山之二》,《清华周刊》第 37 卷第 1 期,1932 年,收入《吴晗全集》,中国人民大学出版社,2009 年,第 299—320 页。王子今、周苏平:《汉代民间的西王母崇拜》,《世界宗教研究》1999 年第 2 期。马怡:《西汉末年"行西王母诏筹"事件考——兼论早期的西王母形象及其演变》,《形象史学研究》2016 年上半年。

③ 巫鸿:《武梁祠》,第 151—153 页。

最早从艺术表现特征来说明西王母画像受到过印度佛教艺术的影响的学者。此后,以汉代图像材料为基础,周静认为西王母是西来的双马神。①而高继习则认为西王母和希腊的阿西娜女神相关。②但是他们除了在图像方面有一些相似点,其他方面差别很大,因此这样的关联主观性比较强。

汉代镜铭中有许多关于西王母的线索:"尚方作竟佳且好。左有王父坐行道。右有王母。白虎芝草在其后。令人富贵不老。子孙满室世。""如东王公西王母,长宜子孙。"

张清文指出,根据汉代镜铭的记载,西王母主要有"长寿"和"宜子孙"两项功能。③

双马神是医药之神,表现形式是双胞胎,这些特征跟西王母形象明显不合。阿西娜是战争、和平以及健康女神。④如果从所司职能角度看,西王母和双马神、阿西娜并没有任何相似之处。

值得注意的是,印度学者巴玛提出乌摩(Uma)与西王母在地理、语音、神性等方面存在相似性,巴玛认为西王母的绝对年代(公元前 14 世纪)虽然早于印度的 Uma(公元前 4 世纪),但是根据《穆天子传》的记载,西王母来自西土。所以她认为西王母和乌摩彼此互有影响。⑤这是很有趣的观点。不过也存在一些问题:

第一,巴玛对于西王母的绝对年代认定过早,这不能得到传世文献、考古材料的有力支持。

第二,《穆天子传》的成书年代一直有争议,那么根据《穆天子传》所作的推论肯定要慎重。⑥

第三,乌摩(Uma)与西王母的语音相似的观点没有得到论证,由于不懂

---

① 周静:《汉晋时期西南地区有关西王母神话考古资料的类型及其特点》,《四川大学考古专业创建四十周年暨冯汉骥教授百年诞辰纪念文集》,四川大学出版社,2001 年,第 389 页。

② 高继习:《白色的西王母——西王母与雅典娜神话的比较研究》,《西部考古》第 14 辑,科学出版社,2017 年。

③ 魏庆征:《古代印度神话》,北岳文艺出版社,1999 年,第 791 页。

④ 陈明:《殊方异药——出土文书与西域医学》,北京大学出版社,2005 年,第 116 页。张清文:《由两汉镜铭看汉代西王母"宜子孙"功能》,《民俗研究》2017 年第 1 期。[德]奥托·泽曼:《希腊罗马神话》,上海人民出版社,2005 年,第 29 页。

⑤ [印]莉杜·巴玛:《中印神话中乌摩与西王母之关系》,《中国印度文学比较论文选》,中国美术学院出版社,2002 年,第 259—265 页。

⑥ 顾晔锋:《〈穆天子传〉成书时间研究综述》,《长春理工大学学报(高教版)》2007 年第 4 期。

上古汉语的读音，巴玛甚至认为"西母"和"乌摩"读音更为接近，这也使其观点的说服力大打折扣。

第四，由于两者时间上的不确定，使得空间上的历史背景也不确定，最终导致西王母和乌摩的关系不好确定。巴玛将乌摩居住的 Kailasa 山等同于西王母的群玉山，这同样是有问题的，因为除了可疑的《穆天子传》之外，可靠的汉代文献中并没有出现群玉山。

由此，我们也可以看出，如果将西王母跟其他文明的女神比较，至少要保证三点：

图 7-1 《圣母与圣婴》陆鸿年 1940 年①

第一，要保证这些神灵在时间和空间上存在交流和互鉴的可能性。

第二，要保证这些神灵所司职能是一样的。

第三，如果西王母和外来神灵存在关联，那么西王母和所比较的对象肯定在语音和语义上有关联，这样才能保证论证的可信度。

仅凭借图像是远远不够的，因为基督教近代传入中国的时候，也经常把耶稣画作中国人的形貌（图7-1）。从图像上看，耶稣完全就是中国人了，但实际上从教义和经典来看，基督教却是异质的外来宗教。

7.2　丝绸之路文化交流史中的西王母

7.2.1　西王母的上古读音

要推进西王母研究，我们必须先讨论一下"王母"的读音问题。

---

① 张怡：《民国时期基督教艺术的本土化》，《国学与西学》第十五期，2018 年。

"王",《广韵》"雨方切",上古音为*waŋ,①但是古代西北地区经常有鼻音脱落现象,像于阗的汉语借词就经常会脱落鼻音,如:"方"对应 hvā,"常"对应 śā,"王"对应 vā。②敦煌吐蕃文献汉藏对音中,许多 ang 韵字经常同时有带鼻音和不带鼻音两种读法,"王",ŋo 和 wang;"光",kwang 和 ko;值得注意的是,"枉"的读音是 o。③由此可以看出,"王"的读音 ŋo 本来是 o。因为在吐蕃人中,出现了鼻音声母 ŋ 增生现象,所以就变成了 ŋo,④也就是原来其实是 o,而 o 又是 wa 演变而来,⑤这是常见语音演变,即 wang>wa>o>ŋo,这样就可以很清晰地看出鼻音韵尾脱落了。需要说明的是,o 在有些地方会继续高化成 u,如"光"在藏文中既可以对应 ko,也可以对应 ku。从这个例子可以看出 o>u 这个演变趋势了。

因此"王"的实际语音演变链为:waŋ>wa>o>u。这条语音演变链上的每一个节点都可能是"王"在古代西北地区的读音。

而"母",《广韵》"莫厚切",上古音为*mə。⑥值得注意的是,上古之部字经常可以对应 a,如"龟兹"对应西域语言 kucha,"兹"是之部字,但是对应 cha。《汉书》"师子"对应西域语言 śiśak,因此"母"也可以对应*ma。⑦

因此,"王母"的可能的读音理论上有:waŋmə、waŋma、wamə、wama、omə、oma、umə、uma。⑧这为我们展开跨文明的比较研究提供了一个基点,所有其他文明与西王母相似的女神,在语音上必须跟上面几个"王母"的读音比较接近。

---

① 我们采用 Schuessler, A. *Minimal Old Chinese and Later Han Chinese*, *Minimal Old Chinese and Later Han Chinese*. Honolulu: University of Hawaii Press, 2009, p.80.

② 参见[日]高田时雄:《于阗文书中的汉语语汇》,《敦煌·民族·语言》,第218—221页。需要指出的是,并不是所有阳韵字都会发生鼻音韵尾脱落现象,"王"在有的于阗语借词中,仍然读 hvaṃ。

③ 周季文、谢后芳:《敦煌吐蕃汉藏对音字汇》,第20页。

④ 类似的音变在敦煌汉藏对音中很多,如"阿"在藏文对应 ŋa,详见周季文、谢后芳:《敦煌吐蕃汉藏对音字汇》,第3页。

⑤ wa 变成 o 或 u,是常见音变,详见郑张尚芳:《上古音系》。

⑥ Schuessler, A. *Minimal Old Chinese and Later Han Chinese*, *Minimal Old Chinese and Later Han Chinese*. Honolulu: University of Hawaii Press, 2009, p.105. 之部也可以对应 a,详见俞敏:《汉藏同源字谱稿》,《民族语文》1989 年第 1 期。

⑦ 潘悟云:《汉语历史音韵学》,第212页。

⑧ 鼻音韵尾因为后一个音节的声母 m 而增生的情况,也是存在的,比如南宋《诸蕃志》称阿曼 oman 为"瓮蛮 oŋman",明朝《坤舆万国全图》作"亚衣漫"。沙门 saman,也写作"桑门 sangmen"。

7.2.2　西王母和乌摩天后(Umā)

通过以上论证分析,我们发现,西王母(*wama、*omə、*oma、*umə、*uma)和印度的乌摩天后(Umā)除了语音对应之外,他们所司职能也完全相同。

第一,两者都是最高女神。印度古代文献中,乌摩天后(Umā)是天神湿婆的妻子,第一次出现是在 *Kena-Upanisad*(《由谁奥义书》3.12):"就在空中那个地点,他(因陀罗)遇见一位女子,也就是漂亮美丽的雪山之女乌摩(Uma)。"①在《翻译名义大集》中,Umā 被翻译为"山天母、破戒母、乌摩天后、难迥遮",榊亮三郎的日语解释很清楚:"大自在的妃子。"②乌摩天后(Umā)被称为"山天母",是由于乌摩天后(Umā)是雪山(喜马拉雅山或 Kailasa)女神,印度神话里的最高神湿婆 Shiva(即"大自在")和他的妻子乌摩天后(Umā)都住在喜马拉雅(或 Kailasa)上面。乌摩天后(Umā)是大自在的妻子,是世界之母,因此乌摩天后(Umā)是最高女神。这和汉代西王母在神话中的地位是一样的。

第二,两者都有善凶双面性。根据《山海经·西山经》:"西王母其状如人,豹尾虎齿而善啸,蓬发戴胜,是司天之厉及五残。"郭璞注:"主知灾厉五刑残杀之气也。"显然郭璞是把"厉"理解为"灾厉、灾殃"。③从语境看,"厉"应该比下文的"五残"要严重,因此这里的"厉"更有可能读为"疠",表示"杀"的意思。《管子·五行》"不疠雏鷇",尹知章注:"疠,杀也。"④无论这里的"厉"如何解释,可以肯定它是个表示凶残的词语。由此可以看出西王母复杂的一面。在印度教神话中,Umā 天后具有两面性,温柔的一面的化身就是 Umā("光明和美")、Parvati("山神")、Jaganmātā("世界之母"),而狂暴的一面的化身就是 Durga("不可接近的"之意,即"难近

①　Olivelle, P. *The Early Upanisads*: *Annotated Text and Translation*. New York: Oxford University Press, 1998, p.369. 黄宝生:《奥义书》,商务印书馆,2012 年,第 57 页。

②　此处我们综合荻原云来的意见,见[日]荻原云来:《梵汉对译佛教辞典、翻译名义大全》,丙午出版社,1927 年,第 98 页。[日]榊亮三郎:《翻译名义大集》,华宇出版社,1998 年,第 224 页。

③　袁珂:《山海经校释》,巴蜀书社,1993 年,第 51 页。

④　宗福邦:《故训汇纂》,第 1514 页。

母")、Candi("狂暴的")、Bhairavi
("可怕的")。①在印度教中,Durga
也是嗜血女神,戴着骷髅头编成的
项链,在她的敌人身上跳舞。②Durga
的另一个化身 kali 女神,獠牙突出,
头发散乱,大腹便便,非常嗜血,是一
个老妇人形象(图 7-2)。③这与西王
母的狂暴一面非常相似。

图 7-2　Uma 的另外一个化身 Kali 女神

　　第三,两者的坐骑都是狮子或
老虎。这一点巴玛已经注意到了。④
Uma 的化身 Durga 坐骑就是狮子,她
吼叫的时候,大地为之震动。⑤这和
《西山经》的记载"西王母其状如人,
豹尾虎齿而善啸"很像。Uma 女神
还被称为 Sinha-Vahani,即"骑在狮
子上的人"。⑥在汉代画像石材料中,西王母经常坐在龙虎座上,⑦和 Durga
骑着狮子很像,都是以兽王作为坐骑,展现出神界王者的霸气(图 7-3)。

　　第四,两者出现的方位都和喜马拉雅山有关。上古文献中,昆仑总是和
西王母一起出现。汉武帝特别崇拜神灵,在《汉书·孝武本纪》中:"上有
楼,从西南入,名曰昆仑,天子从之入,以拜祀上帝焉。"《山海经·西山经》:
"西南四百里,曰昆仑之丘,是实惟帝之下都,神陆吾司之。"《山海经·西山
经》:"南望昆仑,其光熊熊,其气魂魂。"从以上经典文献可以看出,和西王

①　Dowson, J. *A Classical Dictionary of Hindu Mythology and Religion, Geography, History, and Literature*. New Haven: Sagwan Press, 2015, p.90.

②　Elmore, W. T. *Dravidian Gods in Modern Hinduism: A Study of the Local and Village Deities of Southern India*. Hamilton, N.Y.: the author, 2015, p.13.

③　[德]施勒伯格:《印度诸神的世界》,范晶晶译,中西书局,2016 年,第 101 页。

④　[印]莉杜·巴玛:《中印神话中乌摩与西王母之关系》,《中国印度文学比较论文选》,第 259—265 页。

⑤　Kinsley, D. *Hindu Goddess*. Berkeley: University of California Press, 1988, p.95.

⑥　Diesel, A. The Worship and Iconography of the Hindu Folk Goddesses in Natal. *Journal for The Study of Religion*, 1992, Vol.2, pp.3—30.

⑦　全涛:《西王母龙虎座造型源于西方考》,《西南师范大学学报(人文社会科学版)》2006 年第 3 期。

图 7-3　成都市新都区新龙乡画像砖①

母相关的"昆仑"和西南方向有关，②这个昆仑山在汉帝国的西南方向，与喜马拉雅山的方位相符。乌摩天后（Umā）在印度神话里基本上是跟喜马拉雅山一起出现的。这两者是对应的。③

　　第五，两者都是穴居。④根据《摩诃婆罗多》等文献的描述，Umā 天后的另外一个化身 Durga 是个无所畏惧的贞女，在喜马拉雅崎岖的山地和洞穴中狩猎和生活。她的同伴是鬼和野兽，她穿着孔雀羽毛，她的饮食是肉和酒。而司马相如在《大人赋》里写道："低回阴山翔以纡曲兮，吾乃今目睹西王母皬然白首。载胜而穴处兮，亦幸有三足乌为之使。必长生若此而不死兮，虽济万世不足以喜。"可以看出，在司马相如的宗教认知里，西王母是住在洞穴里的，而且与鸟兽为伍。显然，司马相如笔下的西王母和印度教中《摩诃婆罗多》等作品中的 Durga 的形象是一致的，她们都过着穴居生活，与鬼、野兽为伍。

　　第六，两者都是疫病和医药之神。汉代传说中西王母有不死之药，如《淮南子·览冥训》："譬若羿请不死之药于西王母，姮娥窃以奔月，怅然有丧，无以续之。"西王母有不死之药，这说明西王母其实是医药之神。

① 毛娜：《汉画西王母图像研究》，郑州大学博士论文，2016 年，第 99 页。
② 需要说明的是，在古代中国，昆仑山应该有多个，它们方位不同，名字相同。如《说文》："出燉煌塞外昆仑山，发原注海。"这个昆仑显然是在西北方向。
③ Schleberger, E. Le divinità indiane. Aspetto, manifestazioni e simboli. Manuale di iconografia induista（Roma：Edizioni Mediterranee），1999, p.113. Wilkins, W.J. Hindu Mythology, Vedic and Purānic. Rupa Publications Private Limited, 2013, p.40. kailash 和昆仑山之间关系详见下文。
④ 不过东南亚的 Durga 并没有和高山一起出现，而是和墓地一起出现。

在印度教文献中,Umā 天后(Durga)两大重要神职是:植物之神和疫病之神。古代医药的一个大类就是草药,都是植物,因此 Uma 天后自然也是医药之神。①因此从上面的神职上看,西王母和 Uma 天后都是疫病和医药之神。

第七,两者都是母神。作为母神,Umā 天后又被称作 Ambikâ,最初起源于母神崇拜:"每天念 Umā 108 遍,将获得财富、妻子、儿子、庄稼、房子、大象。"②她的主要作用是保护敬拜她的人,使他们免除疾病、灾难,并赐平安、幸福给她的崇拜者。③这和西王母的宜子孙功能是对应的。

第八,两者都和白色相关。在印度神话中,Uma 女神还有一个化身是 Gauri,④是"白色"的意思。⑤司马相如《大人赋》提到"西王母曤然白首",此后在传行西王母诏筹事件中,不相信西王母就会看到白发。这一点可能就是和印度版的 Uma 女神的另一个化身 Gauri 有关。

上述材料表明,西王母 *wama/*uma 与印度 uma 女神存在多方面的相似性。这并不是偶然的,在战国至汉代,印度和中国有比较多的文化接触和交流。孔好古(A. Conrady)就指出《战国策》中的若干动物寓言来自印度。⑥方豪指出,《山海经》的"巴蛇吞象"、《吕氏春秋》的"刻舟求剑",都和印度的寓言故事有关。⑦笔者等研究发现,中国和印度也存在医学方面的交流,如"扁鹊"是梵文 bishag"医生"的音译,"痹"则是印度—雅利安语的 vad 或 bad"风"的音译,表示"风病"。⑧在汉代,佛教开始进入中国,"佛"是从梵文 buddha 音译而来的。⑨因此西王母和印度 Umā 天后(Umā)存在关联完全

①② Santiko, H. The Goddess Durgā in the East-Javanese Period. *Asian Folklore Studies*, 1997(2), pp.209—226.
③ Williams, G. M. *Handbook of Hindu Mythology*. Oxford University Press, 2008, p.22. Schleberger, E. Le divinità indiane. Aspetto, manifestazioni e simboli. Manuale di iconografia induista (Roma: Edizioni Mediterranee), 1999, p.114. Woodroffe, J. *Hymns to the Goddess and Hymns to Kali*. New Delhi: D.K. Printworld Pvt. Ltd., 2017, p.89.
④ [德]施勒伯格:《印度诸神的世界》,范晶晶译,第 96 页。
⑤ 梵文并无相似的词语表示白色,但是东南亚侗台语很常见。详见下文。
⑥ Conrady, A. Indischer Einfluß in China Im 4. Jahrhundert v. Chr. *Zeitschrift Der Deutschen Morgenländischen Gesellschaft*. 1906, Vol.2, pp.335—351.
⑦ 方豪:《中西交通史》,上海人民出版社,2015 年,第 42 页。
⑧ 叶晓锋、陈永霖:《从丝绸之路语言接触的角度看先秦部分医学词语的来源——以"扁鹊"、"痹"、"达"等词语为例》,《民族语文》2018 年第 1 期。
⑨ 许理和:《佛教征服中国:佛教在中国中古早期的传播与适应》,江苏人民出版社,2017 年,第 34 页。

是有可能的。

从考古材料来看，西王母和外族关系密切。左衽应该是胡人和外族的传统。①在汉镜中，部分西王母画像的衣服是左衽，②这说明西王母可能和胡人或外族有关。从考古出现地域来看。在汉代，西王母基本上分布在四川、河南、鲁南、苏北、陕西，其中陕西出土的西王母考古文物年代偏晚，而佛教图像基本上分布在四川和鲁南、苏北。③西王母和佛教图像的分布地域存在重合，而佛教来自印度，由此可以推测西王母有可能与印度存在关联。

从最早出现的文献来看，印度古代文献中，Uma 女神第一次出现是在 *Kena-Upanisad*（《由谁奥义书》3.12），而 *Kena-Upanisad*（《由谁奥义书》）的成书时代现在一般认为至少是公元前 6—前 5 世纪，黄宝生认为 *Kena-Upanisad*（《由谁奥义书》）的写作时间也可能是公元前 8—前 7 世纪到公元前 6—前 5 世纪。④许多学者都认为 Uma 最初不是印度雅利安的神灵，而是印度土著的神灵，后来才被吸收入婆罗门的传统。雅利安文化是以男性为中心的，因此 Uma 被文献记载的时间可能要晚于她实际出现的时间。⑤

Kinsley 则指出，文本和考古证据都可以证明 Parvati（即 Uma）在《罗摩衍那》（*Ramayana*）和《摩诃婆罗多》（*Mahabharata*）中已经出现，这两本书的成书时间最早可追溯到公元前 400 年。⑥印度文化后来又影响了公元 1—2 世纪的贵霜帝国，在贵霜钱币铭文中，出现了希腊字母拼写的 umma, Sim-

① 邢义田：《古代中国及欧亚文献、图像与考古资料中的"胡人"外貌》，《画为心声：画像石、画像砖与壁画》，中华书局，2011 年，第 197—314 页。
② 代劲松：《汉晋之间西王母图像流变研究》，安徽师范大学硕士论文，2016 年，第 50 页。
③ ［日］曾布川宽：《汉·三国佛教遗物的图像学——西王母和佛》，潘秋枫译，《东南文化》1995 年第 2 期。仝涛：《东汉"西王母+佛教图像"模式的初步考察》，《四川文物》2003 年第 6 期。王苏琦：《汉代早期佛教图像与西王母图像之比较》，《考古与文物》2007 年第 4 期。
④ Olivelle, P. *The Early Upanisads: Annotated Text and Translation*. New York: Oxford University Press, 1998, p.13. 黄宝生：《奥义书》，第 5 页。
⑤ Cush, D., Robinson, C. *Encyclopedia of Hinduism*, London: Routledge, 2008, p.326. Diesel, A. The Worship and iconography of the Hindu Folk Goddesses in Natal. *Journal for the Study of Religion*, 1992, Vol.2, pp.3—30.
⑥ Kinsley, David, R. *Hindu Goddesses: Visions of the Divine Feminine in the Hindu Religious Tradition*. Berkeley: University of California Press, 1988, p.36.

Williams 指出 *umma* 就是 *Uma* 女神。①

通过最早记载 *Uma* 女神的 *Kena-Upanisad*（《由谁奥义书》）以及相关典籍年代的讨论，大致可以认定 *Uma* 女神在公元前 5 世纪前后在印度出现。

对于西王母的年代，我们从考古和文献两方面着手探究。

从目前的考古材料看，西王母画像石最早出现是在汉代，与西王母相关的可靠的记载也以汉代典籍居多。②

西汉司马相如的《大人赋》和刘安《淮南子》已经出现"西王母"，但是这两个人基本上都是汉武帝时期的，而且有一点很值得注意，《大人赋》《淮南子》是献给汉武帝的，《汉书·淮南衡山济北王传》记载："淮南王安为人好书……招致宾客方术之士数千人，作为《内书》二十一篇，《外书》甚众，又有《中篇》八卷，言神仙黄白之术，亦二十余万言。时武帝方好艺文，以安属为诸父，辩博善为文辞，甚尊重之。每为报书及赐，常召司马相如等视草乃遣。初，安入朝，献所作《内篇》，新出，上爱秘之。"③

可见汉武帝肯定知道西王母。汉武帝非常迷信，喜欢敬拜各路神仙，但是始终没有祭拜西王母，因此可以推断，汉武帝时期，西王母刚刚兴起，汉武帝还不是太有认同感。海昏侯刘贺衣镜中出现了西王母和东王公，并有铭文"西王母兮东王公，福憙所归兮淳恩臧"，④鉴于刘贺（公元前 97—前 59 年）当过皇帝，⑤在海昏侯刘贺的时代，西王母已经成为非常流行的信仰了。与海昏侯刘贺衣镜时代差不多的图像材料是洛阳西汉卜千秋墓壁画，年代为昭帝至宣帝之间（公元前 86—前 49 年）。⑥这两件是目前最早的西王母图像材料。

因此，从考古上看，我们认为西王母最早的出现时间应该是汉武帝时期（公元前 141—前 87 年）。⑦

---

① Thomas, E. *Jainism, Or, The Early Faith of Asoka*. London: Trübner & Co., 1877. p.73. Sims-Williams, N., Cribb, J. A New Bactrian Inscription of Kanishka the Great. *Silk Road Art and Archaeology*, 1996(4), pp.75—142.
② 巫鸿：《武梁祠》，生活·读书·新知三联书店，2015 年，第 126 页。
③ （汉）班固：《汉书》，第 2145 页。
④ 王意乐等：《海昏侯刘贺墓出土孔子衣镜》，《南方文物》2016 年第 3 期。
⑤ 王楚宁、恩子健：《昌邑王资料汇编》，《文化遗产与公众考古》第二辑，北京联合大学文化遗产保护协会，2016 年。
⑥ 洛阳博物馆：《洛阳西汉卜千秋壁画墓发掘简报》，《文物》1977 年第 6 期。
⑦ ［英］崔瑞德、［英］鲁惟一：《剑桥中国秦汉史（公元前 221 年至公元 220 年）》，杨品泉译，中国社会科学出版社，1992 年，第 127 页。

　　从文献看,西王母最早应该出现于《庄子·大宗师》《山海经》《荀子》,
但是这几部书的成书年代争议非常大。退一步来看,哪怕作者真是庄子,
《庄子》成书也在公元前 349—前 286 年。①那么西王母最早出现时间不会
早于公元前 4 世纪。王充《论衡》就明确指出:"案太史公之言,《山经》《禹
纪》,虚妄之言。"《山海经》成书不明,王建军则认为《山经》有小部分是战
国时期作品,大部分是秦汉时期作品。按照最早的可能(即战国中期作品)
来推算,《山海经》只能推算到公元前 4—前 3 世纪。②因此,从文献写作年
代来看,西王母出现的《山海经》还是比印度古代文献 Kena-Upanisad(《由
谁奥义书》)中的 Uma(公元前 5—前 4 世纪)略晚。③

　　综上所述,西王母在中国历史上出现的绝对年代比印度古代文献中的
Uma 女神出现的年代要晚。特别是从考古材料来看,西王母是汉代突然出
现的。同时,鉴于西王母与印度 Uma 女神存在语音和职能上的相似性。我
们认为,西王母和印度的 Uma 女神存在同源的可能性。特别需要强调的
是,印度的 Uma 女神也是后来进入印度雅利安神灵体系的,也就是说,对于
印度雅利安而言,Uma 女神可能是外来的。④

7.2.3　东南亚的 Uma 女神

7.2.3.1　巴厘岛与爪哇的 Uma 女神

　　除了印度之外,东南亚也有 Uma 女神。在巴厘岛,Durga(即 Uma)也是
善恶两面的神灵:一方面是丰收、繁殖的女神,世界的保护者;另一方面也
是可怕的死亡和毁灭女神。在墓地和火葬场边上的祖灵寺庙中,一般人
都相当怕她,认为她是恶灵和黑暗世界的统治者,对于黑魔法感兴趣的人
则半夜在墓地里向她祭拜和祷告。⑤Durga 成为会使用黑魔法的女巫的守

---

①　颜世安:《庄子评传》,南京大学出版社,1999 年,第 4 页。

②　贾雯鹤:《〈山海经〉两考》,《中华文化论坛》2006 年第 4 期。王建军:《从存在句再论〈山
　　海经〉的成书》,《南京师范大学学报(社会科学版)》2000 年第 2 期。

③　《庄子》实际成书时间可能比战国时期还要晚,甚至部分学者认为就是秦汉时期作品。如
　　任继愈认为《庄子》内篇成书时代为汉代(详见任继愈:《庄子探源》,《哲学研究》编辑部
　　《庄子哲学讨论集》,中华书局,1962 年,第 184 页)。

④　Cush, D., Robinson, C. *Encyclopedia of Hinduism*. London:Routledge, 2008, p.326. Diesel,
　　A. The Worship and Iconography of the Hindu Folk Goddesses in Natal. *Journal for the Study of
　　Religion*, 1992(2), pp.3—30.

⑤　Brinkgreve, F. Offerings to Durga and Pretiwi in Bali. *Asian Folklore Studies*, 1997(2),
　　pp.227—251.

护神。①这和印度的 Uma 女神很不一样。

巴厘岛祈祷文中的 Durga 女神与印度 Durga 女神的化身 Kali 以及西王母相似:"然后她充满了愤怒。当时她的愿望是要吃人类。她尖叫,像狮子一样咆哮……她的牙齿又长又锋利,像獠牙,她的嘴在这深渊之间……她蓬头乱发,这就是 Durga,她被血和骨灰涂抹,并用人类的头颅扎成花环,肠子披在她身上,她穿着一条红色和黑色的围巾……她住在墓地里,在婴儿的墓地里。"②

《山海经》记载:"西王母其状如人,豹尾虎齿而善啸,蓬发戴胜,是司天之厉及五残。"印度 kali 女神也长着獠牙,蓬头散发,戴着骷髅项链,可以看出,巴厘岛祈祷文更详细,细节和阴森恐怖的氛围写得令人印象更为深刻。这段描写揭示了 Durga 的死神和毁灭者身份,而且 Durga 一般住在墓地,这和汉代墓葬壁画中有如此多的西王母画像是对应的。而印度 Durga 的化身 Kali 一般不跟墓地联系在一起。

在爪哇文学中,Durga(Uma 女神)也具有善恶双重性,Uma 本来是善良女神,后来犯了严重的过错,受到诅咒,被责罚住在墓地或者阴间里赎罪,成为生活在墓地中的有尖牙的邪恶女神或死亡世界的女王。Uma 有长而尖利的獠牙、突出的大眼睛、大鼻子、蓬头散发,看起来非常高大而凶残,平时住在墓地里,被各种看不见的幽灵环绕着。③可以看出,爪哇和巴厘岛的 Durga(Uma 女神)形象的两面性不仅完全和汉代西王母对应,而且有更多的细节。关于 Uma 女神凶残的一面甚至可以补充上古西王母的恐怖形象以及常常在墓地里出现的这一事实。

从上面材料可以看到,在印度尼西亚民间信仰中,身为狂暴女神的 Uma 常住在墓地。这是印度神话所没有的细节,而中国汉代墓葬图像材料经常出现西王母,现在看来不是偶然的,显示了西王母阴间或地狱女神的特征。这可能有来自东南亚海岛版本的 Uma 女神传说的影响。

7.2.3.2　马来神话里的 Uma 女神

在马来民间神话中,湿婆的妻子(即 Uma 天后)又称为 Sri 女神或 Mbok

---

① Ariati, N. W. P. *The Journey of a Goddess*: *Durga in India*, *Java and Bali*. *Phd Thesis*. Australia: Charles Darwin University, 2009, p.70.

② Hooykaas, R. Calvin and Copernicus. *Organon*, 1974(10), pp.64、65、71.

③ Santiko, H. The Goddess Durgā in the East-Javanese Period. *Asian Folklore Studies*, 1997(2), pp.209—226.

Sri,马来语 mbok 为"妈妈"之意,①Sri 女神跟印度教的 Sri 女神(吉祥天女)有关,在印度教中,Sri 是毗湿奴的妻子。②但是在马来传统中则是湿婆的妻子,也就是 Uma 女神。Sri 的语源和梵文śrī"财富、吉祥、荣耀、超人的力量、皇家、卓越"有关。③Sri 和"西"的上古读音 * sir 非常相似,因此作为神仙称号的"西王母"的"西"可能不是表示方位,而是 Sri 的音译。马来的 Mbok "妈妈",Sri"皇家、天神",和西王母对应,因此,"西王母"这个称呼可能和东南亚海岛版的 Uma 天后的称呼有关。④

马来神话中,Mbok Sri 是马来的稻谷之神,⑤这可以和《汉书·五行志》记载的传行西王母诏筹事件相关联:"哀帝建平四年正月,民惊走,持稾或櫟一枚,传相付与,曰行诏筹。道中相过逢多至千数,或被发徒践,或夜折关,或逾墙入,或乘车骑奔驰,以置驿传行,经历郡国二十六,至京师。其夏,京师郡国民聚会里巷仟佰,设祭张博具,歌舞祠西王母。又传书曰:'母告百姓,佩此书者不死。不信我言,视门枢下,当有白发。'"如淳注:"櫟,麻干也。"颜师古注:"稾,禾秆也。"⑥

在汉哀帝四年,老百姓突然拿"稻秆"或"麻秆"相传,经过了二十六个郡国传到京城,然后京城的人开始祭祀西王母。⑦西王母为何会和"稻秆""麻秆"发生关联,⑧一直没有得到很好的解释,前文已经指出西王母就是 Uma 女神,而马来神话的 Uma 女神除了最高女神的身份之外,还是稻谷之

① Heringa, R. Dewi Sri in Village Garb: Fertility, Myth, and Ritual in Northeast Java. *Asian Folklore Studies*, 1997(2), pp.355—377. Heringa, R. Reconstructing the Whole: Seven Months Pregnancy Ritual in Kerek, East Java. Monica Janowski and Fiona G. Kerlogue(eds.), *Kinship and Food in South East Asia*, Singapore: Nus Press Pte Ltd., 2007, pp.24—53.

② Williams, G. M. *Handbook of Hindu Mythology*. Oxford University Press, 2008, p.340.

③ [日]平川彰:《印度佛教史》,庄昆木译,第 97 页。

④ 将 Sri 作为荣誉性称号,是印度南部达罗毗荼人的一个传统。在公元 320 年之前,印度北部基本上没有出现 Sri 作为荣誉性前缀的现象。[详见 Rapson, E. J. Notes on Indian Coins and Seals. Part IV. Indian Seals and Clay Impressions. *The Journal of the Royal Asiatic Society of Great Britain and Ireland*, 1901, pp.98—108. Borell, B. Gold Coins from Khlong Thom. *Journal of the Siam Society*, 2017(105), pp.151—177.]因此,Sri 作为荣誉性称号不是印度雅利安的文化,而是印度土著的文化传统。后来才被吸收入印度雅利安文化。

⑤ Heringa, R. Dewi Sri in Village Garb: Fertility, Myth, and Ritual in Northeast Java. *Asian Folklore Studies*, 1997(2), pp.355—377.

⑥ (汉)班固:《汉书》,第 1477 页。

⑦ 对于这个政治事件的深入研究可以参看马怡:《西汉末年"行西王母诏筹"事件考》,《形象史学研究》2016 年第 7 辑,第 29—62 页。

⑧ 麻秆可能是稻秆的替代品。

神,这是印度神话 Uma 女神所没有的特点,这一事件背后可以看出,中国西王母受到过东南亚版本 Uma 女神的影响。①

在马来神话中,Uma 除了被称为 Sri 女神之外,还被称为 Kumari,这个词来自梵文 kaumārē"处女、少女、正妻、原配"。②而西王母在道教典籍中又被称为"金母"(*kimma),两者是对应的。③

值得注意的是,九尾狐在汉代画像石中经常和西王母一起出现。但是九尾狐为什么跟西王母一起出现呢?《白虎通》记载:"狐九尾何? 狐死首丘,不忘本也,明安不忘危也。必九尾者何? 九妃得其所,子孙繁息也。于尾者何? 明后当盛也。"在《吴越春秋·越王无余外传》里提到:"禹三十未娶,行到涂山,恐时之暮,失其度制,乃辞云:'吾娶也,必有应矣。'乃有白狐九尾造于禹。"可见,大禹未娶妻之时,有九尾狐拜访大禹,于是大禹娶了涂山氏。于是,九尾狐也成了后妃的标志。

但是需要说明的是,从《白虎通》和《吴越春秋》等确定的文献来看,九尾狐最早不会早于汉武帝,汉武帝时期与西王母有关的文献中,《淮南子》和司马相如赋中提到的昆仑和王母都没有九尾狐,但是有三足乌。

在比较确定的汉代画像石中,九尾狐最早出现于西汉末年画像砖和新莽壁画当中,④因此可以看出九尾狐这个形象的出现最早不可能早于汉武帝。从上面的文献材料可以看出,九尾狐在汉代是女性生育众多子孙的象征。

马来西亚神话中 Uma 女神还被称为 Kumari,这和"九尾"(上古音 *kumər)是对应的。"狐"可能是 gwar,是马来语 kala"湿婆"的音译,⑤因此,九尾狐可能是音译词,kumari kala 其实就是"湿婆的妻子"。但是后来传入汉帝国,谐音成"九尾狐",这时看起来已经不像西王母了,汉代人望文

---

① 从传行西王母诏筹事件中也可以看到印度版本的 Uma 女神的影响。
② Apte, V.S. *The Practical Sanskrit-English Dictionary*: *Containing Appendices on Sanskrit Prosody and Important Literary and Geographical Names of Ancient India*. Delhi: Motilal Banarsidass Publ., 1965, p.611.
③ 吉宏忠等:《中华道教大辞典》,中国社会科学出版社,1995 年,第 1468 页。
④ 信立祥:《汉代画像石综合研究》,文物出版社,2000 年,第 150 页。史家珍等:《洛阳偃师县新莽壁画墓清理简报》,《文物》1992 年第 12 期。
⑤ Wilkinson, R.J. *An Abridged Malay-English Dictionary*. Kuala Lumpur: The F.M.S. Government Press, 1908, p.93.

生义,西王母主题的画像里又多了九条尾巴的狐狸。这类现象在汉代很常见,比如扁鹊本来是"医生"的称号,在汉代画像石中,被画作了鸟形的人。①

把 Uma 天后称为 Kumari,这是马来版本 Uma 女神的重要特点,可以看到汉代西王母受到来自马来西亚的影响,而西汉后期西王母画像突然出现了九条尾巴的狐狸形象,应该是汉代人已经不明白"九尾狐"是音译词,直接望文生义产生的结果。

7.2.3.3　柬埔寨神话中的 Uma 女神和库伦山(Kulen)

西王母一般都跟昆仑山一起出现。

苏雪林认为"昆仑"是苏美尔语的 kurkura,程发轫认为"昆仑"和 kara 有关,凌纯声认为"昆仑"就是 ziggurat"金字塔"后面两个音节的音译。但是苏雪林和凌纯声所举出的 kurkura 和 ziggurat 本身都有三个音节,而"昆仑"是两个音节,因此苏雪林和凌纯声的结论相对说服力不够。程发轫认为"昆仑"和 kara 在语音上相近,都是两个音节,但他的结论没有涉及西王母神话,解释力不够。顾颉刚认为《山海经》中的昆仑以及昆仑相关的神话源自西北地区。王孝廉则认为昆仑在地理上是塔里木盆地向南延伸到西藏的山脉。②

总体而言,"昆仑"语源的研究论著极多,做一个全面综述比较困难,③猜想式附会居多。关于昆仑有一点是目前比较有共识的,即:上古文献中有许多山的名字都叫昆仑。清代万斯同就指出古文献中昆仑山一共有十来座。昆仑无法严格落实到某一座山上,这也导致了关于昆仑位置和语源众说纷纭。④

---

① 叶晓锋、陈永霖:《从丝绸之路语言接触的角度看先秦部分医学词语的来源——以"扁鹊"、"瘵"、"达"等词语为例》,《民族语文》2018 年第 1 期。罗曼:《山东嘉祥武梁祠汉画像石医事考略》,《中医文献杂志》1999 年第 2 期。

② 苏雪林:《昆仑之谜》,《屈赋论丛》,武汉大学出版社,2007 年。程发轫:《昆仑之谜读后感》,《屈赋论丛》,武汉大学出版社,2007 年,第 556 页。凌纯声:《昆仑丘与西王母》,《"中研院"民族所研究集刊》第 22 期,1966 年。顾颉刚:《山海经中的昆仑区》,《中国社会科学》1982 年第 1 期。王孝廉:《中国的神话世界》,作家出版社,1991 年,第 75 页。

③ 关于昆仑的位置和语源研究,由于篇幅所限,不再详细罗列讨论,凌纯声对 1950 年以前的学术有很好的综述。此后学者对于昆仑的位置有很多猜想,难以一一罗列。有鉴于此,本文只讨论西王母所在的昆仑山。

④ 详见谭其骧:《清人文集地理类汇编》(第一册),浙江人民出版社,1988 年,第 559—560 页。刘宗迪认为昆仑原型是明堂,不是自然之山,因此可以出现在任何地方。见刘宗迪:《昆仑原型考——〈山海经〉研究之五》,《民族艺术》2003 年第 3 期。

由于古文献中有很多个昆仑山,我们只探讨跟西王母有关的《山海经》中的昆仑山。即便是跟西王母有关的昆仑山的位置本身也有相互矛盾的地方,在《山海经》中,《海外北经》《大荒西经》《西山经》中都有昆仑山。

> 《山海经·海外北经》:"西王母梯几而戴胜杖,其南有三青鸟,为西王母取食。在昆仑虚北。"
>
> 《山海经·大荒西经》:"西海之南,流沙之滨,赤水之后,黑水之前,有大山,名曰昆仑之丘。有神,人面虎身,有文有尾,皆白,处之。其下有弱水之渊环之,其外有炎火之山,投物辄然。有人戴胜,虎齿,有豹尾,穴处,名曰西王母。此山万物尽有。"
>
> 《山海经·西山经》:"西南四百里,曰昆仑之丘,是实惟帝之下都,神陆吾司之。其神状虎身而九尾,人面而虎爪;是神也,司天之九部及帝之囿时。"

根据以上《山海经》记载,西王母所在的昆仑山同时在北方、西南方,显然是自相矛盾的。

从亚洲地貌来看,作为神山的"昆仑"处于中国西南方,最有可能的就是喜马拉雅山。

上文已经提出西王母其实就是印度教 Uma 女神。在印度教神话中,Uma 女神一般都跟 Kailaṣ(或 Kailasha)一起出现。[1]Kailash 山是喜马拉雅最高山。在古代柬埔寨,库伦山(Kulen)是神山,一般指喜马拉雅山,在 Kulen 山上有天神湿婆和天后 Uma 女神的雕塑。[2]从读音看,"昆仑"(*ku-lun)和库伦山(Kulen)、Kailash 非常接近,第一个音节都是 k,第二个音节声母都是 l,也就是两个音节的核心辅音声母都是 k-l 结构。比较而言,"昆仑"(*kulun)和 kulen 读音更为接近,两者辅音都是 k-l-n。下面我们讨论一下"昆仑"和 kulen 之间的对应关系。

第一,先看"昆"的读音。"昆"上古音为*kun,和 kulen 的 kul 对应。在

---

① Avalon, A. *Introduction to Tantra Sastra.* Leeds: Celephaïs Press, 2004, p.1.

② [新西兰]查尔斯·F.W.海厄姆:《古亚洲文明百科全书》,王毅译,上海人民出版社,2007 年,第 178 页。Mootz, D. Site Study: Banteay Srei. *Teaching History*, 2015, 49(2), pp.4—7. Kumar, B. Shaivism in Ancient Cambodia. *Dialogue*, 2014, Vol.16(2), pp.129—141.

早期佛经梵汉翻译中，有一个值得注意的现象，第二音节的声母经常同时充当第一音节的韵尾。如 nama，翻译为"南无"nam-ma，可以看出 m 不仅可以充当后一个音节"无"ma 的声母，也可以充当前一音节的韵尾，本来直接把 na 翻译为"那"就可以，但是这里第一音节 na 被翻译成了"南"nam，就是因为把后面声母 m 也作为前面音节的韵尾了。因此 kulun 在翻译的时候处理为：kul+lun。在东汉佛经梵汉对音中，-l 和 -r 两个流音韵尾经常可以对应 -n 韵尾，因为语音相近。如："干"（*gan）可以对应梵文 gal，"揵"（*gan）对应梵文 gal，而"犍"（*gan）则对应梵文 ghan。①"昆"上古是见母文部字，读音为 *kun，完全和 kul 对应。

第二，再看"仑"的读音。与"仑"（*lun）同音的"伦"在东汉佛经中可以直接对应 run。②因此"仑"的读音为 *lun 或 run。

《山海经·西山经》记载："西南四百里，曰昆仑之丘，是实惟帝之下都，神陆吾司之。其神状虎身而九尾，人面而虎爪。"通过上文的讨论，可以看出，"昆仑"是东南亚圣山库伦山（Kulen）的音译，东南亚的 kulen 指的就是喜马拉雅。③由此也可以看出汉代的西王母神话中有柬埔寨版本 Uma 女神的因素影响。

还值得一提的是，"昆仑"和库伦山（Kulen）语源众说纷纭。但是借助历史比较语言学，还是可以找到答案的。在许多语言中，"山"和"岛"都是同源词。"山"和"岛"在世界许多语言中都是同源词，《说文》："岛，海中往往有山可依止，曰岛。"在汉语中，"岛"字形以"山"为义符，可以看出古代中国是把"岛"作为"山"来处理的。因此，"岛"这类地貌本质可以看作"山"的一类。在许多语言中，"岛"和"山"往往是同源词。如达罗毗荼语中，Telugu 语 tippa 同时具有"山"和"小岛"的意思。④南亚语中，孟语 krɛaŋ"山"，古代高棉语 gran"山"，现代高棉 kraŋ"山"，Riang 语 klun"岛"。⑤所以"昆仑"本身就是南亚语中"山、岛"的意思，后来由于语言不

---

① ② 俞敏：《后汉三国梵汉对音谱》，《俞敏语言学论文集》，第 52、59 页。

③ [新西兰] 查尔斯·F.W. 海厄姆：《古亚洲文明百科全书》，王毅译，第 178 页。

④ Burrow, T. & Emeneau, M.B. *A Dravidian Etymological Dictionary*. 2nd ed. Oxford：Clarendon Press, 1984, p.280.

⑤ Shorto, H. L. *A Mon-Khmer Comparative Dictionary*. Canberra：Australian National University, 2006. p.214. Luce, G.H. *Comparative Lexicon：English-Danaw-Riang(Sak)-Riang(Lang)*, in *Luce Collection*, National Library of Australia.1964, p.53.

通,说其他语言的民族以为是山名,于是在"昆仑"后面又加了"山",变成了"昆仑山"。

西王母居住的"昆仑"是南亚语,也可以看出西王母神话里有东南亚的因素。

南亚语中的*klun 除了表示"山"之外,还可以表示"岛",这可以解释唐代的昆仑奴、昆仑语。《一切经音义》记载:"昆仑语,上音昆,下音论,时俗语便,亦曰骨论,南海洲岛中夷人也。甚黑,裸形,能驯服猛兽犀象等。"①这是常被引用的关于"昆仑"的材料。②这个"昆仑"跟西王母的"昆仑"肯定是不一样的,其语源为南亚语 klun"岛","昆仑人"就是亚洲南方生活在岛上的人。

7.2.3.4　越南的 Uma 女神

在占婆浦那格塔遗址,浦那格神庙女神是 Bhagavati,占婆碑铭中专门解释她就是湿婆的妻子 Uma,是国家的保护神。随着占婆的衰弱,占婆人不再将浦那格女神当作湿婆的妻子,不再是国家的保护神。其后占婆被广南军队击败,因此浦那格女神的主要功能从国家保护神转向为保护占婆人的风调雨顺和身体安康。③最后浦那格女神又被京族吸收,越南化之后,变成天依阿那女神。总体上看,Uma 女神传入越南之后,主要职能是国家保护神,凶残的一面基本上没出现。所以越南的 Uma 女神和占婆以及巴利岛的 Uma 女神是两个不同的版本。越南 Uma 女神的国家保护神的特征和汉代西王母的角色是一致的。

7.2.4　西王母是印度和东南亚版本 Uma 女神的结合体

通过上面的讨论,我们可以看出,东南亚的 Uma 女神(或 Durga)在形象上与印度的 Uma 相比有 5 个突出的特点:1.更为凶残和恐怖;2.平时居住在墓地;3.又被称为稻谷之神;4.常与库伦山(kulen)一起出现;5.国家保护神。这五个特征在汉代不同版本的西王母神话中都有体现。

---

① 徐时仪:《一切经音义三种校本合刊》,上海古籍出版社,2008 年,第 1945 页。
② 关于佛书中的"昆仑奴",蔡鸿生有非常精彩的论述,详见:蔡鸿生:《唐宋佛书中的昆仑奴》,《仰望陈寅恪》,中华书局,2004 年,第 150—164 页。
③ 牛军凯:《从占婆国家保护神到越南海神:占婆女神浦那格的形成和演变》,《东南亚南亚研究》2014 年第 3 期。

　　因此我们推断,在汉代,关于西王母其实至少有 6 个不同的版本:①

　　第一个版本是来自印度的 Uma 女神,善恶两面的神灵,住在 Kailash 山,掌管医药,骑着猛兽,汉代西王母坐着龙虎座,掌管不死药,有时衣服为左衽,这跟印度传统有关。

　　第二个版本是来自巴厘岛和爪哇版本的 Uma 女神,她住在墓地,有锋利的牙齿,蓬头散发,西王母在墓地的画像石、画像砖材料中出现,可能跟这一版本有关。而巴厘岛和爪哇岛这个版本可能又和近东的传统有关。母神和地狱女神相结合,这是近东的神话传统,如母亲神 Ishtar 一度被困在阴间,必须让她心爱的年轻丈夫 Tammuz 代替她,这样她才能重返人间。希腊神话中,Persephone 和冥王 Hades 的原型可能也是 Ishtar。②

　　第三个版本是马来版本的 Uma 女神,被称为稻谷之神。由汉代传行西王母诏筹事件可以看出,汉代信仰里西王母是稻谷之神,这个和马来版本的 Uma 是对应的。

　　第四个版本是柬埔寨版本的 Uma 女神,住在库伦山(Kulun,即喜马拉雅山),西王母和昆仑山一起出现和这个版本有关。

　　第五个版本则是来自越南的 Uma 女神,作为国家的保护神存在。西王母后来成为皇家的祭祀对象,和这个版本有关。印度版本的 Uma 可能从西北地区传入,而其他东南亚 Uma 女神则是从东南沿海地区传入。

　　第六个版本可能和近东有关。西王母画像石中有双管笛的羽人(图 7-4),而双管笛是近东和希腊乐器的一个很重要的特征。所以这块画像石表明,西王母可能和近东有关。③

---

① 何志国比较了《山海经》和《穆天子传》中西王母形象的差异,认为西王母应该有两个版本,半人半兽的西王母是巴蜀的传统,作为神女的西王母表现的是中原的文化传统(何志国:《论汉代西王母图像的两个系统——兼谈四川西王母图像的特点和起源》,《民族艺术》2007 年第 1 期)。不过半人半兽不是巴蜀的传统,在汉代巴蜀画像石中,西王母形象都是人或神仙的面貌,因此直接把半人半兽的西王母归结为巴蜀文化传统,是不对的。善恶两面的女神是中国和印度共有的特点,因此在有些版本表现为人或神仙的形象,其实这是西王母和 Uma 女神神性的体现。我们认为多个版本中的西王母形象或叙事的内部构成要素存在差异,其实来自不同的地域对 Uma 女神形象地方性的阐释。

② Stock, J. Hunt, K. *UXL Encyclopedia of World Mythology*, Detroit: Gale, 2009, p.296.

③ 李淞:《丝绸之路上的中外美术交流》,《中国美术研究》2016 年第 4 期。陈文革:《西王母信仰与阿夫洛斯管在中国的传播》(讲座),郑州大象陶瓷博物馆,2022 年。

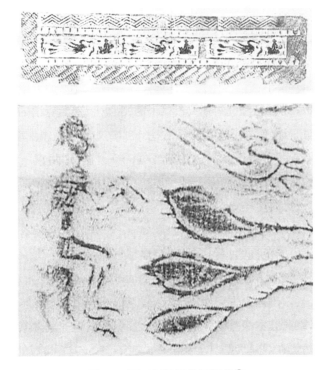

图 7-4　西王母汉画像石拓片①

　　与此平行的有两个宗教现象：

　　第一，汉代最有名的巫师术士分别是"胡巫"和"越巫"，都是直接和鬼神发生关系的人群，分别来自中国西北和亚洲的南部（包括华南与东南亚）。②

　　第二，最早出现的佛教图像材料也有两种风格：一种是西北方向的犍陀罗风格，一种是东南亚方向的秣菟罗风格，最后两种风格在中国融合在一起。③佛教图像本来存在两种风格，在中国又发生了融合。汉代西王母形象也与此相似，西王母的形象也是来自两个方向、六个版本，后来在汉代中国这些不同版本发生了融合。

———————

① 温玉成讲解：《崇汉轩汉画像砖拓片之西王母》，《收藏天下》第 102 期，山东电视台，2014年，详见 https://v.youku.com/v_show/id_XNzgwODQyMzAw.html？温玉成为河南龙门石窟研究所研究员。

② 王子今：《西汉长安的胡巫》《两汉的越巫》，参见《秦汉边疆与民族问题》，人民大学出版社，2010 年，第 319—356 页。

③ 阮荣春：《早期佛教造像的南传系统》，《东南文化》1990 年第 Z1 期。

7.2.5 阿尔泰语中的 umay 女神

在古代突厥世界中，umay 是突厥唯一的女神，是妇女和儿童的保护神。①但是 umay 这个词语的语源在突厥语内部并不能得到说明。后来许多学者指出 umay 的语源和蒙古语 umai"子宫、胎盘"、鄂温克语 ome"子宫"对应。②但是蒙古语和满通古斯语中并没有 umay 这个神灵。一般认为，这是古代突厥语借入了蒙古语和满通古斯语的 umai"子宫、胎盘"，并以此作为突厥民族中的妇女和儿童的保护神，而这个词语在蒙古语和满通古斯语中没有任何神圣意义。

通过对以往研究的概述，可以发现，umay 女神的研究基本上都是立足于在阿尔泰语民族范围内探讨。但是忽略了三点：

第一，从阿尔泰语民族内部看，如果 umay 女神是从蒙古语或通古斯语借入的，那么蒙古语和通古斯语中为什么没有 umay 女神？

第二，草原民族本身驰骋于欧亚大陆之间，与其他非阿尔泰民族也有深度接触和互动。在欧亚大陆其他民族中，有没有和 umay 相似的神灵？

第三，Müller 发现突厥碑铭中 umay 还有一个写法是 uma，③但是这没有引起重视。④

特别值得一提的是岑仲勉的看法，在考订西夏于弥部落的时候，岑仲勉认为："喜马拉雅大王 Himavat 之女 uma，阿拉伯相传撒巴岛第一代女王之母名为 umeiva，无疑为 umay 不同方言的异译，可见于弥信仰之广。"⑤在当时学术环境下，能有这种关联思维，表现出了岑仲勉广博的视野，令人佩服。由于这个意见是在考证西夏于弥部落时一笔带过，因此岑仲勉的看法也没

---

① Clauson, G. *An Etymological Dictionary of Pre-thirteenth Century Turkish*. Oxford：Clarendon Press，1972, p.165.

② 关于 umay 的研究综述，详见[美]丹尼斯·塞诺：《"乌迈"，一个受到突厥人礼敬的蒙古神灵》，《丹尼斯·塞诺内亚研究文选》，中华书局，2006 年，第 359—366 页。[匈]D.西诺(即塞诺)、[俄]SG.克利亚什托尔内：《突厥帝国》，[俄]B.A.李特文斯基主编：《中亚文明史》第三卷《文明的交会：公元 250 年至 750 年》，中国对外翻译出版公司，2003 年，第 279 页。

③ Müller, F.W.K. *Uigurica：Fragmente aus der buddhistischen Literatur. II*. Verlag der Königlichen Akademie der Wissenschaften，1911, p.53.

④ 塞诺直接说，uma 这个形式无关紧要。[美]丹尼斯·塞诺：《"乌迈"，一个受到突厥人礼敬的蒙古神灵》，《丹尼斯·塞诺内亚研究文选》，第 361 页。

⑤ 岑仲勉：《党项及于弥语原辩》，《中外史地考证》，中华书局，2004 年，第 280—281 页。

有引起学界的重视。①令人遗憾的是,岑仲勉并没有深入探讨突厥民族的 umay 和印度 uma 女神之间的关系,这两个女神出现的顺序,以及她们的源头在哪里。

根据 Müller 的发现,我们可以确定,突厥的 umay(uma)完全可以和印度的 uma 天后对应。

从绝对时间看,印度 uma(公元前 5 世纪)和中国的西王母 uma(至少公元前 2 世纪)出现都远远早于突厥碑铭中 umay 或 uma(如 8 世纪的阙特勤)。因此 umay 可能借自印度的 uma 或者古代中国的"王母"。

相对而言,我们更倾向于突厥民族是借用了印度教的 uma 女神。首先,突厥在公元 7 世纪的时候已经接触到佛教,唐朝僧侣悟空在 759—764 年旅行到犍陀罗和迦湿弥罗时看到了突厥人在公元 630 年建立佛经寺院。②后来回鹘佛教盛行,密宗经文特别多,《金光明最胜王经》的回鹘文译本流传非常广,回鹘语版本以义净从梵文翻译而来的汉文版本为基础,义净翻译的《金光明最胜王经》时间为公元 703 年,③与突厥碑铭时间相近。《金光明最胜王经》中就有:"梵众诸仙妙辩才,大天乌摩妙辩才,塞建陀天妙辩才,摩那斯王妙辩才。"这里的乌摩就是 uma 女神,结合突厥碑铭中出现的 uma 和 umay,突厥的 uma 或 umay 很可能是通过佛教传播而来。

Umay 作为保护神,一般出现于突厥民族,但很少出现在蒙古民族和通古斯民族,可能与这些民族接受佛教的路径有关。佛经翻译历史上,突厥和回鹘从汉语或梵文直接翻译的佛经比较多。汉语译经中,Uma 直接对应的是"乌摩",其中古音为 *uma,被直接借入突厥语。值得注意的是,在唐五代西北方言对音中,"摩"一般对应 ma,但是"摩"的同音字"麼"除了对应 ma 之外,还可以对应 me。e>ai/ay 是常见音变,因此 ume 和 umay 读音很近。所以古代突厥女保护神有 umay 和 uma 两个读音,而汉语对应译字"摩"也有中古西北方言的两个读音 ma 和 me,由此可以清晰看到突厥从汉语佛经转译过去的语音痕迹。

---

① 近来论著中,芮传明注意到岑仲勉的观点,详见芮传明:《古突厥碑铭研究》(增订版),商务印书馆,2017 年,第 214 页。
② 耿世民:《敦煌突厥回鹘文书导论》,新文丰出版社,1994 年,第 36 页。
③ [德]茨默:《佛经与回鹘社会》,桂林、杨富学译,民族出版社,2007 年,第 8—40 页。

蒙古族和满族接受的是藏传佛教,藏传佛教中也有《金光明最胜王经》,①不过藏文中 uma 女神直接用 dkah zlog 来翻译,②与 uma 读音没有任何语音上的共同点,因此在蒙古族和满族文献中,基本没有 umay 或 uma 女神。

7.3　Uma 和西王母的语源

首先需要解释"西"是什么意思。一般认为,"西"表示方位。不过我们认为"西"(*sir)是梵文的 śrī "财富、吉祥、荣耀、超人的力量、皇家、卓越"或 rṣi "仙人、神圣"的音译。③

上文已经指出,在马来神话中,湿婆的妻子 Uma 被称为 Sri,这个名字只属于 Uma,是专称,④这和"西王母"的"西"也是对应的。⑤从这一点也看出西王母可能和东南亚版本的 Uma 女神是相关的。

在古代印度南方,śrī 表示"荣耀的、光辉的、神圣的、圣徒的",经常用于统治者、祭司等名字前面作为荣誉性前缀。⑥在东南亚占婆历史中,许多国王的名字前面都有"释利""施利""施离",其实就是梵文的 śrī,表示"皇家、卓越、吉祥"。这和"西王母"的"西"可能是一样的。⑦因此西王母的"西"有可能就是梵文 śrī 的音译。

不过"西"(*sir)与 rṣi "仙人、神圣"在语音和语义上都非常接近,两者对应完全是有可能的。⑧

通过上文的探讨,我们已经把"西王母"和 Uma 联系起来了。

Uma 女神和"西王母"的语源值得深入探讨。一般认为,Uma 的语源是

---

① 宝力高:《蒙古文佛教研究》,人民出版社,2012 年,第 88 页。

② [日]榊亮三郎:《翻译名义大集》,第 224 页。

③ Hirakawa, A. *Buddhist Chinese-Sanskrit Dictionary*. Tokyo: The Reiyukai, 1997, p.97.

④ 在印度神话,Sri 是一个荣誉称号,是泛称。项羽的"西楚"之"西"可能也是"荣耀""神圣"之意。

⑤ Winstedt, R. *Shaman, Saiva and Sufi: A Study of the Evolution of Malay Magic.* Charleston.: Biblio Bazaar, 2007, p.8.

⑥ Sircar, Dines Chandra. *Indian Epigraphical Glossary*, Delhi: Motilal Banarsidass. 1966. p.317.

⑦ [法]马伯乐:《占婆史》(冯承钧译著集),上海古籍出版社,2014 年,第 188—189 页。

⑧ 流音很容易发生换位,因此 sir 和 rṣi 除了本身语音相似,背后还有换位音变的作用。

"光明",①但这并没有很强的解释力。

"王母"按照字面,显然是"王的母亲",但是历史上看不出"西王母"跟哪位帝王有关联。②Goldin 则认为"王母"的"王"应该解释为"旺"或"暀",表示"兴旺发达",这是一个很有趣的看法。但是在汉代以前,在典籍中并没有用"母"来表示女神的例子。③因此,Goldin 的说法不够有说服力。

最早的女神所司基本职能一般是母亲神,负责生殖、兴旺、繁盛。从全世界语言来看,许多民族的母亲神的名称本义往往和"妈妈"有关。

比如在达罗毗荼语中,泰米尔语 ammai "妈妈、女神"、amma "女神",Malayalam 语 amma "妈妈、女神",Kota 语 amn "母亲神",Kannada 语 amma、ama "妈妈、值得尊敬的女人、村庄女神",Telugu 语 amma、ama "妈妈,女人的头衔",Koṇḍa 语 ama "祖母、民间故事中用来表示妻子",Brahui 语 ammā "妈妈、祖母、对任何女人的尊称"。④

因此 uma 应该是和"母亲"有关。从语音特点看,uma 或者 umma 是"元音+m+元音"⑤([V+m+V] 结构)或"元音+mm+元音"([V+mm+V] 结构),这和达罗毗荼语中的 ammai 或 amma 是相似的。全球语言中表示"爸爸""妈妈"的词一般都是辅音开头,如 father、mother、"爸"[pa]、"妈"[ma],辅音前面一般不加元音,达罗毗荼语非常特别,表示"爸爸""妈妈"的词前面增加了元音,从音节结构上看,达罗毗荼语 amma 与 uma 是一致的,都是[V+m+V]结构或[V+mm+V]结构。特别值得一提的是,在贵霜钱币铭文中,uma 写作 umma。这就说明[V+m+V]结构和[V+mm+V]结构其实是一样的。

近东闪含语系中,"妈妈",原始闪米特语' umm, Ugaritic 语 um,阿卡德语 ummu,阿拉伯语' ummu,Cagu 语 omey,摩洛哥阿拉伯语' omm,埃及阿拉

---

① Williams, G. M. *Handbook of Hindu Mythology.* Oxford University Press, 2008, p.284.

② 《尔雅》里的"王母"跟"西王母"是无关的。此点 Goldin 已经指出,详见:Goldin, P. R. On the Meaning of the Name Xi Wangmu, Spirit-Mother of the West. *Journal of the American Oriental Society*, 2002, Vol.122(1), pp.83—85.

③ Goldin, P. R. On the Meaning of the Name Xi Wangmu, Spirit-Mother of the West. *Journal of the American Oriental Society*, 2002, Vol.122(1), pp.83—85.

④ Burrow, T. & Emeneau, M.B. *A Dravidian Etymological Dictionary.* 2nd ed. Oxford: Clarendon Press, 1984, p.18.

⑤ V 表示 Vowel,即元音。

伯语'umm，伊拉克语'umm，马耳他语 omm，Malula 语 emma，叙利亚语 immā。①这些语言中表示"妈妈"的词语都和 Uma 女神、达罗毗荼语 ammai 或 amma"妈妈"高度相似。

可以看到近东闪含语系中，表示"妈妈"的词语的音节结构分为两个类型：第一，VM 或 VMM 类型，如 um；第二，VMV 或 VMMV 类型，如 emma。其中，VM 类型为更古老的语音形式，VMV 或 VMMV 是后起的，这一形式和达罗毗荼语是一样的。可以看出，近东母亲神向东方扩散过程中，达罗毗荼人是中间的重要节点。

印度的 Uma 女神是从达罗毗荼人那里借过来的，这和印度梵文经典的记录相符。前文已经指出，印度雅利安是男性中心主义的，几乎没有女神，但是后来出现了 Uma 女神，这就说明 Uma 女神并不是印度雅利安原生文化。同时，亚洲南方各民族女神信仰非常普遍，这与印度雅利安是截然不同的。因此印度梵文中出现的 Uma 女神是从达罗毗荼人等亚洲南方民族借来的。

达罗毗荼人从近东迁徙而来，因此与近东语言关系密切，在亲属名词方面，与近东语言存在比较整齐的对应关系。②以此为线索，在近东和非洲语言中也可以找到类似的语词。

值得一提的是，um-开头的表示"妈妈"的词语在非洲班图语和东南亚沿海国家和民族也有分布，如非洲 Nya-lungwa 语 umai"妈妈"，东南亚印度尼西亚语 ummi"妈妈"，爪哇语 umi、emak"妈妈"，藏文 yum、ama"妈妈"，Thavung 语 ʔɔ̌ː mɛ̂ː"老妇人"，朝鲜语 ome"妈妈"，③这些语言里的"妈妈"可能都和近东闪含语言的传播扩散有关。

---

① Gray, H. S. *Indo-Iranian Phonology：with Special Reference to the Middle and New Indo-Iranian Languages*. New York：Columbia University Press, 1902, p.48. Orel, V.E. & Stolbova, O. V. *Hamito-Semitic Etymological Dictionary：Materials for a Reconstruction*. Leiden：Brill, 1995, p.10. Bennett, P.R. *Comparative Semitic Linguistics*. Winona Lake：Eisenbrauns, 1998, p.137. Johnston H.H. *A Comparative Study of the Bantu and Semi-Bantu Languages*. Oxford：The Clarendon Press, 1919, p.30.

② 叶晓锋：《匈奴语言及族源新探》，《中山大学学报（社会科学版）》2018 年第 5 期。

③ Stevens, A.M, Schmidgall-Tellings, A.E. *A Comprehensive Indonesian-English Dictionary. 2nd Edition*. Athens：Ohio University Press, 2010, p.1069. Jäschke, H.A. *A Tibetan-English Dictionary：with Special Reference to the Prevailing Dialects, to Which Is Added an English-Tibetan Vocabulary*. London：Kegan Paul, Trench, Trübner & Co. Ltd., 1881, p.644.

因此,Uma 和"王母"(*umə)的语源是"妈妈",而"西"是梵文 rṣi"仙人、神圣"或者梵文 śrī"吉祥、荣耀"的音译,因此"西王母"的意思其实就是"母亲神"或者"圣母"。①

7.4　西王母、Uma 女神和夏娃(Hawwāh)

达罗毗荼语的起源一直众说纷纭,从亲属关系名词来看,达罗毗荼民族和闪含民族构成整齐的对应,由此根据同源的亲属名词之间的相似程度,推断闪含语民族向东迁徙过程中,在中亚分化:一支往南,进入巴基斯坦和印度,成为达罗毗荼人;另一支继续往东迁徙,进入中国北部,成为匈奴。②

上文已经指出,达罗毗荼语中的"妈妈"一般都是([V+m+V]结构)或"元音+mm+元音"([V+mm+V]结构),如:泰米尔语 ammai"妈妈、女神",Malayalam 语 amma"妈妈、女神"。

在达罗毗荼语中,表示"妈妈"还有一组同源词,泰米尔语 avvai"妈妈,老妇人",Kota 语 av"妈妈",Kannada 语 avve/avva"妈妈"(作为一个尊敬和有爱的称呼),Kodagu 语 avvë"妈妈,阿姨,姑姑",Telugu 语 avva"妈妈,祖母,老妇人",③上面一组基本都是 amma 或 ammai,这一组基本都是 avva 或 avvai。两组唯一的区别就是 m 变成了 v,即 m>v,这是全球语音常见演变,中国古代明母(m)变成了微母(w),原理是一样的。④

达罗毗荼语的这个语言现象对于我们理解《圣经》有很大的启发,《圣经》中的"夏娃"(Hawwāh 或 Eve)语源一直不明。

根据《圣经·创世纪》,上帝创造了亚当,又从亚当的身上取了一根肋骨,创造了一个女人。后来这个女人引诱亚当吃下分辨罪恶的果子,两人因

---

① 日本学者森雅子认为"西王母"就是罗马 cybele 女神。这在语音上不成立。不过根据伊利亚德的材料,cybele 还有一个名字 ma,可能也和近东有关。详见[日]森雅子:《西王母の原像:中国古代神話における地母神の研究》,《史学》,1986 年,第 323—355 页。[美]米尔恰·伊利亚德:《宗教思想史》,第 237 页。
② 叶晓锋:《匈奴语言及族源新探》,《中山大学学报(社会科学版)》2018 年第 5 期。
③ Burrow, T. & Emeneau, M.B. *A Dravidian Etymological Dictionary*. 2nd ed. Oxford: Clarendon Press, 1984, p.25.
④ 杨剑桥:《汉语音韵学讲义》,第 150 页。

此被逐出了伊甸园。于是"亚当给他妻子起名叫夏娃(Eve),因为她是众生之母"。

我们先看《圣经》的记载:

וַיִּקְרָא הָאָדָם שֵׁם אִשְׁתּוֹ, חַוָּה: כִּי הוּא הָיְתָה, אֵם כָּל-חָי.(希伯来文《创世纪》3:20)

et vocavit Adam nomen uxoris suae Hava eo quod mater esset cunctorum viventium.(拉丁文《创世纪》3:20)

And the man called his wife's name Eve; because she was the mother of all living.(英译本《创世纪》3:20)

可以看到,希伯来文חַוָּה(Hawwāh)、拉丁文 Hava、英文 Eve 三者是对应的。

Hawwāh 在不同的圣经版本中有多种语音形式:Hawwah、Havvah、Aua、Eva、Heva。①

对于"夏娃"语源的解释基本落实在"众生"上,认为 Eve"夏娃"的语源就是 ev"生命",因为在《圣经》原文中,后面一句是"因为她(夏娃)是众生之母",从经文看,夏娃可能跟生命直接相关,但更重要的是,她的母亲神角色,她是众生之母。因此,将 ev"生命"作为夏娃的语源,是不对的。

《圣经百科》认为 Hawwah 除了表示"生命"之外,还可能表示一种"关系",严格地说是"母亲关系",不过《圣经百科》更倾向于"夏娃"的语源和"生命"有关。②此后 Walker 对于夏娃的语源研究有重要贡献。Walker 指出,圣经中有些名字可能是来自苏美尔或者埃及等其他闪含语言,希伯来语 h 元音开头词语,对应苏美尔语词语中经常没有 h,如"底格里斯",苏美尔语 Indgna,亚述语 Indiklat,希伯来语则是 Hiddekel;"宫殿",苏美尔语 Egal,亚述语 ekallu,希伯来语则是 Hekhal。③这样的话,Hawwāh、Heva 原来可能就是 awwāh、eva。苏美尔语中,eme 表示"妈妈"。因此,Walker 认为,夏娃

①② Cheyne, T.K. Black, J.S. *Encyclopaedia Biblica*. Vol.1. Toronto: George N. Morang & Company, 1903, p.61.

③ Walker, N. "Adam" and "Eve" and "Adon". *Zeitschrift für die Alttestamentliche Wissenschaft*, 1962, 33(1), pp.66—68.

原来的语源就是"妈妈",这和《圣经》里说的"夏娃"是众生之母是完全对应的,即:

Hawwāh<Hammāh<ammāh< amma/ama。

此后 Kikawada 指出在巴比伦 Atra-hasis 史诗中,有一个女神 mami,是女造物主,"belet-kala-il"(是众神之女主人),而夏娃是"众生之母",在表达形式上与夏娃是一样的,因此他认为 mami 就是 eva。[1] 这两篇的观点相对而言解释力更强,夏娃的语源是"母亲",这和"众生之母"的称呼更加对应。

但是这两篇论文都停留在猜测上,最大的问题在于,在闪含语系中不存在 awwāh、eva 类似的表示"妈妈"的词语,因此需要进一步寻找新的证据。

由于达罗毗荼语与闪含语系有亲属关系,达罗毗荼语中的 avvai(或 avva)"妈妈",与《圣经》的 havvah(<* avvah)构成对应,无论是语音和词义都非常匹配,非常值得注意。[2] 这直接证明"夏娃"[havvah(<* avvah)]的意思就是"妈妈、母亲"。

同时,这也说明,达罗毗荼语的某些语言特征比闪含语系更为古老,《圣经》中夏娃的名字在希伯来语以及其他近东语言中找不到语源,却在达罗毗荼语中找到语源,这值得《圣经》研究者高度重视。

达罗毗荼语 avvai(或 avva)"妈妈"和《圣经》的 havvah(<* avvah)"夏娃"对应,而达罗毗荼语的 avvai(或 avva)"妈妈"还有一个变体是 amma、ammai 等形式,这和 Uma 女神形式非常相似。上文已经提到,Uma 女神最初不是印度雅利安和婆罗门的神灵,她是后来被接纳进入印度雅利安的神灵系统的。因此,Uma 女神最有可能是来自达罗毗荼的母亲神,《圣经》里的 havvah "夏娃"来源于此。

后来这个 Uma 女神继续向全球扩散,东南亚国家里都出现了 Uma 女神,中国则出现了西王母。本质是同一个神灵的变体。

需要说明的是,东南亚的 Uma 女神受书写和载体限制,出现年代看起来不如西王母早,但是从传播路径以及特征来看,东南亚的 Uma 女神历史应该比中国早,并且多个不同版本的 Uma 女神的特征在中国西王母都有呈现,这也说明当时存在多条 Uma 女神信仰传播路线。

---

① Kikawada, I.M. Two Notes on Eve. *Journal of Biblical Literature*, 1972, 91(1), pp.33—37.
② Walker 和 Norman 已经指出希伯来语中的声母 h 都是增生的。

7.5 作为地理名词的"西王母"

需要指出的是,西王母除了表示神话中的最高女神之外,还表示"国家、地区或民族",如:

《尔雅·释地》:"觚竹,北户,西王母,日下,谓之四荒。"

《淮南子·地形训》:"西王母在流沙之濒,乐民、拏闾在昆仑弱水之洲。"

《汉书·大宛列传》:"安息长老传闻条枝有弱水、西王母,亦未尝见也。"

《论衡·恢国》:"西王母国在绝极之外,而汉属之。"

吴晗、高本汉较早指出"西王母"是一个动态的地理概念,在古籍中,"西王母"可以和"西王国"等同。

"西王母"最初是指陕甘以西的地区,等同于西荒,如果以民族而论,"西王母"经常等同于西戎。此后西王母的地域扩展到西藏、阿拉伯乃至罗马以西。①

但是为何"西王母"又可以表示"国家、地区或民族",没有引起进一步探讨。其实这里的"王母"(*uma)来自近东闪含语系 umma"国家、民族",如:摩洛哥语 ʔumma"国家",闪米特语 umm"民族、宗族",希伯来语 ummā"民族、宗族",阿拉伯语 ummah"民族、宗族"。②"西王母"表示"西边的国家或民族",③和古籍中的"西王国"是完全对应的。

---

① 吴晗:《西王母与西戎——西王母与昆仑山之一》,《清华周刊》第 36 卷第 6 期,1931 年;收入《吴晗全集》,第 287—298 页。王子今、周苏平:《汉代民间的西王母崇拜》,《世界宗教研究》1999 年第 2 期。Karlgren, Bernhard. *Legends and Cults in Ancient China*. *Bulletin of the Museum of Far Eastern Antiquities*, 1946, Vol.18, pp.199—365.

② Harrell, Richard S. *A Dictionary of Moroccan Arabic*: *Moroccan-English/English-Moroccan*. Washington: Georgetown University Press, 2004, p.128. Orel, V.E. & Stolbova, O.V. *Hamito-Semitic Etymological Dictionary*: *Materials for a Reconstruction*. Leiden: Brill, 1995, p.34.

③ 阿拉伯语的 Ummah 原来是指"民族、宗族",后来才成为穆斯林的乌玛,即宗教公社的名称。参见《中国伊斯兰教百科全书》编辑委员会:《中国伊斯兰教百科全书》,第 592—593 页。

只不过"西王母"是音译词。"西王国"是意译词。由此可见,汉代已经接触了来自近东闪含语系的民族。前文中笔者对匈奴语言的亲属名词做过比较,发现匈奴原来来自近东。由此看来,汉代的西王母无论是作为神灵还是"国家、地区或民族",可能都并非偶然。

7.6 余 论

本章从"王母"上古读音 *uma 出发,结合"王母"善恶双重特征,发现"王母"和印度神话里的 uma"天后"的语音、身份(最高女神)、善恶双重特征对应。同时,"西"(*sir)则有可能是音译词,对应印度梵文里的 sri"繁荣、荣耀、皇家"或者 rsi"神圣、仙人",王母(*uma)是"妈妈"的意思,因此"西王母"为"圣母""母神"或"天后"之意。从绝对时间来看,在印度神话中 Uma 的年代至少可以追溯到公元前 5 世纪,而西王母在中国历史中比较明确的考古和书面证据不早于公元前 4 世纪,从汉武帝孙子海昏侯刘贺墓葬中镜子上的西王母,可以看出西王母直到那时开始在统治阶层流行。因此,西王母极有可能是外来的信仰。

印度 Uma 女神除了传入中国,还传入东南亚、贵霜以及突厥。巴厘岛的 Uma 女神(即 durga)蓬头散发,长着尖利的牙齿,同时住在墓地里,与中国经典中的西王母经常在墓地出现的事实对应,这是印度 Uma 女神所没有的特点。马来的 Uma 女神为稻谷之神,这和西王母为稻谷女神对应。柬埔寨的 Uma 女神住在 Kulen 山上,这和西王母的昆仑是对应的。越南的 Uma 女神则是国家保护神,这和西王母进入汉代皇家信仰的神灵系统是对应的。

需要指出的是,印度 Uma 女神本身不是印度雅利安人的原有信仰,而是印度雅利安从达罗毗荼人等印度土著民族借来的。印度达罗毗荼人和近东闪含民族在语言和文化上有亲属关系。根据语言学和神话学材料,夏娃(hawwah)和西王母(*umə)都可以追溯到达罗毗荼人的 Uma 女神。

由此可见,从文明互鉴和传播角度看,夏娃(hawwah)、印度 Uma 女神以及中国西王母之间存在关联。在汉代西王母画像石中,有羽人吹奏双管笛,这是近东的乐器,可以看出西王母和近东文明之间的关联。

中国早期经典中的"西王母"综合了印度、东南亚、近东多个版本的母亲神形象,而在汉代,最有名的巫师分别是胡巫(西北陆地)和越巫(东南海上),这和西王母的多版本来源是对应的。

特别值得一提的是,在中国古代典籍中,"西王母"还指西边的某个地区、民族国家。这和闪含语 ummā"国家、地区、民族"对应。由此可见,至少在秦汉之际,中国已经接触到了来自近东的闪含语系民族。①

通过西王母的历史,我们大致可以看出,至少存在两条横跨亚欧非的文化交流路线:一条从非洲和近东出发,从海上先到印度,然后到达东南亚,最后抵达中国;另外一条是从近东出发,在陆地上到达中亚和印度,然后又从中亚和印度传播到中国以及亚洲的北部。②

---

① 关于上古中国与近东闪含民族的接触和互动,可参看本书第3章、第6章。
② 匈奴也来自近东民族,可以印证这个人类迁徙的路径。详见叶晓锋:《匈奴语言及族源新探》,《中山大学学报(社会科学版)》2018年第5期。

第8章 汉帝国医学话语中的全球文明脉动

8.1 引　　言

汉代的扁鹊是一位传奇名医。《史记·高祖本纪》记载："高祖击布时，为流矢所中，行道病。病甚，吕后迎良医，医入见，高祖问医，医曰：'病可治。'于是高祖嫚骂之曰：'吾以布衣提三尺剑取天下，此非天命乎？命乃在天，虽扁鹊何益！'"①从汉高祖刘邦的话"命乃在天，虽扁鹊何益"可以看出，在汉代"扁鹊"已经是神医的化身了。

为何扁鹊在汉代如此受推崇，除了身世传奇之外，扁鹊的医术得到传承可能是更重要的原因。《汉书·艺文志》记载"《扁鹊内经》九卷"，而《史记·扁鹊仓公列传》记载："至今天下言脉者，由扁鹊也。"可以说，在汉代扁鹊被确立为是后世各类医学脉书的开山祖师。

华佗通过《三国志》《三国演义》也被后世认为是一代神医。五禽戏、麻沸散都是直接和华佗这个人绑定在一起的医学术语。

无论是扁鹊还是华佗，在医学史上如此卓越，谜团却也是如此之多。比如：为什么两人分别叫"扁鹊""华佗"？为什么汉代出现那么多新的医学术语？透过历史的表面，有没有更深层次的历史脉动？这是值得我们思考的。

根据人类科学史一般规律，许多伟大创新变革都是在文明互鉴的大背景中得以实现的。而科学术语和医学术语具有很强的传播性，因此通过考察科学和医学术语，运用历史比较法，或许可以解答古代医学史的疑难。

在中西交通史上，中医与印度医学之间的交流是很值得深入探讨的一

---

① （汉）司马迁：《史记》，第391页。

个话题。佛教从汉代开始传入中国,这一点是没有疑问的,传播的路线到底是海上路线还是陆地路线尚有争议。①方豪、王树英指出,随着佛教传入中国,印度医学也由僧侣传入中国。②但是汉代具体传入何种医术或者医药,由于记载不清,已经无法考证。比较确定的是唐代以后印度长生术和长生药材传入中国,如唐太宗曾服用印度方士那罗迩婆婆所制作的延年药。周济、季羡林等也指出,印度眼科医学在古代中国传播和流行,不过总体时间基本上都是隋唐以后。③对于汉代印度医学和中国医学的交流状况,到目前为止,廖育群提出推测性意见,认为东汉的《神农本草经》药物分类法可能受印度古代药物分类法的影响。但是具有较大推测成分,显然还不是确证。④

我们试图通过还原扁鹊和华佗以及早期中国的医学术语,找到所有伟大创新背后的历史脉动。

8.2 汉简里的敝昔与扁鹊

8.2.1 "扁鹊"的语源

春秋时期的名医秦越人,在赵国被称呼为"扁鹊"。

《史记·扁鹊仓公列传》:"秦越人……为医或在齐,或在赵。在赵者名扁鹊。"在成都老官山天回汉墓医简《脉书》(或称为《敝昔医论》)中,一共出现五次"敝昔"(图 8-1),这里的"敝昔"就是指"扁鹊"。⑤

---

① 佛教进入中国的路线的争论,可以参考许理和:《佛教征服中国:佛教在中国中古早期的传播与适应》,江苏人民出版社,2005 年。

② 方豪:《中西交通史》,第 234 页。王树英:《中印文化交流》,中国社会出版社,2013 年,第 243 页。

③ 周济:《我国传来印度眼科术之史的考察》,《中华医学杂志》第 22 卷第 11 期,1936 年。季羡林:《印度眼科医术传入中国考》,《国学研究》第二卷,北京大学出版社,1994 年。

④ 廖育群:《印度古代药物分类法及其可能对中国医学产生的影响》,《自然辩证法通讯》1995 年第 2 期。

⑤ 吴晓铃、陈四四:《920 支医简内含 10 部医书价值远超马王堆》,《四川日报》2013 年 12 月 18 日。柳长华、顾漫、周琦、刘阳、罗琼:《四川成都天回汉墓简的命名与学术源流考》,《文物》2017 年第 12 期。

图 8-1　成都老官山天回汉墓医简 032 简　　　　　敝昔①

"敝昔"和"扁鹊"音近通假。"扁"是收 -n 韵尾的字,而"敝"是收 -s 韵尾的字,这两者之间的通假关系给我们提供了丝绸之路医学交流史的一条重要线索。

根据俞敏的梵汉对音谱,泰部字韵尾为 -s,"敝"是并母泰部字,上古音可以构拟为 * bas;"昔"上古为心母铎部字,上古音为 * sak。②因此,"敝昔"上古音为 * bassak。③其实,"扁鹊""敝昔"是来自印度–伊朗语支的词语,如巴列维语 bizeʃk"医生、内科医生",波斯语 bizishk"医生、内科医生",梵文 bhishag,巴利文 bhisakka"医生、内科医生",印度铭文 bishak"国王的医学顾问、内科医生"。④

----

① 图版引自柳长华、顾漫、周琦、刘阳、罗琼:《四川成都天回汉墓医简的命名与学术源流考》,《文物》2017 年第 12 期。

② 俞敏:《后汉三国梵文对音谱》,载《俞敏语言学论文集》。

③ 在翻译过程中可能是后一音节的声母 s-发音比较长,所以又成了前一音节的韵尾。这种在上古翻译中很常见,如佛教里的 namo,对应的汉语是"南无"(* namma),可见,在当时汉人听感上,namo 中的 m 比较长,不仅是后一音节的声母,也是前一音节韵尾。

④ Mackenzie, D.N. *A Concise Pahlavi Dictionary*. London:Oxford University Press, 1971. Steingass, F.J. *A Comprehensive Persian-English Dictionary*, *Including the Arabic Words and Phrases to Be Met with in Persian Literature*. London:Routledge & K. Paul, 1892. Macdonell, A. A. *A Practical Sanskrit Dictionary with Transliteration*, *Accentuation*, *and Etymological Analysis Throughout*. London:Oxford University Press, 1929. Davids, T.W. & William Stede. *The Pali Text Society's Pali-English Dictionary*. Chipstead:The Pali Text Society, 1921. Sircar, Dines Chandra. *Indian Epigraphical Glossary*. Delhi:Motilal Banarsidass, 1966.

"敝昔"的上古音*bassak 与梵文 bhishag 等印欧语中表示"医生"的词语非常相似,应该是个印欧语借词。将"敝昔"或 bhishag 写作"扁鹊",从对音来看,可能与上古西北汉语的影响有关,标准上古音"扁"收-n 韵尾,但是在中古的敦煌吐蕃汉藏对音中,从"扁"得声的"蝙"对应藏文 pji,①没有鼻音韵尾,而且主元音是 i。"鹊"上古声母是清母,是塞擦音,在西北地区许多民族中,塞擦音全部变成擦音,如维吾尔语中,汉语"裁"清母字,读成 sɛi;"将",精母字,读成 sɛŋ。②可以看出,把 bhishag 翻译为"扁鹊",可能体现早期西北汉语方言的影响。另外,"扁鹊"又作"敝昔","敝"(*bas)对应 biz 或 bish,"敝昔"上古音*bassak 对应梵文 bhishag"医生",也非常工整。这和西域医学首先传入中国西北地区的史实是对应的。

从音节对应的相似程度来看,"扁鹊"或"敝昔"和印度-伊朗语支中 bhishag"医生"语音明显对应,尤其和其中梵文、巴利文等语言更接近,应该就是从印度雅利安语借入的。秦越人在赵国被称为扁鹊,可见赵国当时与印欧语国家存在深广的接触和互动。也就是说,上古文献中的"扁鹊"其实是印度雅利安语中表示"医生"的通称,后来借入赵国,秦越人来赵国时,也被人这么称呼,随着秦越人名声扩散到其他地区,由于其他人不懂"扁鹊"的意思,"扁鹊"就由一个通称变成了秦越人的另一个名字了。类似的例子也见于西藏医学史中,从罗马来的医生 Tsampasilaha 有另一个名字 biji(或 bidzi、bitsi、biche),Beckwith 指出 biji(或 bidzi、bitsi、biche)和粟特语 β'yč "医生"接近,③和印度-伊朗语 bizishk"医生"、bhishag"医生"是同源词。

8.2.2　"痹"与"风"病

8.2.2.1　中国上古文献中的"风"病概念

在中国的古典文献中,有两个名词表示"风"病的概念:"风"和"痹"(或写作"痱",是通假字)。

作为医学概念的"风"最早见于《素问·风论》:"故风者,百病之长也。

---

① 周季文、谢后芳:《敦煌吐蕃汉藏对音字汇》,第 5 页。

② 赵相如、朱志宁:《维吾尔语简志》,民族出版社,1985 年,第 180 页。

③ Beckwith, Christopher I. The Introduction of Greek Medicine into Tibet in the Seventh and Eighth Centuries. *Journal of the American Oriental Society*, 1979, Vol.99, No.2, pp.297—313.

至其变化,乃为他病也,无常方,然致有风气也。"①可以看出,《素问》中的"风"基本上就等同于后世的"风"病概念,即主要用来表示病势急骤、多变的病。②这类病被称为"风",主要是因为像风一样多变。以往学者对中医"风"这一概念的探讨大多止步于此。不过,《素问》成书略晚,现在一般认为其成书应该在司马迁《史记》之后(公元前 99 年)到刘歆《七略》之前(公元前 26 年)这段时间。③廖育群甚至认为《黄帝内经》成书是在《七略》(公元前 26 年)之后、东汉张仲景《伤寒杂病论》(公元 200 年左右)之前。④可以看出《素问》成书大致在公元前后 100 年,所以上古文献中以"风"表示风病应该就是公元前后 100 年。

除了"风"之外,在中国上古文献中,风病还被称作"痹"(异体字作"痹")或"痱"者。⑤最早见于《荀子·解蔽》:"故伤于湿而痹。"⑥《汉书·艺文志》:"五藏六腑痹十二病方。"颜师古:"痹,风湿之病。"⑦后来还写作音近的通假字"痱",《史记·魏其武安侯列传》:"病痱。"司马贞索隐:"痱,风病。"⑧《汉书·贾谊传》:"非亶倒县而已,又类辟,且病痱。"颜师古注:"痱,风。"⑨总体而言,汉代以来将"风"和"痱"或者"痹"都看作是风病。不过具体而言,"痹"更多用于风湿病。⑩

综上,中国古典文献中最早出现的表示风湿病和风病的词,应该是"痹"或"痱",主要见于战国末期的秦晋方言中。"风"用以表示"风病",年代相对略晚一些,基本上是汉代以后。

8.2.2.2　亚洲地区的风病概念

值得注意的是,在早期印度医学中,将身体无法控制、多变的病称为

① 张隐庵集注:《黄帝内经素问集注》,上海科学技术出版社,1959 年,第 163 页。
② 《汉语大字典》编委会:《汉语大字典》,湖北辞书出版社、四川辞书出版社,1990 年,第4480 页。
③ 王洪图:《黄帝内经讲义》,人民卫生出版社,2002 年,第 3 页。
④ 廖育群:《重构秦汉医学图像》,上海交通出版社,2012 年,第 161 页。
⑤ 在佛经中也经常写作"啤",如"喉啤",指喉咙的疼痛。详见李维琦:《佛经词语汇释》,湖南师范大学出版社,2004 年,第 13 页。
⑥ 王先谦:《荀子集解》,中华书局,1988 年,第 406 页。
⑦ (汉)班固:《汉书》,第 1777 页。
⑧ (汉)司马迁:《史记》,第 3451 页。
⑨ (汉)班固:《汉书》,第 2241 页。
⑩ 景蜀慧:《"风痹"与"风疾"——汉晋时期医家对"诸风"的认识及相关的自然气候因素探析》,《中山大学学报(社会科学版)》2005 年第 4 期。

Vāta("风")。在梵文和巴利文中,Vāta 除了表示"风"之外,也可以表示"由于循环不畅导致的疼痛、痛风、风湿病痛、身体无法控制的动作"。①风病这个概念在印度医学中起源很早,Filliozat 认为最迟在公元前 6 世纪已经出现,也有可能是印度-伊朗雅利安史前时期就出现了。②佛陀的时代一般认为在公元前 6 世纪到公元前 5 世纪,佛陀弟子 Pilindavaccha 就得过风病,并有治疗记录。③这也可以证明,在佛陀时代已经出现风病概念及相关的医学治疗手段。

亚洲许多地区都有风病的概念,如西藏医学中也有这一说。根据 Jaschke 的《藏英词典》,藏文 rlung 除了字面意思"风"之外,在医学上还和来源及位置不明的疾病相关联,比如风湿、神经错乱等。④蒙古医学中称没有固定疼痛位置的疾病为"赫依","赫依"就是蒙古语 kii"风"。⑤傣族医学中也有风病概念,称为 lom,在傣语中是"风"的意思。⑥泰国的风病称为 lom,也是"风"的意思。⑦这与傣语是一样的。可见,风病概念除了中医之外,在亚洲其他民族和地区的医学中也是普遍存在的,而藏族、蒙古族、傣族等民族和地区的风病概念都来自印度医学。⑧也就是说,印度早期医学理论对亚洲其他地区产生了深远的影响。

---

① Apte, V.S. *The Practical Sanskrit-English Dictionary: Containing Appendices on Sanskrit Prosody and Important Literary and Geographical Names of Ancient India.* Delhi: Motilal Banarsidass Publ., 1965. Davids, T.W. & William Stede. *The Pali Text Society's Pali-English Dictionary.* Chipstead: The Pali Text Society, 1921.

② Filliozat, J. *The Classical Doctrine of Indian Medicine.* Delhi: Munshiram Manoharlal, 1964, pp.37—38.

③ Zysk, K.G. *Asceticism and Healing in Ancient India: Medicine in the Buddhist Monastery.* New York: Oxford University Press, 1991.

④ Jäschke, H.A. *A Tibetan-English Dictionary: with Special Reference to the Prevailing Dialects, to Which Is Added an English-Tibetan Vocabulary.* London: Kegan Paul, Trench, Trübner & Co. Ltd., 1881, p.538.

⑤ 参见王淑琴、王兰英、何福根等:《隐伏性赫依病的蒙医护理》,《中国民族民间医药杂志》1998 年第 6 期;德力格尔玛、波·索德:《蒙古语族语言概论》,第 89 页。

⑥ 参见胥筱云、杨梅、罗艳秋等:《傣医药学"风病论"溯源》,《云南中医学院学报》第 32 卷第 5 期,2009 年;喻翠容、罗美珍:《傣语简志》,民族出版社,1980 年。

⑦ Muecke, M.A. An Explanation of Wind Illness in Northern Thailand. *Culture, Medicine and Psychiatry*, 1979, Vol.3(3), pp.267—300.

⑧ 详见巴·吉格木德:《蒙医学史概述》,《蒙医药》1991 年第 C00 期;廖育群:《阿输吠陀——印度的传统医学》,辽宁教育出版社,2002 年,第 264 页;胥筱云、杨梅、罗艳秋等:《傣医药学"风病论"溯源》,《云南中医学院学报》第 32 卷第 5 期,2009 年。

从上面材料可以看出,关于风病较早的文献记载主要集中在印度和中国的古典文献中。那么早期印度和早期中国古典文献中的风病是各自独立发展的还是存在关联的,值得深入探讨。

早期印度的医学水平在中国之上,印度医学有五千多年的悠久历史,包括生命吠陀和悉达吠陀,是世界上最古老的医学体系之一。外科、眼科、产科在上古时期就达到很高的水平,①印度医学对周边地区的医学影响深远。蒙医、藏医、傣医等"风"病概念就是从印度医学借鉴而来的。

印度梵文、巴利文、傣语、藏文、汉语都用"风"来表示"游移不定的疼痛感、身体无法控制的动作";梵文里已经有"风"病的概念,Filliozat 认为这个概念在印度出现的时间不会晚于公元前 6 世纪。②但是中国上古经典文献中,风病最早也只能追溯到《荀子》的"痹",《荀子》成书年代一般认为是公元前 3 世纪。③显然上古汉语文献中出现的风病概念远远迟于古代印度。

上文材料也显示出,古代印度风病与"风"共享一个单词 vāta,两者语源相关是非常明显的。风病的特征与风一样多变,是通过隐喻方式创造的新词。而上古中国却有两个词表示风病概念:"痹"(或者写作通假字"痱")和"风"。为何用"痹"表示"风病",在语源上一直得不到说明。

从表 8-1 可以看出,梵文和汉代文献中,"风"(wind)和"风病"(wind illness)都用同一个词语来表示。按理说,汉代继承了战国时代的概念,但是在战国时代的文献中,"风"和"风病"在汉语对应的词语是完全不同的。为何"痹"可以表示"风湿病"或者"风病",这是个值得探讨的问题。因为从汉语内部看,看不出"痹"与"风"存在关联。

表 8-1　梵文和上古汉语文献中的"风"和"风病"概念

	"风"wind	"风病"wind illness
梵文	vāta	vāta
战国文献	风(＊pləm)	痹(＊pit)
汉代文献	风(＊pləm)	风(＊pləm)/痹(＊pit)/痱(＊bər)

① [美]洛伊斯·N. 玛格纳:《医学史》(第 2 版),上海人民出版社,2009 年,第 48—53 页。

② Filliozat, J. *The Classical Doctrine of Indian Medicine*. Delhi: Munshiram Manoharlal, 1964, pp. 37—38.

③ 廖名春:《〈荀子〉各篇写作年代考》,《吉林大学社会科学学报》1994 年第 6 期。

　　但是如果从语言接触的角度看，这就很好解释了。"痹"，帮母质部字，读音为 *pit。"痱"，非母或奉母微部字，读音为 *pər 或 *bər。① "痹"和"痱"的读音与印度伊朗语中表示"风"的词语读音相近。印度伊朗语中，"风"，梵文 vāta，波斯语 baad，粟特语 wāt，Gabri 语 vād，奥塞提克语 vād。②

　　根据上面的材料可以看出：

　　一、从音节结构看，上古汉语的"痹"（*pit）和"痱"（*pər 或 *bər）与伊朗雅利安语比较接近。印度雅利安语基本都是两个 CV（C 表示辅音，V 表示元音）结构的音节组合而成，即 vā 和 ta 组合，但是到了伊朗雅利安语基本就变成了一个音节，最后的元音脱落了，变成 CVC 结构音节。上古汉语中的"痹"（*pit）和"痱"（*bər）也是 CVC 结构。这是第一个相同之处。

　　二、语音完全对应。伊朗雅利安语第一个辅音都是唇音 b 或者 v，b 与 v 在印欧语中是经常互变的；韵尾是 t、d 或者 r，d 与 r 相互转变也很常见。③ 这与上古汉语中的"痹"（*pit）和"痱"（*bər）也是一致的。这是第二个相同之处。此外，"痹"上古是质部字（一般构拟为 *it）。在东汉三国佛经梵汉对音中，质部有时可以对应梵文的 ad，如"涅"（*nit）泥母质部字，对应梵文 nad。同时，梵汉对音中，帮母和奉母也可以和 v 对音，如"波"（*pal）和"婆"（*bal）都对应梵文 va。④ 因此，帮母质部字"痹"，可以对应印度伊朗语的 pad 或 bad。这样看来，"痹"的读音、意义与波斯语 baad"风"、奥塞提克语 vād"风"以及粟特语 wād"风"完全对应。

　　三、"痹"（*pit）和"痱"（*bər）在意义上应该和"风"相关，但是从汉语内部系统性来看，这种关联并不存在。然而"痹"（*pit）和"痱"（*bər）与伊朗雅利安语的 baad"风"或者 vād"风"在语音和意义两方面都非常接近。这就说明"痹"（*pit）和"痱"（*bər）最初就是来自西域印度-伊朗语的借词。

---

① 上古音构拟体系采用金理新的构拟，参见：金理新：《上古音略》。金理新体系中的 ɯ 和 ə 没有对立，两者读音接近。从汉语方言经常出现的元音来看，ə 比 ɯ 更加常见，因此我们把金理新体系中的 ɯ 改为 ə。

② Apte, V.S. *The Practical Sanskrit-English Dictionary*: *Containing Appendices on Sanskrit Prosody and Important Literary and Geographical Names of Ancient India*. Delhi: Motilal Banarsidass Publ., 1965, p.141. Gray, H. S. *Indo-Iranian Phonology*: *with Special Reference to the Middle and New Indo-Iranian Languages*. New York: Columbia University Press, 1902, pp.120—121.

③ Gray, H.S. *Indo-Iranian Phonology*: *with Special Reference to the Middle and New Indo-Iranian Languages*. New York: Columbia University Press, 1902, pp.80, 88, 102.

④ 俞敏：《后汉三国梵文对音谱》，载《俞敏语言学论文集》，第 56、60 页。

古代伊朗和中亚目前并没有找到风病的记载,而在语音上,"痹"(*pit)是 CVC 形式单音节结构,这更接近伊朗语支的"风"baad 或者 vād。因此,最有可能的情况是,中国的"风病"的概念最早起源于印度医学,后经过西域(基本上可以确定是使用东伊朗语支语言的地区)进入中国西部和北部地区。这和秦晋的地理位置相合,因此"痹"bit 在秦晋地区的文献中最早出现。

中医里的风病"痹"借自印度伊朗语"风"baad 或者 vād。由于不知道命名的理据,所以只能用语音相近的"痹"(*bit)来标音,这也是借词的最初阶段。到了汉代,命名的理据已经比较清晰,所以用"风"来表示"风病"。这基本上就是意译了,是本土化的对译。汉语"风"病概念的演变完全符合借词的一般规律,即第一阶段是音译,第二阶段是本土化的意译。比如英语 romantic 最初翻译为"罗曼蒂克",这是音译;现在一般翻译为"浪漫",这是意译。①

8.2.3　"达"表示"针"

《左传·成公十年》:"医至,曰:'疾不可为也,在肓之上,膏之下,攻之不可,达之不及,药不至焉,不可为也。'"杜预注:"达,针。"②"达"在这里是指"用针刺",但是古代中国本来就存在"针"的概念,而且"达"一般也没有"针"的意思。因此,"达"这个词很值得注意。"达"定母泰部字,主元音为 a,韵尾是-t,上古音为*dat。在后汉三国的梵汉对音中,"达"可以对应 tad、dat。③从"达"得声的"闼"可以对音 dhar。在上古汉语和西域语言的对音中,由于语音性质相近,d、l、r 相互演变和对应是常见现象。因此,可以确定"达"(*dat)除了本身的读音之外,在上古还有可能对应西域语言的 dar、tar、dal、tal 等读音。

有趣的是,梵文中 tātala 表示"铁的尖状物、铁针、铁钉"。④在印度雅利安语部分语言中,tar-、dal-表示"针",如:原始印度雅利安语中 tārā"针",Kumauni 语 tār"针",克什米尔语 tal、tul"针"。在原始印度雅利安语中,tap

---

① 张斌:《新编现代汉语》,复旦大学出版社,2002 年,第 251 页。

② 阮元:《阮刻春秋左传注疏》,浙江大学出版社,2015 年,第 1776 页。

③ 俞敏:《后汉三国梵文对音谱》,载《俞敏语言学论文集》。

④ Apte, V.S. *The Practical Sanskrit-English Dictionary*: *Containing Appendices on Sanskrit Prosody and Important Literary and Geographical Names of Ancient India*. Delhi: Motilal Banarsidass Publ., 1965, p.767.

tārā 表示"烧红的长钉或其他细长尖状物"。其中词根 tap 是"热"的意思，因此可以确定词根 tara 就是"针"。①

"针"字在甲骨文中就已经存在，②《左传》中医缓却用"达"来表示，但是"达"在其他早期典籍中并无"针"的意思，所以无疑是个音译字。"达"表示"针"，与梵文 tātala"针"以及其他印度雅利安语 tal、dal"针"等完全对应。可见，杜预把《左传·成公十年》里的"达"解释为"针"是有根据的。此外，给晋国国君看病的医缓恰恰又是从晋国西边的秦国请来的，晋国是春秋的霸主，但是医学不如秦国，秦国是华夏各国中最接近西域的，因此最有可能最早接触印度医学体系。《左传》这段材料是中国古代最早的用针治病的记录，③这恰恰是早期印度医学传入中国的一个重要的证据。④

8.2.4　小　结

根据考古材料，从春秋到战国时期，操印欧语的塞人（Saka）已经进入

---

① Turner, R. L. *A Comparative Dictionary of Indo-Aryan Languages*. London：Oxford University Press, 1966, pp. 322, 323, 337.

② 裘锡圭：《释郭店简"出言有丨，黎民所訆"——兼说"丨"为"针"之初文》，《中国出土文献十讲》，复旦大学出版社，2004 年，第 294—302 页。

③ 需要注意的是，用针治病并不等同于后世中医的针灸疗法。廖育群曾有一个很有启发的看法，即佛经中的针灸跟后来中医的针灸不是完全相同的概念。沿着这一思路，也可以进一步说，先秦医学上对针的使用最初可能就是指使用锐器进入身体进行治疗，这与后来的针灸疗法很不一样。印度医学里有用针刺络放血的传统，详见廖育群：《阿输吠陀——印度的传统医学》，第 324—329 页。《左传》中医缓所说的"达"，可能就是指刺络放血。

④ 此后隔了很久，出现了扁鹊，也善于用针治病。在《史记·扁鹊仓公列传》就提到扁鹊让他弟子子阳"厉针砥石"。但是上文已经提到，"扁鹊"这个名字其实来自梵文 bhishag "医生"，也就是说，扁鹊也是一位身上可以投射出印度医学影响的传奇人物。山田庆儿有个有趣的发现，即马王堆出土的秦汉之际的医书中竟然完全没有关于针法的内容，他猜测《左传》的医缓说的"达"可以做其他解释，而《史记》中扁鹊使用针法并非事实，因此他提出针法在战国时代还未发明出来（参见山田庆儿：《针灸的起源》，廖育群、李建民编译，载《中国古代医学的形成》，东大图书股份有限公司，2003 年，第 70—148 页）。山田庆儿完全否定《左传》《史记》的用针治病的记载肯定失之偏颇和武断，但是发现马王堆没有后世的针法，这体现了他很好的学术敏锐性。佛教进入中国的过程也有个有趣的现象，许多西域高僧都会用针治病（参见汤用彤：《往日杂稿　康复札记》，三联书店，2011 年，第 249—258 页），至少这是不同于或不见于中医治疗中的使用针治病的方法，所以才被记录下来。玄奘的《大唐西域记》里明确提到当时印度教育里有"药石针艾"（参见季羡林等：《大唐西域记校注》，中华书局，1985 年，第 186 页）。可见印度医学中使用针本身也是他们自身的传统。当然，早期医学中充满异域色彩的用针治病可能与后来中医里的针灸治疗并不一样。

新疆。①由于地处华夏的最西边,秦晋自然可能与西域的印欧民族存在较多的接触。Nickel 就指出兵马俑曾受希腊文化的影响。②韩康信也指出,从古人类学和分子遗传学上看,早期西北地区的古人骨存在大量的高加索人种成分和中亚西亚移民成分。③与此相应,西域医学在早期就达到了较高的水平,因此西域地区的医学术语被吸收到秦晋两地的医学术语中是可能的。

在上文,我们探讨了"扁鹊""痹"("痹")"达"等词语,指出它们分别与西域印度−伊朗语的 bhishag"医生"、vāt-"风"、tātala "达"存在对应。同时,早期印度医学非常发达,而医学术语有很强的传播可能性,现在很多病名直接翻译自英文,如帕金森(Parkinson's disease)、艾滋病(AIDS)。因此,可以确定"痹""达"和"扁鹊"是来自西域印度−伊朗语的借词。这也为研究早期中国和印度的医学交流提供了语言学方面的证据。

通过上文的研究大致可以确定,早在上古时期,中国和西域在医学方面就存在较多的接触交流。这也可以解释一个有趣的事实:为什么在上古中国,秦国自穆公以后医学一直处于领先地位,出现了大量的名医,如医缓、医和等。④这正是因为其地处西陲,最容易接触并吸收水平更高的印度医学的成果。

8.3 华佗与东汉佛教进入中国

8.3.1 华佗与梵文 vaidya"医生"

华佗是三国时期的名医。《三国志·华佗传》记载:"华佗字元化,沛国谯人也,一名旉。"据此可知,华佗有两个名,这值得关注。陈寅恪先生目光敏锐,他认为:华佗本名为旉,华佗 * ɤwada 是梵文 agada"药"的音译,可以

---

① 王炳华:《古代新疆塞人历史钩沉》,《新疆社会科学》1985 年第 1 期。
② Nickel, L. The First Emperor and Sculpture in China. *Bulletin of the School of Oriental and African Studies*, 2013, Vol.76, No.3, pp.413—447.
③ 韩康信:《中国境内考古发现的西方人种成分》,载《韩康信人类学文选》,科学出版社,2017 年。
④ 林剑鸣:《秦史稿》,上海人民出版社,1981 年,第 91—92 页。

看出民间当时把华佗当作"药神"。①这一观点在学术界引发很多讨论。但大多数学者都非语言学专业,因此很难从比较语言学角度对陈寅恪先生的观点展开讨论。②

特别值得重视的是董志翘的商榷意见。董志翘从梵汉对音材料出发,认为将"华佗"和梵文 agada 关联是有问题的。他指出梵汉对音中的两个基本事实:首先,"华"是匣母字,但是后汉三国佛经梵汉对音中,匣母字没有和 g 对应的例子。这样,"华佗"对应梵文 agada,从语音上看就不能成立了。其次,梵文中 a 表示否定词,gada 表示"疾病",agada 表示"无病",如果直接省略 a,截取 gada,音译为"华佗",语义就完全相反了。③董志翘这两个商榷意见非常有说服力,客观指出了陈寅恪先生立论的不足之处。

日本许多学者认为"华佗"和波斯有关。伊藤义教、松木明知等人认为"华佗"xwadāy 和波斯语 khwadā 对应,表示"先生、医王",并认为华佗是波斯人。④从语音上看,"华佗"和 khwadā 确实是接近的,但是语义上并不接近,在波斯语中,khwadā 意思是"上帝、主宰",⑤这个和"华佗"的医生身份相差很大,伊藤义教认为"华佗"是"医王",本身已经不是波斯语原有的意思,因此伊藤义教等人的说法其实并不可信。⑥

综上,华佗有两个名字,这在古代比较少见。陈寅恪先生认为,"华佗"

---

① 陈寅恪:《三国志曹冲华佗传与佛教故事》,《清华学报》1930 年第 1 期,第 17—20 页。

② 赞同的文章有:何新:《盘古之谜的阐释》,《哲学研究》1986 年第 5 期,第 41—48 页;林梅村:《麻沸散与汉代方术之外来因素》,《学术集林》卷十,上海远东出版社,1997 年,第 233—237 页。商榷意见的有:彭华:《〈华佗传〉〈曹冲传〉疏证——关于陈寅恪运用比较方法的一项检讨》,《史学月刊》2006 年第 6 期,第 77—84 页;于赓哲:《被怀疑的华佗——中国古代外科手术的历史轨迹》,《清华大学学报(哲学社会科学版)》2009 年第 24 卷第 1 期,第 82—95 页;何爱华:《华佗姓名与医术来自印度吗?——与何新同志商榷》,《世界历史》1988 年第 4 期,第 155—158 页。

③ 董志翘:《佛教文化对中土取名命字的影响》,《苏州大学学报(哲学社会科学版)》2014 年第 35 卷,第 3 期,第 150—156 页。

④ [日]伊藤义教:《ペルシャ文化渡来考》,岩波书店,1980 年,第 57 页;[日]松木明知:《麻醉科學史研究最近の知見(10)——漢の名医華佗は實はペルシャ人だった》,(日本)《麻醉》1980 年第 5 期,第 946—948 页。

⑤ Steingass, F. J. *A Comprehensive Persian-English Dictionary*, *Including the Arabic Words and Phrases to Be Met with in Persian Literature*. London: Routledge & K. Paul, 1892, p.449.

⑥ 郎需才对松木明知全面的批评意见,详见郎需才:《华佗果真是波斯人吗?——与松木明知先生商榷》(摘要),《中医药信息》1985 年第 1 期,第 3 页。

这个名字可能和医药有关,虽然语音对应证据存在不足,但这个思路很有启发意义。

华佗和印度医学看起来非常遥远,实际上是有迹可循的。《三国志·华佗传》记载:"华佗字元化,沛国谯人也……游学徐土,兼通数经。"可见华佗是安徽谯人(今淮北地区的亳州),其后在徐土(即徐州)求过学。Zürcher(许理和)指出,在公元 1 世纪中期,佛教已经渗入淮北地区、河南东部、江苏北部、山东南部,其中彭城(即徐州)不仅是东南最重要的商业中心,也是东南地区的佛教中心。这种趋势一直延续到三国。①

早期印度僧侣进入中国,经常借行医传播佛教,②徐州既是东南地区的佛教中心,也是华佗求学之地,华佗的医术和印度医学存在很多相似之处,因此可以推断华佗极有可能接触和学习过印度医学。

外科医学发达是印度医学的一个重要特点,印度医生特别擅长切开伤口、消毒以及愈合伤口。③《三国志·华佗传》:"若病结积在内,针药所不能及,当须刳割者,便饮其麻沸散,须臾便如醉死无所知,因破取。病若在肠中,便断肠湔洗,缝腹膏摩。"华佗除了手术技术高超之外,为了缓解痛苦手术前使用镇静剂"麻沸散",而手术后的愈合技术用了"膏",用膏药或泥膏止血,这些医学手段特点也是印度医学的特色。④

"华"是匣母合口鱼部字,合口字是对所有带 u 介音的字总称。高本汉将匣母构拟为*ɣ,⑤在东汉三国梵汉对音中,匣母合口字在佛经却对应 v,如"洹"对应梵文 vana,"桓"对应梵文 vana,"和"对应梵文 va,"恝"对应梵文 var。⑥这说明东汉三国时期,匣母合口发生了摩擦化,由 ɣu 变成 v,这是常见的语音演变现象。

在东汉三国梵汉对音中,部分匣母合口字的声母除了与 v 对应之外,还与双唇塞音对应,如"和"(*ɣual~val)可以对应梵文 pa、pal,"桓"(*ɣuan~

①　Zürcher, E. *The Buddhist Conquest of China*. Leiden:Brill, 1959, pp.26/60. 从汉代早期佛教图像分布来看,许理和的说法是正确的。

②　陈明:《印度佛教医学概说》,《宗教学研究》1999 年第 1 期,第 36—43 页。

③　廖育群:《阿输吠陀——印度的传统医学》,第 43 页。

④　印度外科医学详见:廖育群:《阿输吠陀——印度的传统医学》,第 199、121 页。

⑤　[瑞典]高本汉:《中国音韵学研究》,赵元任译,第 274 页。

⑥　Coblin, W.S. *A Handbook of Eastern Han Sound Glosses*. Hong Kong:Chinese University Press, 1983, pp.241—256. 俞敏:《后汉三国梵汉对音谱》,《俞敏语言学论文集》,第 1—62 页。本章梵汉对音材料都取自这两本书。

vuan)对应梵文 pan。由此可见,p 和 v 在梵文中经常可以交替。佛教中著名的华氏城,梵文为 pataliputra,"华"对应 pa,由于梵文中双唇塞音 p 和 v 的互变很常见,由此推断"华"可以对应 pa 或 va。

"佗",上古音定母歌部字,在佛经中没有直接的对音证据,但是同音的"陀",在东汉三国佛教翻译中经常出现。"陀"可以对应梵文 ta、tar、trā、da、dā、dya、dra、dhā。

因此,根据东汉三国梵汉对音材料,我们可以确定三国时期"华佗"的读音可能为 *vadya、*vadra、*vada 等语音形式。

从语音上看,"华佗"(*vadya)和梵文 vaidya"医生"对应非常整齐。梵文 vaidya"医生"这个词是印度雅利安语很常见的词语,如:"医生",梵文 vaidya,巴利文 vejja,佛教混合梵文 vejja,孟加拉国语 beja, Sindi 语 veju,阿萨姆语 bez, Sinha 语 ved、vedā。①

从上面材料可以看出,"华佗"(*vadya)可能就是梵文 vaidya"医生"的音译形式,本义其实就是"医生"。鉴于梵文中 r 和 d、t 经常交替,梵文 vaidya"医生"的词根可能与梵文 vārtta"健康"有关。

了解"华佗"这个名字的语音形式,有助于解释上古文献中其他医生的名字。医和、医缓都是春秋时期秦国名医。在春秋时代,秦国医学十分发达,连春秋霸主晋国国君生病,都必须到秦国求医,可见秦国医学之盛。《左传·成公十年》记载:"(晋景)公疾病,求医于秦,秦伯使医缓为之。"《左传·昭公元年》:"晋侯(晋平公)求医于秦,秦伯使医和视之。"从语音来看,"缓"与"和"非常接近。"缓"是匣母合口元部字,"和"是匣母合口歌部字。元部和歌部经常可以通假。②在佛经梵汉音译中,"和"对应 vat、var、van,"缓"在梵汉对音材料中没有出现,但是与"缓"同声韵的"桓""洹"与梵文 var、varn、van 对应,可见"和""缓"读音非常接近。

秦国两大名医名字和华佗读音几乎一样,可能不是偶然的。

"和"(*var)、"缓"(*van)很可能也是印度梵文 vaidya"医生"的音译。

---

① Macdonell, A. A. *A Practical Sanskrit Dictionary with Transliteration, Accentuation, and Etymological Analysis Throughout*. London: Oxford University Press, 1929, p.30. Turner, R.L. *A Comparative Dictionary of Indo-Aryan Languages*. London: Oxford University Press, 1966, p.703.

② 如"和""桓""爰"谐声系列通假,详见高亨:《古字通假会典》,齐鲁书社,1989 年,第165—166 页。

在西域语言音译材料中,辅音韵尾经常会增加 a,如"八"对应于阗语 parä,"萨"对应于阗语 satä。①"和""缓"也有可能对应 vada、vara,这个语音形式和梵文 vaidya"医生"非常接近。因此我们可以推断,"医和""医缓"中的"和""缓"可能不是人名,而是秦国语言中表示"医生"的名称。秦国这个词语可能借自印度-雅利安语,晋国人不懂,误以为"和""缓"是医生的名字。这种情况在早期医学交流史中很常见,如先秦名医"扁鹊"原来也是"医生"的意思,借自印度-伊朗语的 bhishag"医生、御用医生、外科医生",后来被当成了人名。②

　　陈寅恪先生从外来词角度考虑"华佗"的语源,这个思路具有里程碑意义。不过受当时古音和梵汉对音研究水平制约,陈先生的论证过程也存在不足之处。本节从华佗生活的时代背景出发,徐州是后汉三国时期中国东南地区的早期佛教中心,在印度佛教传播过程中,经常借助印度医术来布道,而同一时期华佗在徐州有游学经历,文献记载的医学证据表明,华佗医术和印度医学有颇多相似之处,他很有可能也接触和学习了印度外科医学。通过梵汉对音材料,可以推断三国时华佗的读音可能为 *vadya,这和梵文 vaidya"医生"对应。这意味着"华佗"可能不是人名,而是"医生"的意思。随着名字的流传,大多数人不知道梵文,就误以为"华佗"(梵文 vaidya 的音译)是名字。由于人群的流动,在异质语言接触过程中,某个语言中表示"医生"的词语经常会在异质陌生的语境中被误解为某些名医的名字,这很常见。

8.3.2　麻沸散

　　东汉三国时印度佛教开始进入中国。这也给中国宗教、医学、文学艺术等带来了许多全新的元素。三国时期的名医华佗是一个非常值得关注的人物。陈寅恪、叶晓锋等已经指出华佗和印度医学之间的关联,③华佗身上的不解之谜很多,"麻沸散"就是其中之一。

---

① [日]高田时雄:《于阗文书中的汉语语汇》,《敦煌·民族·语言》,第 213—305 页。
② 叶晓锋、陈永霖:《从丝绸之路语言接触的角度看先秦部分医学词语的来源——以扁鹊、痹、达等词为例》,《民族语文》2018 年第 1 期,第 77—85 页。
③ 陈寅恪:《三国志曹冲华佗传与佛教故事》,《清华学报》第 1 期,1930 年,第 17—20 页。叶晓锋:《华佗与梵文 vaidya"医生":以佛教传入东汉为线索》,《中山大学学报(社会科学版)》2021 年第 1 期。

关于麻沸散的记载主要见于《三国志》和《后汉书》。《三国志·华佗传》:"若病结积在内,针药所不能及,当须刳割者,便饮其麻沸散,须臾便如醉死无所知,因破取。"《后汉书·方术列传下》:"若疾发结于内,针药所不能及者,乃令先以酒服麻沸散,既醉无所觉,因刳破腹背。"①从上面的文献可以看出,华佗在做手术的时候会使用麻醉药对病人进行麻醉,而且效果非常好。这是中国医学史上第一次明确记载的外科手术。

"麻沸散"的命名理据至今未解。目前主要存在两种解释路径。

一、从汉语内部来解释。

杨华亭认为"麻沸"与古代医书中的"麻蕡""麻勃",语音非常接近,其实都是指大麻的雌花(即麻黄),"麻沸散"可能就是麻黄所煎熬的药方。②于文忠也认为,"蕡"和"沸"读音相近,"麻沸"应该就是"麻蕡",③不过根据《神农本草经》记载:"'麻蕡'一名'麻勃',味辛,平,主五劳七伤,利五脏,下血,寒气。多食令人见鬼狂走。"④可以看出,"麻蕡"其实是兴奋剂,会让人亢奋,"麻沸散"是麻醉剂,使人沉睡。两者从医药功能看很不一样。

马献军指出,"沸"是帮母物部字,"痹"是帮母质部字,两者音近可通,因此,"麻沸"就是"麻痹"。⑤从现在来看,这是看起来非常好的解释,简明而且通俗易懂。但是关键问题是中国中古以后才有"麻痹"这个概念,如周密《志雅堂杂钞·医药》:"以少许(押不卢)磨酒,饮人,即通身麻痹而死,虽刀斧加之不知也。"⑥而在三国时期并没有"麻痹"这个概念,反而是"麻痹"的源头很可能追溯到"麻沸"。但是"麻沸"这个概念又是如何而来,还是没有得到解释。

郎需才认为,"麻沸"意义就是"糜沸",指服用此药之后,脑袋或心思像沸烂的米粥一样,意识混乱,失去知觉。⑦《汉书·王莽传》:"今胡虏未灭诛,蛮僰未绝焚,江湖海泽麻沸,盗贼未尽破殄。"颜师古注:"麻沸,言如乱

① (晋)陈寿:《三国志》,第799页。(南朝宋)范晔:《后汉书》,第2736页。
② 杨华亭:《药物图考》,文光图书有限公司,1987年,第30页。
③ 于文忠:《从〈金匮要略方论〉谈对"麻沸散"的认识》,《中医杂志》1986年第1期,第57—58页。
④ 马继兴:《神农本草经辑注》,人民卫生出版社,1995年,第298页。
⑤ 马献军:《"麻沸散"方名考》,《中医药文化》1989年第2期,第31页。
⑥ 罗竹风:《汉语大词典》汉语大词典出版社,2001年,第18078页。
⑦ 郎需才:《麻沸散之"麻沸"考释》,《中医杂志》1984年第6期,第79页。

麻而沸涌。"①李零在讨论麻沸散时采用这个解释。②

此外,《伤寒论》里也有"麻沸汤",不过不是麻醉药,而是指"滚沸的热水"。③

二、从古代中国与古代印欧语言接触角度进行解释。

外科手术是印度医学的特长,在手术前使用麻醉药是古代印度医学的显著特点。④这为理解麻沸散提供了必需的背景知识。

林梅村认为"麻沸散"应该和印度的曼陀罗花(mandara-puspya)有关,"麻"对应 mandara 的第一个音节,"沸"对应 puspa 的第一音节。"麻沸"的构词和梵文 bodhi-sattva 菩提萨埵压缩为"菩萨"是一样的。⑤这个提法比较有想象力。不过这个说法本身有很多问题,第一,梵文"曼陀罗花"不是 mandara 而是 māndārava,第二,梵文中 māndārava 单独表示"曼陀罗花",不需要增加 puspya 作为后缀,梵文中并没有 māndārava puspya 这样的说法。第三,"麻沸"表示"曼陀罗花"或其他麻醉植物,找不到任何文献依据,没有证据显示东汉时期曼陀罗花进入中国。第四,曼陀罗花最早出现是在公元401—409 年《妙法莲华经》中,比华佗(约公元 145—208 年)的麻沸散晚了将近两百年。曼陀罗花真正进入医用是在宋代,在年代上距离华佗的麻沸散比较远。⑥第五,语音比较长的语词翻译一般都是全部音译,然后在全部音译基础上缩译,如果"麻沸"是 mandara-puspya 的缩译,东汉应该还有类似"麻陀罗-沸巴"的翻译,实际上并没有。这也说明林梅村的推论是不可靠的。

梅维恒认为,麻沸散可能是印欧语世界的 morphine"吗啡"的翻译和转写,morphine 又是源自希腊语中的睡眠之神 Morpheus。⑦因此,梅维恒认为随着希腊人的东进,morpheus 开始进入大夏地区,然后传入印度,进而由印度进入中国。但是这个说法是存在问题的,首先,中国的麻沸散出现远远早

---

①　(汉)班固:《汉书》,第 4163 页。

②　李零:《药毒一家》,《中国方术续考》,东方出版社,2001 年,第 28—38 页。

③　刘渡舟:《伤寒论辞典》,解放军出版社,1988 年,第 489 页。

④　廖育群:《阿输吠陀——印度的传统医学》,第 43、121、199 页。

⑤　林梅村:《麻沸散与汉代方术之外来因素》,《学术集林》第 10 辑,第 228—251 页。

⑥　万方、宋大仁、吕锡琛:《古方"麻沸散"考》,《山东中医学院学报》第 4 期,1985 年,第 27—34 页。

⑦　Mair, V.H. *The Shorter Columbia Anthology of Traditional Chinese Literature. Part III*:*Prose*. New York:Columbia University Press, 2000, pp.441—449.

于印欧语的 morphine，在古代希腊和罗马世界并没有任何一种麻醉药称为 morpheus；其次，如果麻沸散是从希腊传入大夏印度，再由印度传入中国，那么印度也应该有与 morpheus 语音相似的麻醉药，不过印度并不存在与 morpheus 语音相似的麻醉药。

综上所述，"麻沸散"的语源还有进一步探讨的空间。从佛经在东汉三国进入中国大背景来看，许理和指出，三国时徐州已经是东南佛教的中心。①华佗这个名字本身也有可能就是来自梵文 vaidya"医生"，②"麻沸散"是华佗第一次使用，因此我们认为从古代印度语言或许能找到破解"麻沸散"语源的钥匙。

在印度医学中，为了顺利开展外科手术，在公元前 5 世纪左右，妙闻（Sushruta Samhita）使用酒和印度大麻作为麻醉剂。③从记载来看，远远早于麻沸散。同时，东汉三国时期，印度佛教开始进入中国，我们认为麻沸散的语源可能和古代印度雅利安语有关。

在印度雅利安语中，原始印度雅利安语 *mará"死亡"，混合梵文 mara "死亡"，Ashukun 语 mə́rə"死亡"，Wangali 语 mara"死神"，尼泊尔语 maro "死亡"，孟加拉国语 marā"死亡"，Gujirati 语 marɔ"死亡"。④这些词的读音和"麻"的读音完全对应。在东汉三国佛经翻译中，"麻"上古音为明母歌部，上古读音为 *mrar。⑤

梵文 val"看起来好像、接近、与什么相关的"。这和"沸"的上古读音 *pjər或 *pjət 对应。在梵文中 b 和 v 经常交替，韵尾-r、-l、-t 经常互变，⑥因此"沸"（ *pjər 或 *pjəd）和 val 读音非常接近。⑦

所以"麻沸"（ *marpət）可以对应梵文 maraval，就是"像死了一样"，这

---

① Zürcher, E. *The Buddhist Conquest of China*. Leiden：Brill, 1959, pp.26、60.

② 叶晓锋：《华佗与梵文 vaidya"医生"：以佛教传入东汉为线索》，《中山大学学报（社会科学版）》2021 年第 1 期。

③ Singh, V. Sushruta：The Father of Surgery. *Natl J Maxillofac Surg*, 2017, Vol.8（1）, pp.1—3.

④ Turner, R.L. *A Comparative Dictionary of Indo-Aryan Languages*. London：Oxford University Press, 1966, pp.560、567.

⑤ 上古音我们采用李方桂的构拟体系。李方桂：《上古音研究》，商务印书馆，2003 年，第 53 页。

⑥ Gray, H. S. *Indo-Iranian Phonology：with Special Reference to the Middle and New Indo-Iranian Languages*. New York：Columbia University Press, 1902, pp.80、88、102.

⑦ Macdonell, A.A. *A Practical Sanskrit Dictionary with Transliteration, Accentuation, and Etymological Analysis Throughout*. London：Oxford University Press, 1929, p.272.

和史书对麻沸散的描述,"须臾便如醉死无所知",是一致的。

"麻沸散"还有一个可能的来源是古代印度雅利安语的 *mattapāla"醉、醉酒的人",matta 可以对应"麻"mar,因为韵尾-t 和 r 互变很常见,pāla 对应"沸"(*pər 或*pəd)。其中词根 mattā 可以表示"烈性酒、酒、陶醉""醉"。此外,混合梵文 máda"酒",①《后汉书·方术列传下》记载:"乃令先以酒服麻沸散,既醉无所觉。"可以看出,"麻沸散"本身从服用上与"酒"相关,而效果和"醉"相似。从*mattapāla "醉、醉酒的人"这个角度来看,"麻沸散"从语义上看,很有可能和后世的"睡圣散"相似。

在东汉二国印度佛教进入中国大背景下,通过与印度语言的比较,我们发现"麻沸散"的语源可能和梵文有关。根据麻沸散的历史记载,应该和酒一起服用,并且服用之后人如醉死一般。我们发现"麻沸散"与梵文有两种可能的对应:第一,"麻沸"(*marpəd)可以和印度语言 maraval"像死了一样"对应。第二,"麻沸"(*marpəd)可以和印度语言 mattapāla"醉、喝醉的人"对应。目前看,两个都说得通,但是从后世的麻醉药"睡圣散"这一名字来看,第二个解释可能更好,"麻沸散"更有可能是"让人醉倒的药",也就是麻醉药。

8.3.3　五禽戏

五禽戏在中国医学史和体育史上具有非常重要的地位。

五禽戏最早见于三国志。《三国志·方技传》:"佗语普曰:'人体欲得劳动,但不当使极尔。动摇则谷气得消,血脉流通,病不得生,譬犹户枢不朽是也。是以古之仙者为导引之事,熊颈鸱顾,引挽腰体,动诸关节,以求难老。吾有一术,名五禽之戏,一曰虎,二曰鹿,三曰熊,四曰猿,五曰鸟,亦以除疾,并利蹄足,以当导引。体中不快,起作一禽之戏,沾濡汗出,因上着粉,身体轻便,腹中欲食。'"②

这段史料中第一次出现了"五禽之戏"。一般讨论都到此为止,但是非常值得注意的是,"戏"到底是何意思,历来缺乏深入探讨。

首先我们来看《汉语大词典》对五禽戏的解释:"五禽戏,亦作'五禽

---

① Turner, R.L. *A Comparative Dictionary of Indo-Aryan Languages*. London: Oxford University Press, 1966, pp.560—561.

② (晋)陈寿:《三国志》,第 799 页。

嬉'。相传为汉末名医华陀首创的一种健身术。模仿五种禽兽的动作和姿态,以进行肢体活动。"①五禽戏又称"戏五禽",《汉语大词典》:"相传汉末名医华佗模仿虎、鹿、熊、猿、鸟五禽的动作和姿态,编成一套体操,进行肢体活动以健身。后因称以此法锻炼身体为'戏五禽'。"②综合《汉语大词典》的解释,结合学者们的理解,我们可以肯定"戏"的定义应该跟"动作""运动""健身""体操"相关。

而根据《辞源》,"戏"在古代主要有四个意思:一、角力,竞赛体力的强弱。二、开玩笑,嘲弄。三、游戏,嬉戏。四、歌舞,杂技。③可能有人会认为五禽戏的戏可以解释为"游戏、嬉戏"。我们比较《辞海》中"游戏、嬉戏"的词例,《尚书·西伯勘黎》:"非先王不相我后人,惟王淫戏用自绝。"《史记·孔子世家》:"孔子为儿嬉戏,常陈俎豆,设礼容。"显然,"五禽戏"的"戏"跟"游戏、嬉戏"以及其他解释,都不是特别匹配。

因此"戏"这个词语的意思需要重新考虑。

此前,笔者已经指出华佗和古代印度医学之间的关联,除了华佗这一名字与梵文 vaidya 对应之外,古代中医并不擅长外科手术,外科手术是古代印度的长项。根据《三国志》材料,华佗擅长外科手术,从中医的历史传统看,非常特别,但是从印度佛教进入中国的大背景看,当时华佗求学的徐州已经是中国的佛教中心之一,因此华佗的外科手术绝技可能是从印度僧侣或深受印度僧侣影响的中国僧侣那里学来的。④

因此,在训诂学范围内找不到思路的情况下,我们将目光投向古代印度以及梵文。首先我们需要确定"戏"的读音。"戏"上古音晓母歌部字,李新魁、潘悟云、郑张尚芳等学者指出,上古晓母许多都来自见母、溪母、群母,魏晋以后才变成擦音 h 或 x,因此根据这一结论,"戏"上古的读音为 *kal、*khal 或 *qhral。⑤

---

① 罗竹风:《汉语大词典》,第 380 页。
② 罗竹风:《汉语大词典》,第 6707 页。
③ 夏征农:《辞海》,第 1585 页。
④ 叶晓锋:《华佗与梵文 vaidya"医生":以佛教传入东汉为线索》,《中山大学学报(社会科学版)》2021 年第 1 期,第 170—172 页。
⑤ 李新魁:《上古音"晓匣"归"见溪群"说》,《李新魁语言学论集》,第 1—19 页。潘悟云:《喉音考》,《民族语文》1997 年第 5 期。郑张尚芳:《上古音系》,上海教育出版社,2003 年,第 89—90 页。

在印度雅利安语中有非常相似的词语。这和梵文的 kel"运动、摇动"非常接近。①这个词在印度雅利安语中有不同的方言变体,梨俱吠陀梵文 kel"运动、体操",巴利文 kīḷati"运动、体操",混合梵文 kiḍḍaï、killaï、kīḍaï"晃动",梵文 kéḷati"晃动",Sinhalese 语 keli"运动",旁遮普 Bhateali 方言 khēli"运动"。②这和"戏"的语音(*kal、*khal 或 *qhral) 对应,因此"戏"作为"运动、体操"的概念,很可能是个来自梵文的音译词。

8.3.4　膏

《三国志·方技传》专门介绍华佗的手术特点:"病若在肠中,便断肠湔洗,缝腹膏摩,四五日差,不痛,人亦不自寤,一月之间,即平复矣。"③

这段话看起来非常好理解,但是一直不见语言学家对"膏"进行解释。许嘉璐主编的《二十四史全译·三国志(第二册)》翻译为:"病如果是在肠子里,就切开肠子洗涤,接着缝合腹部敷上药膏,四五天后伤口就痊愈了,没有疼痛,病人自己也没有感觉,一个月以内,病人就完全恢复了健康。"④这里把"膏"翻译为"药膏",其实还是没有解决一个问题,即"膏"到底是什么物质。⑤这个问题非常重要。

值得注意的是,这里的"膏摩"在概念上可能和传统医学里的作为推拿手法的"膏摩"并不一样。《辞海》将"膏摩"解释为:"用中药软膏制剂涂于体表再施行推拿手法以治疗疾病的方法。见东汉末张仲景《金匮要略》。在《武威汉代医简》《肘后备急方》《千金要方》等书中都载有膏摩方。"⑥切口或伤口缝好以后,在切口再涂上药膏进行推拿,显然是不可能的。只会妨碍切口愈合。所以这里的"膏摩"需要重新考虑。

根据《辞源》,在古代汉语中,"膏"总体上看有 7 个意思:

① Apte, V.S. *The Practical Sanskrit-English Dictionary: Containing Appendices on Sanskrit Prosody and Important Literary and Geographical Names of Ancient India.* Delhi: Motilal Banarsidass Publ., 1965, p.603.
② Turner, R.L. *A Comparative Dictionary of Indo-Aryan Languages.* London: Oxford University Press, 1966, pp.186, 208.
③ (晋)陈寿:《三国志》,第 799 页。
④ 许嘉璐:《二十四史全译·三国志(第二册)》,汉语大词典出版社,2004 年,第 511 页。
⑤ 这一点戴燕也非常敏锐地提出疑问,不过也并没有答案。详见:戴燕:《华佗无奈小虫何》,《〈三国志〉讲义》,生活·读书·新知三联书店,2017 年,第 106 页。
⑥ 夏征农:《辞海》,第 5802 页。

㊀肥肉。国语晋七:"夫膏粱之性难正也。"注:"膏,肉之肥者。"
㊁油脂。凝结者为脂,呈液态者为膏。诗卫风伯兮:"岂无膏沐,谁适
为容?"周礼天官庖人:"春行羔豚膳膏香。"㊂煎炼而成的膏状物。后
汉书五二崔骃传附崔寔政论:"呼吸吐纳,虽度纪之道,非续骨之膏。"
㊃物的精华也称膏。穆天子传一:"天子之珤,玉果、璇珠、烛银、黄金
之膏。"注:"金膏亦犹玉膏,皆其精沴也。"㊄甘美。山海经海内经:
"(都广之野)爰有膏菽、膏稻、膏黍、膏稷,百谷自生。"注:"言味好皆滑
如膏。"㊅肥沃。㊆古代医学谓心下为"膏"。①

从这里看出"膏"基本是"肥肉"和"油脂"之意,进而引申出"甘美"和
"肥沃"的意思,但是这些意思和"药膏"无关。值得注意的是,《后汉书·崔
骃列传》提到了"续骨之膏","续骨之膏"一般就是指石膏或黏土。

在医学史上,黏土有重要的药用价值。在古希腊,黏土就被用来治疗贵
族的炎症。② Abrahams 指出历史上黏土在饥荒年代可以作为食物的补充,
同时黏土还有解毒作用。他进一步指出,土壤可能是世界上最古老的药物
之一,欧洲使用黏土片作为药物大约有 2000 年的历史,用于治疗疾病,包括
瘟疫、蜇伤、动物咬伤、溃疡、痛风、痢疾、中毒等。③ Viseras 指出黏土作为半
固体保健制剂,具有护肤美容的功效。④由于黏土中含有钙、镁、铁、铜等身
体必需的微量元素,非洲许多国家(如加纳、尼日利亚等)甚至有吃土的习
俗。⑤由此可见,黏土具有重大的医药价值,特别是对伤口消炎和愈合具有
一定的作用。

鉴于黏土在医学上的消炎和愈合伤口作用,而一般油脂显然没有这种作
用,因此华佗手术之后所用之"膏"不太可能是"油脂",更可能是"黏土"。

①　何九盈、王宁、董琨主编:《辞源》,商务印书馆,2017 年,第 3391 页。
②　Finkelman, R.B. The Influence of Clays on Human Health: A Medical Geology Perspective.
　　Clays Clay Miner, 2019, Vol.67, pp.1—6.
③　Abrahams, P.W. Geophagy and the in Voluntary Ingestion of Soil. O. Selinus, B. Alloway, J.A.
　　Centenoi, R.B. Finkelman, R. Fuge, U. Lindh, & P. Smedley(Eds.), *Essentials of Medical
　　Geology: Revised Edition Dordrecht*. Netherlands: Springer, 2013, pp.433—454.
④　Viseras, C., Aguzzi, C., Cerezo, P. & Lopez-Galindo, A. Uses of Clay Minerals in Semisolid
　　Health Care and Therapeutic Products. *Applied Clay Science*, 2007, Vol.36, pp.37—50.
⑤　Hunter, J.M. Geophagy in Africa and The United States: A Culture-Nutrition Hypothesis. *Geo-
　　graphical Review*, 1973, Vol.63(2), pp.170—195.

　　上文已经提及华佗和印度医学的密切关系,"膏"的上古音为 *kaw,在印度-伊朗语言中,巴利文 khamā"土地",混合梵文 khamā"土地",Awadhi 语 kabisā"黄色黏土",Sinhalese 语 kamisa"黏土",普什图语 kh̲āwrah"黏土",①由于印度雅利安语言中,m、b 和 w 经常相互交替,特别是普什图语 kh̲āwra·h 读音和"膏"(*kaw)非常相似。因此我们认为"膏"可能是梵文的借词。

8.3.5　小　结

　　基于佛教进入中国的大背景,徐州成为早期中国东南地区的佛教中心,华佗求学于此,这为华佗接触佛教及印度医学提供便利。早期佛教进入中国能迅速传播,与许多高僧精通医术有关。佛祖本身被称为"大医王","善疗众病",②进入中国传播佛教的高僧安世高"洞晓医术,妙善针脉,睹色知病,投药必济"。③陈乐平指出,华佗还用金属针替代了石针。④根据这些线索,从华佗的医学概念出发,除了华佗的名字和梵文 vaidya"医生"对应之外,"麻沸"(*marpəd)可以和印度语言 maraval"像死了一样"或 mattapāla"醉、喝醉的人"对应。"五禽戏"的"戏"(上古读音为 *kal、*khal 或 *qhral)其实是古代印度梵文 kel"体操、运动"对应音译词,"膏"(上古读音为 *kaw)是印度伊朗语的 khamā 或 khaw-"黏土、泥土"对应音译词。华佗的行医历史中,有这么多的医学术语和古代印度医学术语存在语音上的对应,可以看出:当时印度僧侣带来了大量的印度医学知识,华佗深受印度医学的影响。这也启发我们去深思:华佗本人思想观念或世界观和佛学是否存在关联?

8.4　司马相如与消渴症

　　中国最早关于糖尿病的记载和司马相如有关,被称为"消渴症"。

---

① Turner, R. L. *A Comparative Dictionary of Indo-Aryan Languages*. London: Oxford University Press, 1966, p.190. Raverty, H. G. *A Dictionary of the Puk'hto, Pus'hto, or Language of the Afghans: with Remarks on the Originality of the Language, and Its Affinity to Other Oriental Tongues. Second edition*, London: Williams and Norgate, 1867, p.401.

② 赖永海、高永旺译注:《维摩诘经》,中华书局,2010 年,第 2 页。

③ 梁僧祐:《出三藏记集》,中华书局,1995 年,第 508 页。

④ 陈乐平:《出入"命门"——中国医学文化学导论》,上海古籍出版社,2016 年,第 41 页。

《史记·司马相如列传》:"相如口吃而善著书,常有消渴疾。"①

《释名·释疾病》:"消澉,澉,渴也。肾气不周于胸胃中,津润消渴,故欲得水也。"②

《辞海》:"消渴,中医学病名。因口渴、易饥、尿多、消瘦,故名。按其症状不同,分为:上消,随饮随渴、小便清利、大便如常;中消,随食随饥、口渴多饮、大便秘结;下消,饮多溲多或饮少溲多、小便黄浊、犹如膏状。多由心火偏盛、肺热化燥。"③

从《辞海》的解释来看,糖尿病之所以被称为"消渴",是因为口渴和消瘦,这也是一般论著的基本观点。不过从"上消""中消""下消"这些概念来看,也看不出"消"和"消瘦"之间的关联。此外,从医学研究和病理实际来看,肥胖和糖尿病关系更为密切,许多糖尿病的外观印象都是肥胖症。④所以把"消渴"直接按照字面来理解是有些牵强的。

"消渴"的上古读音首先需要明确。"消",《广韵》"相邀切",上古心母宵部字,宵部(药部)的构拟现在各家颇有分歧,冯蒸对此有很好的评述,他赞成王力的构拟,即把宵部(药部)构拟为单元音 *o,冯蒸最有说服力的原因是:单元音比复元音相对更原始。此外,从语词对应比较来看,宵部经常对应汉语周边语言的 o 或其他后元音。如"熬"对应藏文 rŋo,"哨"对应藏文 so-pa,"恼"对应缅文 nok,"脑"对应缅文 hnok,"钓"对应泰语 tok,"凋"对应泰语 tok。⑤

因此,我们赞成王力和冯蒸的意见,即把上古宵部构拟为 *o。郑张尚芳指出上古三等 i 介音可能是后起的,这是很有道理的。⑥因此"消"上古音为 *sio 或 *so。

"渴",《广韵》"苦曷切",上古溪母月部字,上古音为 *khat。由于上

①　(汉)司马迁:《史记》,第 3053 页。

②　(汉)刘熙:《释名》,中华书局,2016 年,第 116 页。

③　夏征农:《辞海》,第 2626 页。

④　贺媛等:《中国成人肥胖、中心性肥胖与高血压和糖尿病的相关性研究》,《解放军医学杂志》第 40 卷第 10 期,2015 年。

⑤　王力:《汉语语音史》,第 34 页。冯蒸:《上古汉语的宵谈对转与古代印度语言中的 am>-o/-u 型音变》,《冯蒸音韵论集》,学苑出版社,2006 年。Schuessler. A. *ABC Etymological Dictionary of Old Chinese*. University of Hawaii Press, 2007, pp.31、36、95.

⑥　郑张尚芳:《上古韵母系统和四等、介音、声调的发源问题》,《温州师院学报(哲学社会科学版)》1987 年第 4 期。

古-t 韵尾与古代西北地区西域语言中的-r 韵尾对应,①所以﹡khat 也可以读为 khar。

综合以上讨论,"消渴"的上古读音最有可能是﹡sokhar、﹡sokhat。

我们发现"消渴"(﹡sokhar)可以对应印度雅利安语的 śárkarā"糖",如"糖、蔗糖",梵文 śārkara,巴利文 sakkharā,混合梵文 sakkarā,Khowar 语 šokór,Shina 语 šăkăr,Hindi 语 sakkar,Marathi 语 sākar、sākhar。②在梵文中,糖尿病称为 śukra Mēhaḥ,③śukra 表示"糖",meha 表示"尿"。摩洛哥阿拉伯语中,糖尿病称为 merd s-sokura,merd 表示"疾病",s-sokura 显然就是"糖",④merd s-sokura 字面意思就是"糖病"。

这些结构和《史记》中记载司马相如的"消渴疾"是一样的。"消渴"很有可能就是印度雅利安语 śárkara"糖"的音译。也就是说,"消渴症"就是"糖病"。因此,司马相如的"消渴疾"本身是一个半音半译词,"消渴"对应的是梵文 śárkarā 或 śukra"糖",是来自梵文的音译。这种疾病就是早期印度医学对"糖尿病"的一种称呼。

8.5　余　　论

通过与欧亚大陆语言的比较和分析,我们可以看到,"扁鹊""敝昔"与印度-伊朗语 bhishag"医生"对应,"华佗"则和梵文 vaidya"医生"对应,中国古代两大神医都有两个名字,后起的名字刚好分别对应印度梵文的两个表示"医生"的词语:bhishag 和 vaidya。这无疑是观测上古中国和印度医学交流的两条线索,从先秦时期就可以看到,"扁鹊"之外,还有一些独特的医学术语可以在印度雅利安语找到对应,如"痹"(﹡pit,表示"风病")和印度-

---

① 罗常培:《唐五代西北方音》,商务印书馆,2012 年,第 62 页。
② Turner, R.L. *A Comparative Dictionary of Indo-Aryan Languages*. London：Oxford University Press, 1966, p.715.
③ Apte, V.S. *The Practical Sanskrit-English Dictionary*：*Containing Appendices on Sanskrit Prosody and Important Literary and Geographical Names of Ancient India*. Delhi：Motilal Banarsidass Publ., 1965, p.1559.
④ Harrell, Richard S. *A Dictionary of Moroccan Arabic*：*Moroccan-English/English-Moroccan*. Georgetown University Press, 2004, pp.51, 85.

伊朗的 bad "风"对应，"达"(*dat 或 *dar,表示"针")和印度雅利安的 tātala "铁针"对应。到了秦汉时期,华佗的"麻沸散"(*marpəd)可能和印度语言 maraval "像死了一样"或 mattapāla "醉、喝醉的人"对应。"五禽戏"的出现,是汉语史上第一次"戏"(*qhral)可以表示"运动、体操",这也是音译词,和梵文的 kel "运动"音义非常接近。在华佗的医学术语里,"膏"(*kaw)第一次表示"石膏或黏土",这和印度-伊朗语有关,如普什图语 khāwrah "黏土"。此外,糖尿病的早期称呼"消渴症"(*sokhar)其实从语音和语义两方面都可以和梵文 śārkara "糖"对应。需要强调的是,文明的传播和交流从来都是双向的,古代医学方面,同样也存在大量的中国医学深刻影响印度医学的案例。如黄心川指出中国气功传入印度,成为印度瑜伽的一个种类。[①]由此可见早期中国医学和印度医学之间的密切双向互动联系。

值得注意的是,从汉帝国新出现语词来看,汉帝国显然和匈奴带来的近东医学发生接触和交流,第六章已经指出,汉帝国时期,身体名词"肚"(*da)对应闪米特语 tah "内部、肠","酪"(*lag)对应闪米特语 araq "酒",此外,西汉《急就篇》中出现了"远志续断参土瓜",这里的"参"是中国历史上第一次作为"药草"出现的。此后就有了"人参""党参"等专门医学草药名词。为何称呼这类草药为"参",一直以来没有确解。其实"参"(*səm)在语源上和近东语言相关。闪含语系中,西部乍得语 *cim "草药",豪萨语 cima "草药",东部乍得语 syam "草"。闪米特语 samm "毒药",阿卡德语 sammu "毒药",阿拉伯语 samm "毒药",索科特利语 sam "毒药",哈尔苏西 sem "毒药",梅赫里 sem "毒药"。[②]

因此,仅仅从医学术语即可以看出汉帝国与古代印度文明、近东文明之间的交流和互动,而汉帝国的医学和近东医学之间的交流、互鉴是非常值得深入挖掘的领域。

---

① 黄心川:《东方佛教论》,中国社会科学出版社,2002 年,第 74—97 页。
② 周金泰:《人参考——本草与中古宗教、政治的互动》,《文史》2019 年第 1 辑。Orel, V.E. *Albanian Etymological Dictionary*. Leiden:Brill, 1998, pp.95、461.

第9章 不周山的世界史：兼论丝绸之路的神山和山地民族

9.1 引　言

在同源词比较中，"山"是一个非常重要的词语。通过对全球各大语言的比较与研究，可以发现这些词语的语音形式惊人地相似。

闪含语中，"山"，中部乍得语 pyal，Bula 语 pyɛla，Mofu 语 pəlay；"石头、大理石"，闪米特语 balak，阿拉伯语 balaq，南部阿拉伯语 blq，Geez 语 balaq，西部乍得语 bVlak，中部乍得语 palak；①"山"，Ugaritic 语 gbl，埃及阿拉伯语 gabal，阿拉伯语 jabal，摩洛哥阿拉伯语 žbal，Mehri 语 gebēl。②这些词的核心词根都是 b-l。③从这里可以看出早期近东的闪含语系表示"山""石头"词语的原始词根形式＊b-l 或＊p-l。

南亚语中，"山"的语音形式可以根据辅音大致分为两类：

一、br-或 bl-结构。"山"，Laven 语 bruu，Cheng 语 bruu，Juk 语 bruu，Jru 语 bruu，Nyaheun 语 bruo，Oi 语 bruu，Cheng 语 Bruu，Mundari 语 buru，Kui 语 bruu，古高棉语 vrau、vrov，Kui 语 bruu，Souei 语 bruu，Sô 语 bruu，Katang 语 bruu，Ong 语 bruu，Kriang 语 pruu，En 语 blao，Wa 语 blaoŋ；"石头、山"，Tean-ean 语 batuʔ。④二、m-ŋ 结构。"石头"，Nicobarese 语 maŋŋe；

---

① Orel, V.E. *Albanian Etymological Dictionary*. Leiden：Brill, 1998, p.53.

② Levin, Y. Baal Worship in Early Israel. An Onomastic View in Light of the "Eshbaal" Inscription from Khirbet Qeiyafa. *Maarav*, 2014, Vol.21（1—2）, p.137.

③ 阿拉伯语中 g-是名词前缀，ž 是 g 的音变形式。

④ Scott, J.G., Hardiman, J.P. *Gazetteer of upper Burma and the Shan States*. Burma：Superintendent, Government printing, 1899. Shorto, H.L. *A Mon-Khmer Comparative Dictionary*.（转下页）

"山",原始佤语*mloŋ,佤语 mloŋ, Lawa 语 mbloaŋ。①

达罗毗荼语中,"山"的语音形式可以根据辅音大致分为两类:

一、p-r 结构。泰米尔语 poṟai "山", Naikri 语 por "山、顶部", Kurux 语 partā "山", Parji 语 podi "顶部、上面"。②二、m-l 或 m-r 结构。泰米尔 malai "山" Malayalam 语 mala, Toda 语 mal, Kannada 语 male "山、林", Tulu 语 malè "山、林", Telugu 语 mala "山" Kolami 语 mālē "山", Gadba 语 mare "小山丘", Brahui 语 mash "山"。③总体上,都是唇音和流音组合。

壮侗语族中,"山",武鸣壮族 pja¹,龙州壮语 phja¹,布依语 po¹,仫佬语 pɤa。④壮侗语族中的"山"原始形式可以构拟为*pla。

苗瑶语中,"山",养蒿 pi¹¹,大南山 pe³¹,摆托 pa³²,甲定 pæ⁵¹,绞坨 pe¹¹,枫香 pi¹³,原始形式构拟为*pa。⑤

阿尔泰语蒙古语族中,"山",Oirat 语 bulu;"磨石",蒙古语 biluː,东部裕固语 bulyː,土族语 buliu,保安语 bəlu,康家语 buliao。⑥可以看出蒙古语族中,表示"山""磨石"的词语基本语音结构是 b-l。

满通古斯语中,"山"的语音形式可以根据辅音大致分为两类:

一、m-ŋ 结构。"丘陵、山岗",满语 muŋgan,锡伯语 muŋgan,鄂温克 muŋga,鄂伦春语 muŋga,赫哲语 muŋgan。⑦其中 gan 为名词后缀⑧,满通古斯语里很常见,因此表示"山岗"的核心词根是 muŋ。二、m-l 结构。"山

(接上页)Canberra：Australian National University, 2006. Sidwell, P., Jacq, P.A Handbook of Comparative Bahnaric：Vol.1. West Bahnaric, Pacific linguistics, 2003, p.150. Phaiboon, D. Glossary of Aslian Languages：The Northern Aslian Languages of Southern Thailand. *The Mon-Khmer Studies Journal*, 2006, Vol.36, pp.207—224.

① Man, E.H. *A Dictionary of The Central Nicobarese Language：English-Nicobarese and Nicobarese-English.* London：WH Allen, 1889, p.91. Diffloth, G. *The Wa Languages.* Fresno：California State University, 1980, p.133.

② Burrow, T., Emeneau, M.B. *A Dravidian Etymological Dictionary*(2nd ed). Oxford：Clarendon Press, 1984. p.404.

③ Burrow, T., Emeneau, M.B. *A Dravidian Etymological Dictionary*(2nd ed). Oxford：Clarendon Press, 1984. p.420.

④ 王均等:《壮侗语族语言简志》,第 798—799 页。

⑤ 王辅世:《苗语古音构拟》,东京国立亚非语言文化研究所,1994 年,第 8 页。

⑥ [日]栗林均:《オイラート文語三種統合辞典》,东北大学东北アジア研究センター,2017 年,第 316 页。德力格尔玛、波·索德:《蒙古语族语言概论》,第 93 页。

⑦ 朝克:《满通古斯语族语言词汇比较》,第 20—21 页。

⑧ 阿尔泰语中 qan、kan、gan、gin 经常充当名词词缀,可以参考朝克:《满通古斯语族语言词汇比较》,第 20、24 页。

梁"，满语 mulu，锡伯语语 mulu，鄂温克语 mulu，鄂伦春语 mul，赫哲语 mu-lu。①此外，原始朝鲜语 moryo"山"，爱奴语 mori"小山、斜坡"，中古朝鲜语 molo"山"，古代日语 mure"山"。②显然和 m-l 结构是同源词。

南岛语中，"山"的语音形式可以根据辅音大致分为四类：

一、b-t 结构。"山"，Bali-Vitu 语 potu，Lavongai 语 put，Tigak 语 put，Kara 语 fut，Nalik 语 fut，Tabar 语 potu，Lihir 语 pot-pot，Madak 语 put，Marovo 语 botu，Roviana 语 botu-botu，Sulu 语 bud。③原始形式构拟为 *botu。二、b-l/r结构。南岛语中，"峭壁、悬崖"，Rarotongan 语 pari，Tahitian 语 pari，Maori 语 pari，Hawaiian 语 pali，④原始形式为 *pali。三、m-t 结构。"山"，Tongan 语 mato，Samoan 语 mato，Tikopia 语 mato，Rarotongan 语 mato，Tuamotuan 语 mato，Tnutan 语 mato，Tahitian 语 mato，Maori 语 mato。⑤原始形式为 *mato。四、m-ŋ-结构。波利尼西亚语中，"山"，Niuean 语 mouŋa，Rennellese 语 maʔuŋa，Tongan 语 moʔuŋa，Samoan 语 mauŋa，Tikopia 语 mauŋa。⑥原始形式为 *mouŋa。

印欧语中，"山"的语音形式可以根据辅音大致分为三类：

一、m-r、m-l 或 m-n 结构。梵文 maruḥ"山、岩石"，Khowar 语 mēr "山"，阿尔巴尼语 mal"山"，巴斯克语 mendi"山"，拉丁语 mōns"山，塔尖，巨石，磐石"，Breton 语 menez"山"，威尔士语 mynydd"山"，阿维斯塔语 maiti"山，高度"。⑦这一组的总特征是 m 后面加齿龈音。二、b-r 或者 b-l 结构。希

---

① 朝克：《满通古斯语族语言词汇比较》，第 20—21 页。

② Patrie，J. *The Genetic Relationship of the Ainu Language*. Honolulu：University of Hawai'i Press，1982. p.98. Martin，S.E. Lexical Evidence Relating Korean to Japanese. *Language*，1966，Vol.42，pp.185—251. Unger，J.M. Substratum and Adstratum in Prehistoric Japanese. Henning Andersen(eds.)，*Language Contacts in Prehistory：Studies in Stratigraphy*，Amsterdam：Philadelphi：John Benjamins Publishing Company，2003. pp.241—258，239—241.

③ Cowie，A.，Cowie，W.C. *English-Sulu-Malay Vocabulary*. London：British North Borneo Company，1893. p.109. Ross，M.，Pawley，A. and Osmond，M. *The Lexicon of Proto Oceanic. The Culture and Environment of Ancestral Oceanic Society*，Vol.2. *The Physical Environment*. Canberra：The Australian National University，2007. p.51.

④⑤⑥ Ross，M.，Pawley，A. and Osmond，M. *The Lexicon of Proto Oceanic. The Culture and Environment of Ancestral Oceanic Society*，Vol.2. *The Physical Environment*. Canberra：The Australian National University，2007. p.53.

⑦ Orel，V. E. *Albanian Etymological Dictionary*. Leiden：Brill，1998. p.243. Trask，R.L. *Etymological Dictionary of Basque*. University of Sussex，2008. p.287. Glare，P.G.W. *Oxford Latin Dictionary. 2nd Ed*. Oxford：Oxford University Press，2012. p.1131. de Vaan，M. *Etymological Dictionary of Latin and the Other Italic Languages*. Leiden：Brill. 2008，p.388.

腊语 pella "峭壁",中古波斯语 barag "山",巴列维语 balēn "高峰、顶峰"、bašn "高峰、顶峰"、bar "岸、滨",威尔士语 bâl "山顶",古代挪威语 bjarg "山",古代英语 beorʒ "山",古代高地德语 berg "山",古代撒格逊语 berg "山",凯尔特语 barina "岩石",克罗地亚语 bilo "山脊、要道",捷克语 bidlo "顶点",斯洛伐克语 bidlo "顶点,高处",保加利亚语 bilo "山顶,山脊",斯洛文尼亚语 bilo "要道"。①②三、b-n 结构。古代爱尔兰语 benn "高峰、山",中古威尔士语 bann "高峰、顶峰",中古布列塔尼语 ban "山",现代布列塔尼语 bann "高峰"。③可以看出印欧语的山的词根是 mōn、mal、mar、bal-、bar、ban 等形式,鉴于 m 和 b 之间,n、l 与 r 之间经常相互演变,因此可以把印欧语中的 "山" 构拟为 mVn ~ mVl ~ mVl ~ bVn ~ bVl ~ bVl ~ bVn。

非洲语言中,"石头",Berta 语 bele、bar,Sillok 语 pela,Malkan 语 fela,Tornasi 语 bela,Mangbetu 语 bula,Sara 语 mbal、bal,Doohwaayaayo 语 behtoh。④可以看出,非洲语言中表示 "石头" 的词语,基本上也都可以归纳为 "双唇塞音加流音" 模式。

从上面材料可以看出,世界绝大多数语言中,表示 "山" 和 "石头" 的语音形式高度相似,可以归纳为:第一个辅音都是唇音,具体表现为 p、b、m 等辅音,这些辅音经常可以互变;第二个辅音都是齿龈音,⑤具体表现为 n、t、d、r、l 等辅音,这些齿龈辅音经常可以互变,因此我们可以归纳为 m-l、m-n、m-t、m-d、b-l、b-n、b-t、b-d 等形式,即 P(M)-T(N) 语音形式 (图9-1)。

---

① Derksen, R. *Etymological Dictionary of The Baltic Inherited Lexicon*. Leiden：Brill, 2014. p.41. Mallory, J.P., Adams, D.Q. *The Oxford Introduction to Proto-Indo-European and the Proto-Indo-European World*. Demand：Oxford University Press, 2006. p.121. De Vaan, M. *Etymological Dictionary of Latin and the other Italic languages*. Leiden：Boston, 2008, p.388. Orel, V. *Albanian Etymological Dictionary*, Brill：Albanian Etymological Dictionary, 1998, p.42.

② 波斯神话中的圣山是 Harborz,核心词根是 borz,本义也是 "山",辅音结构也是 b-r 结构。详见 Mackenzie, D. N. *A Concise Pahlavi Dictionary*. London：Oxford University Press, 1971, p.43.

③ Matasovic, R. *Etymological Dictionary of Proto-Celtic*. Leiden：Brill, 2008, p.54.

④ Greenberg, J.H. *The Languages of Africa*. Bloomington：Indiana University, 1963. p.126. Dakubu, M.E.K. *West African Language Data Sheets*. West African Linguistic Society, 1900, p.152.

⑤ 流音也是齿龈音的一类,区别在于发音方法不同。

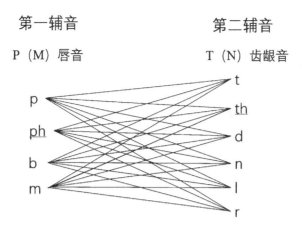

图 9-1　全球各大语言中表示"山、石头"词语的辅音结构

9.2　古代世界中的神山和神石名称语源考

古代世界中,神圣空间经常和名山是对应的。许多名山的名称的语音形式非常值得深入分析,背后其实能反映出全球语言中的"山"的读音共性。

9.2.1　不周山(B-D 辅音组合)的世界史

9.2.1.1　不周山、华不注

中国古代最有名的神山之一就是"不周山"。在上古传世典籍中经常出现,如《吕氏春秋·有始览》:"地大则有常祥、不庭、岐母、群柢、天翟、不周。"《淮南子·天文训》:"昔者共工与颛顼争为帝,怒而触不周之山。天柱折,地维绝。"《楚辞·离骚》:"路不周以左转兮。"出土文献中也有出现,如九店楚简:"尔(武夷)居复山之基,不周之垄。"①但是"不周"这个名字到底什么意思,历来没有定论。比较流行的解释来自《山海经·大荒西经》:"西北海之外,大荒之隅,有山而不合,名曰不周负子。"②按照这个说法,"不周"这个名字是由于这座山没有合在一起,所以叫"不周山",这显然是望文

---

① 湖北省文物考古研究所、北京大学中文系编:《九店楚简》,中华书局,2000 年,第 50、105 页。
② 陈立:《白虎通疏证》,中华书局,1994 年,第 343 页。

生义,因为绝大多山都没有合在一起,但也都没有命名为"不周山"。其实留意"不周"的上古语音,就可以一目了然,"不周"上古音为 *pətu,①可以看出,与上文罗列的南亚语、南岛语等语言中 batuʔ"山、石头"以及喜马拉雅山的称呼 beta 等语音极为相近,②本意就是"山"的意思,只是上古华夏民族不太明白这就是其他语言中表示"山"的词汇,误以为这就是山名。类似的情况很多,如"弱水","弱"(*mjog)本来是满通古斯语中的 muku"水",但是只说汉语的人不明白,误以为这就是河的名字。③"不周山"的命名也是同样的情况。

还有一个证据可以证明上面的看法,《左传·成公二年》记录的"鞍之战"里,晋国军队打败齐国军队,追着齐侯绕了华不注山三圈:"齐师败绩,逐之,三周华不注。"《国语·晋语》作:"齐师大败,逐之,三周华不注之山。"④"华不注"就是现在济南的"华山",⑤从这里也可以看出,"不注"相当于"山","不注"的上古音是 *pədo,与"不周"(*pətu)以及南亚语 batuʔ"山"、南岛语 potu"山"读音相似。⑥

9.2.1.2　方丈、方城、樊桐、丰都、瀛洲、丸都

"方城"最早见于《左传·僖公四年》,楚国使者对齐桓公说:"君若以力,楚国方城以为城。汉水以为池,虽众,无所用之。"这里的"方城"即"方城山"。⑦"方城"读音也是 *paŋdiŋ,考虑鼻音经常自动增生或消失,因此"方

---

① "不"上古帮母之部字,帮母的读音为 p,之部主元音位 e;"周",章母幽部字,声母的读音为 t,幽部的主元音是 u。考虑到"調""凋"等都是端组字,同时,上古典籍中,"周"和"雕"异文,如《左传·襄公十五年》:"晋侯周。"《经典释文·公羊传》:"'周'又作'雕'。"详见高亨:《古字通假会典》,齐鲁书社,1989 年,第 778 页。同时端组是塞音,章母是塞擦音,塞擦音一般都是后起,详见梁敏、张均如:《壮侗语族塞擦音的产生和发展》,《民族语文》1983 年第 3 期,第 19—29 页。因此我们将"周"构拟为 *tu。

② Jäschke, H.A. *A Tibetan-English Dictionary: with Special Reference to the Prevailing Dialects, to Which Is Added an English-Tibetan Vocabulary.* London: Kegan Paul, Trench, Trübner & Co. Ltd., 1881, p.370.

③ 叶晓锋:《汉藏语中的"弱"以及相关问题》,《语言研究集刊》第 11 辑,上海教育出版社,2012 年,第 304—312 页。

④ 杨伯峻:《春秋左传注》,中华书局,1990 年,第 293—294 页。

⑤ 唐敏等:《山东省古地名辞典》,山东文艺出版社,1993 年,第 85 页。

⑥ 汉代山东的君山又称"抱犊山","抱犊"的上古读音为 budo,其实原来就是南岛语的 potu"山"。因为后来进入汉语中,一般人已经不知道语源,就以为通名是专名,并在后面加一个词缀"山",就叫作"抱犊山"了。

⑦ 杨伯峻:《春秋左传注》,第 792 页。

城"原来读音也可能是*padi,核心辅音 p-d,和"方丈"是一样的,原来都是东方土著民族语言中"山"的意思。

《水经注·河水》:"昆仑之山三级,下曰樊桐,一名板桐;二曰玄圃,一名阆风;上曰层城,一名天庭。"神山"樊桐"bandoŋ 又称"板桐"pandoŋ,读音和"方丈"paŋdaŋ、"方城"paŋdiŋ 相似,核心辅音都是 p-d 结构,本义应该也来自"山"。

"丰都"是中国民间信仰中地狱的称呼,又称"平都山""别都山""丰都罗山",①其中以"别都"出现最早,为春秋时期,上古读音为*patta,鼻音是后来音变增加的,②就变成了"平都"piŋta 和"丰都"poŋta,辅音基本结构都是 p-t,本义就是"山"。③

"瀛洲"也叫"魂洲"或"环洲",④"魂"和"环"都是匣母合口字,在东汉三国佛经梵汉对音中,匣母合口字对应 v,如"桓"对应梵文 van,⑤因此"魂"可以对应 vun,"环"可以对应 van,"洲"知母幽部字,上古读音为*tu,因此"魂洲"和"环洲"原来对应的上古读音是*vantu 或者*vuntu。值得注意的是,《三国志·魏书》记载毌丘俭征讨高句丽的王城丸都山:"俭遂束马县车,以登丸都。"这里的"丸都"(*vanda)和"环洲"极为相似。黑龙江的完达山又叫"万达山",《金史》中称为"桓笃""完都鲁",⑥可以看出与"环洲""丸都"读音都很相似,这和泰米尔语中的 viṇṭu"山"对应,⑦与上面的"丰都"又称"丰都罗"相似。

值得一提的是,"丰都"还有"丰都罗"的称呼,后面多了一个"罗"(*la),

---

① 李丽、公维章、林太仁:《丰都"鬼城"地狱十王信仰的考察》,《敦煌学辑刊》1999 年第 2 期,第 40—47 页。

② 无论是汉藏语还是其他语言鼻音增生是很常见的语言现象,详见王双成:《汉藏语言的鼻音韵尾增生现象》,《民族语文》2014 年第 5 期。Grierson, G.A. Spontaneous Nasalization in the Indo-Aryan Languages. *Journal of the Royal Asiatic Society*, 1922, Vol.54(3), pp.381—388.

③ 这个读音和凯尔特语中的 bando"顶峰、巅峰"非常相似,辅音结构都是"唇音+鼻音+齿龈音"。详见 Matasovic, R. *Etymological Dictionary of Proto-Celtic*. Leiden: Brill, 2008, p.54.

④ (东晋)王嘉:《拾遗记》,中华书局,1981 年,第 227 页。

⑤ 俞敏:《后汉三国梵汉对音谱》,《俞敏语言学论文集》,第 60 页。

⑥ 张伯英:《黑龙江志稿》,黑龙江人民出版社,1992 年,第 87 页。

⑦ Burrow, T. & Emeneau, M.B. *A Dravidian Etymological Dictionary*. 2nd ed. Oxford: Clarendon Press, 1984, p.497.

声母是流音 l-。"万达山"又称"完都鲁",①后面也多了一个"鲁",声母也是流音 l-,藏文中 ri"山"和 la"山、山口"都是流音作为声母,可能与之相关。②这说明流音 l-可能是表示"山"的词缀。

9.2.1.3　普陀山、布达拉山、别迭里、拔达岭、五台山、幽都、于都斤山

梵文中神山 Potala(也叫 Potalaka、Potaraka)汉语翻译作"补怛落迦""布呾落迦""普陀落""普陀",是佛教观音所在之名山。③

布达拉山的藏文拼写是 po-ta-la,一般认为 po-ta-la 为观音菩萨的的住所,是印度洋上的一座山,佛教徒心目中南海圣地。④叶斯开的解释是拉萨附近有三个山峰的山。⑤"布达拉"原来和佛教并无关联,理解为 Buddha-la 是一种误会。这应该是正确的意见。

有时 po-ta-la 前面会加一个前缀 ri bo"大山",写作 ri-bo-po-ta-la。劳费尔⑥指出,为了发音方便,又把两个唇音合并,变成 ri-bo-ta-la,蒙古语转写是 ri-otala,就是"五台山"。⑦根据吐鲁番文书的突厥语材料,五台山写作 uday-san。⑧

一般认为五台山是由五座山峰构成,五座山峰的峰顶平坦如平台,因此称为"五台山"。⑨劳费尔的这一说法是一个重大发现,表明"五台"原来就是记音的,与字面意义无关。

---

① 张伯英:《黑龙江志稿》,第 87 页。

② 黄布凡等:《藏缅语族语言词汇》,第 8 页。张怡荪:《藏汉大辞典》,民族出版社,1984 年,第 2744—2745 页。

③ [英]但尼士、[德]欧德理:《中国评论》,国家图书馆出版社,2010 年,第 118—119 页。季羡林等:《大唐西域记校注》,第 861 页。

④ Chandra, S. *Journey to Lhasa and Central Tibet*. London:John Murray, 1902, p.785.张怡荪:《藏汉大辞典》,第 1619 页。

⑤ 值得注意的是,从中国古代、西藏以至东南亚普遍都有三山为仙山的传说。详见 Jäschke, H.A. *A Tibetan-English Dictionary*:*with Special Reference to the Prevailing Dialects*, *to Which Is Added an English-Tibetan Vocabulary*. London:Kegan Paul, Trench, Trübner & Co. Ltd., 1881, p.325.

⑥ Laufer, B. Loan-words in Tibetan. *T'oung Pao*, 1916, Vol.17(4/5), p.467.

⑦ 普陀山得名也值得注意。佛教的元素可能是后来附会上去的,比如云南的弥勒县,很容易误认为跟弥勒佛有关。刚好附近就有一座弥勒寺,元以后所见。其实跟原来的头人名字叫"弥勒"有关。详见吴光范:《云南地名探源》,云南人民出版社,1988 年,第 161 页。

⑧ Zieme, P. Three Old Turkic 五臺山讚 Wutaishanzan fragments. 内陸アジア言語の研究,2002(17). pp.223—239. 也有可能直接 po>wo>u,重唇音轻唇化是西域语言和阿尔泰语中常见的音变。详见[美]N.鲍培:《阿尔泰语比较语法》,第 10—13 页。

⑨ 郭锦桴:《汉语地名与多彩文化》,上海辞书出版社,2004 年,第 83 页。

　　与梵文 potala、藏文 potala"布达拉"读音相似的还有"拔达岭"。"拔达岭"又称"勃达岭""八达坂"，就是现在的别迭里山口，是天山的一个山口，通过拔达岭可以从中国穿过天山到达吉尔吉斯斯坦。也是唐玄奘西天取经路上的重要的节点。沙畹认为就是 bédel，冯承钧基本赞同，不过将读音标作 bedal，后来得到多数学者的认可。①bédel（或 Bedal）和布达拉山（po-ta-la）读音很相似，都是"唇音＋齿龈音＋流音"，这三者都和"山"或"石头"相关。②

　　阿富汗境内的巴达克山（Badakhshan）是全球著名的天青石产地，词根是 badakh，在古代泰米尔语中是 vadakku"山"，③其实也和"山""石头"有关。

　　通过以上材料我们可以看出梵文 potala、"布达拉""五台山""拔达岭"badel 以及"八达岭"语音结构都是 p-t-l-。上文已经确定 p-t- 是表示"山"的意思，部分语言中还会增加一个流音 l，如"丰都罗""完都鲁"，l 应该是表示"山"的后缀，"布达拉"（potala）、"五台山"（otala）也是同样的音节结构，本义都是"山"。④

　　有鉴于 potala 的 p 会变成 w 或 u，这让人想起上古的"幽都"。根据《山海经·海内经》："北海之内，有山，名曰幽都之山。"《楚辞·招魂》里"幽都"成了鬼魂的住所，"魂兮归来！君无下此幽都些"。"幽都"是北方的名山，上古音为 *uta，突厥的神山是"于都斤山"，"可汗恒处于都斤山"（《周书·突厥传》），"于都斤山"对音为 ötükän，kän 是山名后缀，⑤核心词根就是 ötü，显然，"幽都"uta、"五台山"otala、uday 读音非常相似。

　　鉴于五台山 otala 是从 potala 演变而来，那么，"幽都"（*uta）可能来

———————

① ［法］沙畹：《西突厥史料》，中华书局，1958 年，第 11 页。冯承钧、陆峻岭：《西域地名》，中华书局，1982 年，第 13 页。苏北海：《西域历史地理》，新疆大学出版社，1988 年，第 226—227 页。

② 八达岭的语源一直不明，可能也是和 bedal 有关，原来就是"山"的意思。

③ Kumar, Senthil A.S. *Read Indussian*: *The Archaic Tamil from c.*7000 *BCE* *. Tiruvannamalai: Amarabharathi Pubulish & Book sellers, 2012, p.212.

④ 根据 potala 在佛经中也翻译为"海岛"，"岛"和"山"往往是同源词，由此也可以印证 potala 的本义应该就是"山"。详见 Akira, Hirakawa. *Buddhist Chinese-Sanskrit Dictionary*. Tokyo: The Reiyukai Press, 1997, p.725.

⑤ 阿尔泰语中 qan、kan、gan、gin 经常充当名词词缀，可以参考朝克：《满通古斯语族语言词汇比较》，第 20、24 页。

自 *puta,"于都斤"ötü 则来自 pötü,音变过程是 *puta> *vuta> *uta 和 pötü>vötü>ötü。也就是说"幽都"和"于都斤"的原始辅音结构也是 p-t-,是"山"的意思。

古代欧亚大陆东部名山的名称高度一致,耐人寻味。

9.2.1.4　伯特利神殿 (בֵּית־אֵל, Bethel、Baetylia)、伯利恒 (בית לחם, byt l-ḥm)

在近东的宗教传统中,特别崇拜石头。《圣经·创世纪》(28:19)中记载雅各梦里得到上帝的祝福,醒来以后就立石作为纪念,并将这个地方称为伯特利(Bethel)。

它还有同义词是 Abdir、Abdir、Abaddir,[1]Moore 指出 abaddir 是个闪米特语词语,aba-"父亲",ddir 在《旧约》中经常用来称呼上帝。因此 Moore 认为 abaddir 是"权威或者高贵的父亲",或者 abdir 是"伟大的父"。[2]不过 Bocharti 认为 abadir 和腓尼基语中 aban dir 或 aben dir"圆石"有关。[3]由于没有其他语言证据,这个意见一直被忽视,上文提到的世界各大语言中 b-d-l 表示"山、石头"等相关意思,这可以印证 Bocharti 的思路是对的。当然,我们还可以更加直接地说,abdir 原来就是"石头"的意思。

现在回到 bethel 的语源问题,一般都把 Bethel 解释为"beth(家、殿)-el(神)",即"神之殿""神之家"。[4]

从《圣经》原文看,"伯特利"和"石头"有关是非常清楚的。圣经里说雅各设了一块"石柱"(massebah),并把它称为 bethel。传说中 bethel 被认为是来自天堂的石头,可能是陨石。[5]同时结合同义词 abadir 原意为"石

---

① Cheyne, T. K. *Encyclopaedia Biblica: A Critical Dictionary of The Literary, Political, And Religious History, The Archaeology, Geography, and Natural History of the Bible*. Vol.1. Toronto: George N. Morang & Company, 1899, pp.2977—2978.

② Moore, George F. Baetylia, *American Journal of Archaeology*, 1903, Vol.7, No.2, pp.198—208.

③ Bochart, S. *Samuelis Bocharti Geographia sacra, seu Phaleg et Canaan: cui accedunt variae dissertationes philologicae, geographicae, theologicae, etc. Antehac ineditiae: ut et tabulae geographicae et indices, longè quam antea luculentiores et locupletiores*. Lugduni Batavorum: Apud Cornelium Boutesteyn et Jordanum Luchtmans, 1692, p.708.

④ Moore, G.F. Baetylia. *American Journal of Archaeology*, 1903, Vol.7(2), pp.198—208.

⑤ Cheyne, T. K. *Encyclopaedia Biblica: A Critical Dictionary of The Literary, Political, And Religious History, The Archaeology, Geography, and Natural History of the Bible*. Vol.1. Toronto: George N. Morang & Company, 1899, pp.2977—2978.

头"，因此 bethel 原来的意思可能就是"石头"或"山"，后来才演变成为"家"或"殿"。在《圣经·出埃及记》（15：17）中，上帝带领他的子民穿过红海进入他的"圣所"，在后面又写作"他自己的山"。①从这里也可以看出，"山"和"圣所"在圣经传统中有时是相同的，"山"和"石头"是同源词，这也说明，将"伯特利"解释为"神石"或"神山"是可以的，而且这可能更接近本质。

Moore 指出没有一个闪米特语中有 bethel 或相似读音的词语表示"立石，石柱"，这也说明这个词语可能不是希伯来语。②将 bethel 分析为 beth "家、殿"和 el 是希伯来人重新分析的结果。③在《圣经》里 bethel 变成了一个专名（proper name），但是语言接触中普遍规律是通名变成专名，如"扁鹊"本义是医生，后来变成秦越人的名字。④根据《圣经》原文可以判断，bethel 并不是希伯来语，可能来自其他东方语言。

我们再来看 bethel 和 abadir，a- 很可能是名词词缀，没有实在意思。⑤词根 bethel 和 Badir，第二辅音 th 对应 d，都是舌尖辅音，-l 和 -r 是流音，经常可以互变。如果只看辅音，可以看出两者高度相似，都是三辅音结构，可以归纳为"唇音+齿龈音+流音"语音组合，⑥即"B-D-L"辅音组合模式。

值得注意的是《圣经》中耶稣的出生地也是"伯利恒"（בית לחם，byt l-ḥm），核心辅音词根也是 b-t-l，和"伯特利"（bethel）非常相似，语源上可能也存在

---

① 详见［美］约翰·布莱特：《旧约历史》，四川人民出版社，2014 年，第 145 页。

② 对外来借词重新进行本土化的分析是语言接触中的常见现象。比如云南的弥勒县，很容易误认为跟弥勒佛有关。刚好附近有一座弥勒寺，元以后所见。其实跟原来的当地领袖名字叫"弥勒"有关。详见吴光范：《云南地名探源》，云南人民出版社，1988 年，第 161 页。

③ Bethel 在印欧传统中又被写作 baetylia、baetyli、Baetylia，在欧洲神话中语义的演变和希伯来语中的语义演变非常相似。最初 Baetylia 是一块圣石，后来演变为神殿、偶像和祭坛。详见 Bochart, S. *Samuelis Bocharti Geographia sacra, seu Phaleg et Canaan: cui accedunt variae dissertationes philologicae, geographicae, theologicae, etc. Antehac ineditiae; ut et tabulae geographicae et indices, longè quam antea luculentiores et locupletiores.* Lugduni Batavorum: Apud Cornelium Boutesteyn et Jordanum Luchtmans, 1692. p.708. Moore, G.F. Baetylia. *American Journal of Archaeology*, 1903, 7(2), pp.198—208. 伊利亚德指出，在非洲、太平洋、印度等地的土著文化中，石头是神灵、祖先或文化英雄的代表，灵魂寄居于石头之中。由此可见，"石头"可以演化为"住所、家"。详见［美］米尔恰·伊利亚德：《神圣的存在——比较宗教的范型》，广西师范大学出版社，2008 年，第 208—209 页。

④ 叶晓锋、陈永霖：《从丝绸之路语言接触的角度看先秦部分医学词语的来源——以"扁鹊"、"瘠"、"达"等词语为例》，《民族语文》2018 年第 1 期，第 78—85 页。

⑤ 正如叙利亚（Syria）和亚述（Assyria）其实是同源词，A- 就是一个名词词缀。

⑥ 流音相混和相互演变是常见音变。

关联。由于"伯特利"在以色列人中有神圣的寓意,"伯利恒"本身也有神圣空间的意味,大卫就是在这里受膏,预定了他成为以色列之王(《旧约·撒母耳记上》16∶1—13)。因此《新约》中耶稣的出生地是伯利恒可能也有宗教上的隐喻意义,即耶稣出生在神圣之地,如"伯特利"(bethel)一样,这为耶稣的出生增加了一层神秘色彩,而且事实上,耶稣一出生,因为怕受到迫害,马上离开伯利恒,从此在拿撒勒定居,耶稣一生在伯利恒的时间仅仅是出生之时,非常短暂。因此耶稣出生在伯利恒,这更像一个宗教隐喻,伯利恒是神圣之地,在神圣之地出生,预示耶稣和雅各、大卫一样得到祝福。

在希腊语中,πέτρᾱ(pétrā)、πέτρη(pétrē)"岩石、山脊、悬崖"和古罗马的七座神山之一 pallatin(又作 pallatum)也和伯特利 bethel 读音很相似。但是从印欧语找不到同源词,①其实可以追溯到远东地区的布达拉山(potala)、拔达岭等,显然和希腊语中 pétrā、布达拉山、拔达岭是同源词。在亚洲的南方,达罗毗荼语中,泰米尔语 vitari"山",Kannada 语 betṭa"山"。可以看出,泰米尔语的 v 可以和 Kannada 语的 b 对应,由于印度地区语言中 b 和 v 经常可以互变,泰米尔语 vitari 早期可能是 bitari,和上述词语是同源词。

南亚语中,"石头、岩石",Temiar 语 batel,Jahai 语 baləl,②以及中国黑龙江的"完都鲁"wandulu、新疆的"别迭里"bedal。这些语言都分布在欧亚大陆的中部和东部。从语音角度看,和《圣经》中的伯特利神殿(Bethel)以及希腊的 πέτρᾱ(pétrā)以及古罗马的 pallatin 非常吻合。③从这刚好可以说

---

①　罗马城最初就是围绕帕拉丁山开始发展的,后来才扩展到其他六个山,历史上有七丘之城的说法。详见刘津瑜:《罗马史研究入门》,北京大学出版社,2014 年,第 2 页。Beekes, R. Pre-Greek: Phonology, Morphology, Lexicon. Leiden: Brill, 2014, p.49. Ernout, A., Meillet, A. Dictionnaire étymologique de la langue latine. Histoire des mots. Paris: Klincksieck, 1951, p.843.

②　Means, N. Temiar-English, English-Temiar Dictionary. Saint Paul: Hamline University Press, 1998, p.220. Burenhult, G., Arvidsson, J. (Eds.). Archaeological Informatics: Pushing the Envelope CAA. Archaeopress, 2002, p.263.

③　武夷山语源一直不明。在闽语中,鼻音都塞化为相同发音部位的浊塞音,因此明母和微母字实际读音都是 b,如闽南厦门话中,如"米"bi³、"无"bu²、"武"都是 bu³。详见谭邦君等:《厦门方言志》,北京语言学院出版社,1996 年,第 51 页。"夷",以母脂部字,* dir。因此上古时期,福建地区的武夷山很有可能实际读音就是 badil 或 badir,当然也有可能就是 madil 或 madir。本义也是"山"或者"神山"的意思。

明,早期希伯来文化和古希腊罗马文化可能受到过来自欧亚大陆东部民族的影响。希伯来语 ophel"塔"①以及罗马的名山 *Oppius*,这些名称可能都是来自欧亚大陆的东方民族语言,如蒙古语敖包 obo。②护雅夫也曾指出佛教佛陀的故事通过粟特摩尼教徒传到伊斯兰教,之后又传入到希伯来语,进入基督教世界。③由此护雅夫提出,文化或文物从东西任何一方传入到另一方都是很常见的。这是非常有道理的。从"伯特利神殿"这个希伯来传统概念来自东方世界,也可以印证护雅夫的观点。

9.2.2 蓬莱山(B-L 辅音组合)的世界史

9.2.2.1 蓬莱山

《史记·秦始皇本纪》记载,徐市跟秦始皇说:"海中有三神山,名曰蓬莱、方丈、瀛洲。""蓬莱"和"方丈"的上古音分别是 *boŋle 与 *paŋdaŋ,考虑后鼻音-ŋ 经常可以增生④,也可以将-ŋ 剔除,那么"蓬莱"核心辅音是 *b-l,"方丈"的核心辅音是 *p-d。和"不周""不注"基本语音结构是一样的,因此"蓬莱""方丈"原来可能都是"山"意思。

9.2.2.2 金字塔(berber)、草原石人(balbal)、帕米尔(Pamir)、Bamar(缅甸)、金字塔(pimar)

在欧亚草原,石人分布广泛。在碑铭中,这些石人被称为 balbal 或 baba。如鄂尔浑突厥碑铭中就出现了 balbal,⑤Erdal 指出 balbal 是坟墓前面的立石,是被杀死敌人的标记,也就是"杀人石",⑥是一种"纪念石"(memorial stone)。由于在欧亚大陆古代世界里,许多民族都认为祖先和亡灵可以住在石头里边,因此 Erdal 的解释更有道理。有些语言中流音消失,balbal 就变成 baba 了,如在阙特勤碑铭中石头雕像不管男女又作 baba,这

① Hitchcock, R.D. *Hitchcock's Bible Names Dictionary*. Oxford: Benediction Classics, 2010, p.44.
② 关于敖包可以参考 Poppe, N. *On Some Altaic Names of Dwellings*. Studia Orientalia Electronica, 1964, Vol.28.
③ [日]护雅夫:《丝路与粟特人》,《丝路与佛教文化》,贵州大学出版社,2013 年,第 167—171 页。
④ Grierson, G.A. Spontaneous Nasalization in the Indo-Aryan Languages. *Journal of the Royal Asiatic Society*, 1922, Vol.54(3). pp.381—388.
⑤ Clauson, G. *An Etymological Dictionary of Pre-Thirteenth-Century Turkish*. Oxford: Clarendon Press, 1972, p.333.
⑥ Erdal, M. *A Grammar of Old Turkic*. Leiden: Brill, 2004, p.223.

个词和"父亲"baba 没有任何关系。①不过为何石人被称为 balbal 或 baba，在突厥语或阿尔泰语内部找不到答案。其实这个词的词根 bal（核心词根为 b-l）就是欧亚大陆语言中广泛存在的"石头"的意思。

埃及金字塔在埃及语中称为 berber，②无论在语音和纪念碑性质上都和草原石人 balbal 非常相似，肯定有共同的来源。此外在许多语言中表示"石头、岩石"的词语至今还保留着相似的读音，如南岛语中，Motu 语 papa"平坦的岩石"，Tongan 语 papa"砂岩"，Samoan 语 papa"岩石"。③

值得注意的是，上文提到的欧亚大陆草原石人被称为 balbal 或者 baba，现代英语 pebble"鹅卵石"来自古英语 papol，④但是该词的语源不详。⑤papol 的读音也和巴别塔（babel）很像。"岩石、花岗石"，古希腊 marmaros，拉丁语 marmor，法语 marbre，英语 marble，塔吉克语 marmar。⑥可以看到从拉丁语到法语，后面的 m 变成 b，这是常见的音变，到了英语中，r 又变成了 l。⑦从印欧语内部就可以看到，m 和 b 之间关系密切，r 和 l 可以互换。可以看出，拉丁语 marmaros"岩石、大理石"和草原石人 balbal 读音和语义极为接近。

---

① 王博、祁小山认为 balbal 和 baba 是不一样的，这是不对的，其实就是一样的，只是流音韵尾 l 消失才变成了 baba。详见王博、祁小山：《丝绸之路草原石人研究》，新疆人民出版社，1995 年，第 26 页。

② Budge, E.A.W. *An Egyptian Hieroglyphic Dictionary*. London：John Murray, 1981, p.219.

③ Ross, M., Pawley, A. and Osmond, M. *The Lexicon of Proto Oceanic. The Culture and Environment of Ancestral Oceanic Society*, Vol.2. *The Physical Environment*. Canberra：The Australian National University, 2007, p.218.

④ Liberman, A. *An Analytic Dictionary of the English Etymology*：*An Introduction*. University of Minnesota Press, 2008, p.32.

⑤ 详见 https://www.etymonline.com/word/pebble#etymonline_v_10224。

⑥ Gamkrelidze, T.V. Recent Developments in Indo-European Linguistics and A New Paradigm in Indo-European Comparative Studies. Werner Winter (eds.) *On Languages and Language*. Berlin, New York：De Gruyter Mouton, 1995, p.191. 高尔锵：《塔吉克汉词典》，四川人民出版社，1996 年，第 128 页。

⑦ 帕米尔（Pamir）在吉尔吉斯语中是"冷而高的草原牧场"也可能更早 papir 或者 papil，不能排除发生了异化才变成了 pamir，考虑到帕米尔高原是世界屋脊，所以原来意思应该就是"高山"。在亚洲好多山地民族语言中（特别是藏缅语中），词根 pam-就是"山"的意思，阿昌语 pum^{55}，载瓦语 pum^{51}，浪速 pam^{31}，景颇语 pum^{31}。（详见《藏缅语语音和词汇》编写组：《藏缅语语音和词汇》，第 395 页）缅甸还有一个口语的称呼是 Bamar，Burma 是它的变体（详见 Houtman, G. *Mental Culture in Burmese Crisis Politics*：*Aung San Suu Kyi and the National League for Democracy*. Ilcaa, 1999, p.45），核心辅音也是 b-m-r，和帕米尔的 p-m-r 非常相似，语源应该都是和"山"有关。

由于 m 和 p、b 之间的交替，这让人想起帕米尔（Pamir）可能和 papir、papil 相关。

埃及金字塔的另一种称呼是 pimar，与帕米尔（Pamir）以及缅甸（Bamar）读音和语义相似，①古代世界里许多纪念碑或纪念塔一般都由石头所造，因此塔在语源上经常和"山"或"石头""高"等语义相关是可以理解的②，金字塔 pimar 的这一称呼应该是来自更远的东方世界的词语，因为埃及没有高山，而东方世界里类似读音都是表示"山"的意思。

由此可见，从欧亚大视野来看，草原石人 balbal 或 baba、英语中 papol、pebble、帕米尔（Pamir）以及埃及金字塔的称呼 pimar，这些称呼的语源其实都是和"石头、岩石"有关。

9.2.2.3 奔奔石（bnbn、benben、blbl）

在近东神话中，bnbn（benben）是创世之初从水中出现的一个山丘，也是金字塔的原型，金字塔塔尖也称 bnbn，传说是 Atum 神的住所，Atum 神有时就等同于 bnbn 山。同时，太阳神庙前的立柱也成为 bnbn。③除了 bnbn 这种写法之外，还可以写作 blbl 或 brbr。④由于鼻音-n 可以和流音-r、-l 经常互换，因此 blbl 和 brbr 是 bnbn 的变体。但是这个词语语源一直不详。非洲部分语言中，如 Omotic 语 bəlá 表示"山"，Anselin 根据这些非洲语言材料，认为 bnbn 语义应该和"山"有关。这无疑是正确的。但是其实闪含语系中也有同源词，如：古希伯来语 'ében"石头"，Accadian 语 abnu"石头"，Soqtri 语 oben"石头"，⑤还可以把视野拓宽，考虑到 bnbn 的变体有 blbl 以及 brbr，而 blbl 的辅音结构和草原石人 balbal（blbl）完全一致。这两者之间的语音高度相似无疑表明了东方语言和非洲语言的高度相似性，这也说明早期文明应该是有一个共同源头，然后再向全球扩散。

---

① Miller, D.G. *Ancient Greek Dialects and Early Authors*. Boston：de Gruyter, 2013, p.36.

② 详细案例可以参考 Takács-Sánta, A. Barriers to Environmental Concern. *Human Ecology Review*, 2007, Vol.14（1）, p.369.

③ Crisologo, J., Davidson, J. *Egyptian Mythology：Ancient Gods and Goddesses of the World*. CreateSpace Independent Publishing Platform, 2014, p.18. Pinch, G. *Handbook of Egyptian Mythology*. Santa Barbara, California/Denver/Colorado/Oxford：Abc-Clio, 2002, p.180.

④ Anselin, A. Two Names for Stone in Ancient Egyptian. *Cahiers Caribéens d'Egyptologie*, 2014, Vol.18, pp.77—84.

⑤ Leslau, W. *Etymological Dictionary of Harari*. Berkeley and Los Angels：University of California Press, 1963, p.171.

9.2.2.4　巴别塔(babel)

巴别塔被称为 babel,是《圣经》传说中人类建造的一个通天塔,现在一般认为和巴比伦 Babylon 是同源词,经常被解释为"bab (门)-el (神)" (即"上帝之门")。①但是这个流行的解释遇到许多学者的质疑,②认为 babel 是来自 balal,即"变乱人们的语言"。Gelb 指出原来的这个看法是误解,并认为 babil 原来的意思是"森林"。③ Day 进而指出:迄今为止,巴别塔 babel 和巴比伦 Babylon 的语源其实还是很不确定的。④

首先,我们可以确定的是,babel 是一个塔,而塔在古代世界经常用于宗教、祭祀神灵,因此会比较高。在北非等没有山的地区,就宗教祭祀功用来说,塔其实相当于山。

其次,早期世界里的纪念碑和纪念塔一般都由巨石建造,埃及金字塔都是劈削大石头建造而成。⑤因此塔的语源经常会和"石头"相关,也是很好理解的,埃及的金字塔在希腊语被称为 pyramis,后来在英语中变成 pyramid,⑥核心辅音词根含有 p-r,其实语源也和"山""石头"相关。⑦

再次,在社会语境和社会功用来看,babel 经常和"山""高"有关。在语音上,babel (或者 babil) 与奔奔石的变体 blbl、草原石人 balbal、英语的 papol "鹅卵石"以及南岛语中 papa "岩石"极为相似。因此,可以推断,babel 原来的意思应该是"岩石、山峰"。

从《圣经·创世纪》可以知道,巴别塔应该和上帝关系密切,《圣经》中说人类是想借此到达天堂,让上帝极为不悦。上文提到埃及神话的 bnbn "奔奔石"是神灵 Atum 居住的地方,石头是神灵的住所。⑧因此,巴别塔(ba-

---

①　Arnold, B.T. *Who Were the Babylonians?* Society of Biblical Lit, 2004, p.2. Edzard, L. *Approaches to Arabic Dialects. A Collection of Articles presented to Manfred Woidich on the Occasion of his Sixtieth Birthday.* Harrassowitz Verlag, 2009, p.121.

②　Gunkel, H. *The Legends of Genesis.* Chicago:Open Court Publishing Company, 1901, p.29.

③　Gelb, I.J. The Name of Babylon. *Journal of the Institute of Asian Studies*, 1955, Vol.1, pp.1—4.

④　Day, J. *From Creation to Babel:Studies in Genesis 1—11.* Bloomsbury Publishing, 2014, p.180.

⑤　Bright, J. *A History of Israe.* Louisville:Westminster John Knox Press, 2000, p.17.

⑥　Miller, D.G. *Ancient Greek Dialects and Early Authors.* Boston:de Gruyter, 2013, p.36.

⑦　需要指出的是,《圣经》里建造巴别塔是用砖,但这丝毫不妨碍巴别塔这个名字和"石头"或"山"有关,因为这个词对于以色列人来说就是外来借词。

⑧　段义孚指出,美索不达米亚的通灵塔名字有许多都和"山"有关。详见 [美] 段义孚:《恋地情结:对环境感知、态度与价值观的研究》,志丞、刘苏译,商务印书馆,2018 年,第 134 页。

bel)和早期埃及神话中的 bnbn 相似,本义就是"山"或"石头",是神灵的住所。《圣经》中人类企图造出巴别塔,本质是期待自己成为神,不再臣服上帝,这自然会引发神的愤怒。[①]

9.2.3　须弥山(M-L 辅音组合)的世界史

印度各宗教中圣山须弥山(sumeru)原来是 meru,翻译作"弥楼""弥娄""弥楼山"。[②]湿婆所居住的盖拉瑟山在诗歌中被称作"摩诃弥卢"(mahameru)。[③]其实 meru 原来不是山名,而是表示"山"的读音,即来自达罗毗荼语的 male"山"。[④]只是后来的语言进入之后,已经不能理解原来的土著语言,以为就是名称,这样 meru 就成了山名。类似表示"山"的读音,上文已经指出在日语、爱奴语、原始韩语中也都存在,原始朝鲜语 moryo"山",爱奴语 mori"小山、斜坡",日语 molo"山"。[⑤]

上古汉语文献中也有类似的山名,《左传·隐公四年》:"莒人伐杞,取牟娄。"于钦指出,"牟娄"就是牟娄山,后来又讹误为"朦胧山"。[⑥]可能就是原来东夷土著的语言,原义也是"山"。

9.2.4　武当山(M-D 辅音组合)的世界史

"芒砀山"是汉高祖刘邦躲避秦始皇时经常隐藏的地方,高祖"隐于芒、砀山泽岩石之间",一般都把这两个字分开,读为"芒、砀",理解为"芒县、砀县",[⑦]但是从《潜夫论·浮侈》的"文帝葬于芒砀"可以看出,"芒砀"原来应该是一座山,上古读音为 *maŋdaŋ,核心辅音结构是 m-d。这种结构基本上也都是表示"山"。类似的名山还有"武当",汉代就出现了,上古读音为

---

① 巴别塔传说可能存在三重隐喻:(1)用"神灵的居所"建造人类的纪念碑,是希望取代上帝,自己成神。(2)用"神灵的居所"建造一个供后人朝拜的建筑,违反了当时犹太教禁止偶像崇拜的教义。(3)石头的"神圣"含义来自山地民族的信仰体系,在犹太民族看来是一种异端信仰。这是和我的学生张超一起讨论交流的结论,谨此致谢。

② 详见 Akira, Hirakawa. *Buddhist Chinese-Sanskrit Dictionary*. Tokyo: The Reiyukai Press, 1997, p.438.

③ [德]施勒伯格:《印度诸神的世界——印度教图像学手册》,范晶晶译,第 175 页。

④ 牟娄山(molo)命名也是同理。

⑤ Patrie, J. *The Genetic Relationship of the Ainu Language*. Honolulu: University of Hawai'i Press, 1982, p.98.

⑥ (清)钱大昕:《十驾斋养新录》,上海书店出版社,2011 年,第 213 页。

⑦ 详见(汉)司马迁:《史记》,第 348 页。

*mataŋ,可以看出核心词根也是*m-t,这和上文讨论部分南岛语*mato "山"、古阿维斯塔语maiti"山"、高加索地区的亚美尼亚语matn"小山,山坡"、格鲁吉亚语mta"山"音义相似,因此语源也是"山"。①

9.2.5　茅山(M-NG 辅音组合)的世界史

上古中国从东周起,将最高等级的高山大川和对山川的祭祀称为"望"。如《墨子·迎敌祠》:"祝、史乃告于四望、山川、社稷,先于戎,乃退。"但是为何称"望",主要有两种解释:一、"望"理解为"远望"。如《汉书·郊祀志》"望秩于山川",颜师古注:"望,谓在远者望而祭之。"二、"望"理解为"遥"。《广雅·释天》:"望,祭也。"王念孙疏证:"望者,遥祭之名。"②这些解释都着眼于"远望",其实是望文生义,按照这种解释,天的距离很远,祭天也可以称为望祭,但是实际上并没有。因此还是要着眼于对应的对象,"望"最重要的特征是与"山川"有关,"望"上古音为*maŋ,其实参照上文材料中的南亚语的maŋŋe、mloŋ、mblauŋ"山",波利尼西亚语的mauŋa"山",满通古斯语muŋgan"山",就可以确定,"望祭"中的"望"其实是个记音字,表示"山"。这可以得到典籍的印证,《尔雅·释山》:"梁山,晋望也。"显然这里的"望"就是"山"。汉语典籍中经常出现的"防山"(《史记·孔子世家》)、"蒙山"(《楚辞·天问》)、"邙山"(《西京杂记·第三》)、"芒山"(《山海经·大荒西经》)、"蟒山"等 m-ŋ 或 b-ŋ 辅音结构的山名,本义其实都是"山",后来年代和族群迁徙导致语义模糊,才出现各种各样的解释。

有趣的是,《水经注·浙江水》记载:"又有会稽之山,古防山也,亦谓之为茅山。"可见"防山"也称为"茅山"。后来"茅山"又成为重要道教圣山,其实也是和南亚语有关,在南亚语系部分语言中,"山、石头、岩石",Khasi语maw,Ta-ang语mō,Ra-ang语mau,au 和 o 之间相互演变非常多,③由此

---

① Martirosyan, H. *Etymological Dictionary of the Armenian Inherited Lexicon*. Leiden: Brill, 2009, p.452. Awde, N., Khitarishvili, T. *Georgian-English, English-Georgian Dictionary and Phrasebook*. Curzon Press, 1997, p.138.

② 更多例子详见宗福邦等:《故训汇纂》,第 1060 页。田天:《秦汉国家祭祀史稿》,生活·读书·新知三联书店,2015 年,第 259 页。

③ Pryse, W. *An Introduction to the Khasia Language: Comprising a Grammar, Selections for Reading, and a Vocabulary*. Calcutta: School-book Society's Press, 1855, p.158. Mitani, Y. Palaung Dialects: A Preliminary Comparison. *Japanese Journal of Southeast Asian Studies*, 1977, 15(2), pp.193—212.

可见"茅山"的"茅"原来应该就是"山"或"石头"之义。"巫山"命名也应该和"茅山"相似。有时在南亚语中,还会增加一个名词前缀 t-或 th,如"石头"古代高棉语 t-mo, Kuy 语 tmau, Charu 语 təmɔː。[①]"太(th-)姥(m-)山"、"天(t-)目(m-)山""玳(d-)瑁(m-)山"的语源应该与此相关,也是南亚语的遗留形式。

9.3　丝绸之路山地民族和海滨民族名号语源考

9.3.1　从语源学来看欧亚大陆山地民族的族名

通过上文对全球语言中表示"山"和"石头"的词语归纳,可以看出全球各大语言中总体可以为两类:一类是 m-开头,一类是 p、ph、b 开头。从印欧语和南岛语内部语义演变类型来看,"山"的语义又可以进一步演变为"海滨"和"野蛮"。比如印欧语中,原始阿尔巴尼亚语 mal"山",拉脱维亚语 mal"岸、海滨",古代捷克语 breh"山、山边、岸、海滨",斯洛伐克语 breh"山,岸,海滨",波兰语 brzeg"岸,海滨"。[②]阿尔泰语中,雅库特语 buran<burgan"山、丘",鄂温克语 burgan"河岸"。[③]这些语言都是在"山"的语义基础上演变出"海滨、河岸"的意思。在许多地方,"山里人""山里头人"经常等同于"野蛮人"。这为解读山地民族名称的语源提供了很好的线索。

9.3.2　"蛮"(M-N 辅音组合)的世界史

"蛮"(*mwan ~ *mon)出现很早,西周的虢季子白盘就提到"用政(征)繺(蛮)方"。[④]"蛮"主要指南方的非华夏民族。上古楚国以及附近的南方土著族群统称为"蛮"。[⑤]群蛮和楚国之间战和无定。但总体上楚国和吴国

---

① Shorto, H. L. *A Mon-Khmer Comparative Dictionary*. Canberra: Australian National University, 2006, p.103.

② Orel, V. E. *Albanian Etymological Dictionary*. Leiden: Brill, 1998, p.243. Darksen, R. *Etymolgocial Dictionary of the Slavic Inherited Lexicon*, Leiden: Brill, 2008, p.37.

③ [美]N.鲍培:《阿尔泰语比较语法》,第 104 页。

④ 王辉:《古文字通假字典》,中华书局,2008 年,第 759 页。

⑤ 熊渠自称:"我,蛮夷也,不与中国之号谥。"(《史记·楚世家》)

本身也是"蛮"的一支,如东汉到六朝的文献中,"蛮"主要表示长江中游以及附近的土著民族。①

但是为何称"蛮",这是个值得深入探讨的问题。鲁西奇②已经注意到汉魏六朝诸蛮基本上都是山居为主,不过也不局限于山地,也有生活于平原和湖泊的。同时蛮族基本上不进入政府的管理系统,远离城郭,处于散居状态。"蛮"是代表正统的北方人群对南方土著的歧视性称呼。显然鲁西奇倾向于把"蛮"的意思理解为"野蛮"。但是从《史记·楚世家》中熊渠骄傲地自称"蛮夷"来看,"蛮"最初不可能是表示贬义的"野蛮"的意思,应该另有其他意思。

其实除了"蛮"和"闽"之外,好多南方亚洲民族称号都是 m-n 或 m-ŋ 结构。比如,日本学者鸟居龙藏调查发现,各苗族自称一般都是以 m 作为声母,如青岩花苗 mu,安顺花苗 mun,弥勒花苗 mun,武定花苗 amon,青岩花苗 mon,青岩附近白苗 mon,印度支那也有民族自称 man。显然这些民族自称与"蛮"man 和福建附近民族"闽"都是以 m 开头。③不仅苗语中,瑶族自称也基本是 m-n 结构。勉 mjen,标曼 bjau mɔn,史门 çi³¹mun³¹,标敏 bjau³¹ min³¹,藻敏 dzau⁵⁴min⁵⁴。④李永燧认为"蛮"就是"人"的意思。⑤这在苗瑶语内部是可以自圆其说的,但是从更大视野看,就会存在问题。因为除了中国境内的苗族、瑶族之外,还有许多亚洲南方民族都称 mon 或者类似的读音。比如,Chandra 指出,藏文 mon 是喜马拉雅地区的不同民族的总称。⑥越南语也称柬埔寨为 men。⑦

越南的莽族人自称 maŋ³⁵,他称有"岔满""插满""孟嘎""莫",核心词根是"满""孟""莫",都是 m 开头的音节,而且后面经常会有鼻音。颜其香、周植志认为族称"莽"意思是"到处为家的人",⑧范宏贵、刘志强认为"莽"是"流浪"的意思,也可以理解为"居止不定"的人。⑨高永奇调查发现,

①② 鲁西奇:《释"蛮"》,《文史》2008 年第 3 辑,第 55—75 页。

③ 鸟居龙藏的发现很有意思。不过他也没能解释 man 之类的民族自称到底是什么意思。详见[日]鸟居龙藏:《苗族调查报告》,贵州大学出版社,2009 年,第 11—13 页。

④ 毛宗武等:《瑶族语言简志》,民族出版社,1982 年,第 4 页。

⑤ 李永燧:《关于苗瑶族的自称——兼说"蛮"》,《民族语文》1983 年第 6 期,第 16—22 页。

⑥ Chandra, S. *Journey to Lhasa and Central Tibet*. London: John Murray, 1902, p.976.

⑦ 何成、郑卧龙、朱福丹、王德伦等编:《越汉辞典》,商务印书馆,1997 年,第 695 页。

⑧ 颜其香、周植志:《中国孟高棉语族语言与南亚语系》,第 8 页。

⑨ 范宏贵、刘志强:《中越跨境民族研究》,社会科学文献出版社,2015 年,第 166 页。

"莽人"的语义有"山民""耳聪的人"。①从一个民族内部看"莽"的语源是存在争议的。

在长庆会盟碑文中，吐蕃人称周边居民为 mon，常带有蔑称意味。②门巴族的自称和他称都是 møn³⁵ pa⁵³，pa⁵³ 在门巴族就是表示"人"的后缀，③所以一般情况下，mon 作为门巴族自称的核心部分，不可能是"人"的意思，否则就与 pa⁵³ 重复了。

因此，对于"蛮"和 m-n 辅音结构的族称，我们需要更好的解释。

探讨"蛮"和 mon 的语源，有两条很好的线索：一、"蛮"经常和山地相关。鲁西奇就指出，汉魏六朝时期，诸蛮总体上是以居住山地为主。④二、越南还有一个芒族，族称就是 muong，自称是 mol、mon、muan、mual，语源不明。⑤但从自称看，mol、mon、muan、mual、muong 语音相近，应该都是同源词。

鉴于上面两条线索，把握了"蛮"和"山"之间的关系，同时，"蛮"的读音 man、mon，及其变体 mual、mol 等，和亚洲、欧洲语言中的 mon、mar 等表示"山"的词语对应。⑥因此可以断定，"蛮"和其他 m-n 结构族称，本义就是"山"的意思。"南蛮"就是"南方的山里人"的意思。上文提到的亚洲南方以 m 开头的部落和民族名称，如藏文 mon 表示喜马拉雅地区的部落，语源也是"山"，也是"山里人"的意思。南方民族自称山民的民族也不少，中国瑶族有个支系叫"山子人"，也是"山里人"的意思，⑦这就是一个最直接的

---

① 高永奇：《莽语研究》，民族出版社，2003 年，第 1 页。

② 王尧、陈践：《吐蕃简牍综录》，文物出版社，1985 年，第 39 页。

③ 陆绍尊：《错那门巴语简志》，《中国少数民族语言简志丛书》（第一卷），民族出版社，2007 年，第 741 页。

④ 鲁西奇：《释"蛮"》，《文史》2008 年第 3 辑，第 55—75 页。不过鲁西奇对山居是否蛮的重要特征存在疑虑，他更倾向于散居作为蛮的重要标志。其实，散居是山居的结果，而且不容易把握"蛮"和北方游牧民族的本质区别。因此，史书中，将"山居"作为"蛮"的基本特征，其实是非常有代表性的。

⑤ 颜其香、周植志：《中国孟高棉语族语言与南亚语系》，第 8 页。

⑥ 如达罗毗荼语中 mar"山"，波利尼西亚语中，"山"，Niuean 语 mouŋa，Rennellese 语 maʔuŋa，Tongan 语 moʔuŋa，Samoan 语 mauŋa，Tikopia 语 mauŋa。原始形式为 * mouŋa，Nuguria 语 mauna，夏威夷语 mauna。详见 Ross, M., Pawley, A. and Osmond, M. *The Lexicon of Proto Oceanic. The Culture and Environment of Ancestral Oceanic Society*, Vol. 2. *The Physical Environment.* Canberra：The Australian National University, 2007, pp.52—53.

⑦ 范宏贵、刘志强：《中越跨境民族研究》，社会科学文献出版社，2015 年，第 51 页。

证据。"山里人"又会引申出"野蛮人"的意思。这在语义演化中是常见的现象。比如,在古代高棉语中,vrau 同时可以表示"brou 族(山族)"和"野蛮人"。[1]

"闽"是福建地区的称呼,本义也和"蛮"一样,都是"山地"的意思。

在中越边境,有许多地名都有"勐"Muong,如"勐醒,勐捧,勐满,勐果"等,[2]语源也应该和"山地"有关。

马来的读音 malay,核心辅音是 m-l,本义也是"山"和"岛"。

中世纪中亚史书中(如志费尼《世界征服者史》)常称中国南方为 machin(摩秦),也称为 manzi(蛮子),[3]根据以上的结论,核心词根 man 可能和"山"有关。

9.3.3 "越"(B-L/R/D)的世界史

9.3.3.1 "巴""蕃""吐蕃""不丹""巴尔蒂"

在古代四川有古国"巴国",但是为何称为"巴"原因不明。其实到现在南方还有很多地方以"巴"开头。如广东地名中,经常还有带"巴"或"把"的地名。如广东仁化有巴寨、梅县有巴庄、深圳有巴丁、湛江有巴东,永兴岛又叫巴注。司徒尚纪指出有山的地方地名中的"巴"可能和壮语 bya"山"有关。[4]李如龙指出,贵阳市郊有"摆灯笼""摆牯""摆郎"等地名,"摆"是"山"的意思。[5]鉴于四川地区本身多山地,因此"巴"最初就是"山","巴人"也就是"山地民族"的意思。

藏族人将他们自己的所居住的地区称为"蕃"即 Bod,而毗邻的印度人则称他们为 bhota、bhauta、bauta。[6]西藏名称 Bod,语源一直没有得到很好的解释。劳费尔[7]认为可能和汉语的"步"有关,不过劳费尔本人也承认语音上并不对应,少了一个韵尾-d。值得注意的是,印度东北部的阿萨姆邦有

① Sidwell, P., Jacq, P. *A Handbook of Comparative Bahnaric*: *Vol.1*: *West Bahnaric*, Canberra: Pacific linguistics, 2003, p.150.

② 范宏贵、刘志强:《中越跨境民族研究》,第 51 页。

③ [伊朗]阿老丁·阿塔蔑力克·志费尼:《世界征服者史》(上),第 18 页。

④ 司徒尚纪:《广东文化地理》,广东人民出版社,1993 年,第 364—347 页。

⑤ 李如龙:《汉语地名学论稿》,上海教育出版社,1998 年,第 140 页。

⑥ [法]石泰安:《西藏的文明》,耿昇译,中国藏学出版社,2012 年,第 15 页。

⑦ Laufer, B. Loan-words in Tibetan. *T'oung Pao*, 1916, 17(4/5), p.430.

个博多(Bodo)族，Bod 和 Bodo 其实语源都和 bod、bol 等表示"山"的词根有关，基本辅音结构是 b-d。喜马拉雅山又被称为 beta，①基本辅音结构也是 b-t。根据苯教史，吐蕃最早的名字其实不是 bod，而是 bon，由于藏语中-n 和-d 交替很常见，所以才变成了 bod。②从全球语言中的山的读音来看，本义就是"山"的意思。在唐蕃会盟碑中，尼泊尔对应 bal。③一直到现在，藏文中以 bal、bal-po 表示尼泊尔，④本义也是"山"的意思。不丹(Bhutan)、巴尔蒂(Balti)本义也应该和山有关。⑤

孟加拉语中，孟加拉是 bāṁla。⑥ṁ是个鼻化音，在印度雅利安语中经常会增生ṁ，⑦因此 bāṁla 其实就是 bāla，和吐蕃语中的尼泊尔 bal 极为相似，语源都是"山"。考虑到孟加拉三面都是高地和群山环绕，这一语源解释与地理环境是符合的。⑧

在南亚语言中，经常会在名词前面加一个 t-或 th-前缀，如"石头"，Khasi 语 maw，Palaung 语 mo，Kuy 语 tmau，Charu 语 təmɔː；⑨因此，"吐蕃"(Tibet)前面的 ti-是名词前缀，仅仅表示词性，核心词根是 bet，和 bod 是同源词，本义都是"山"。⑩

9.3.3.2 越、粤、倭

"越"，又作"粤"，作为国名和族名很早就出现了。一直到中古以后的"山越"，绵延不绝。安般、吕春盛、鲁西奇都曾指出，"山越"就是居住于南

① Jäschke, H.A. *A Tibetan-English Dictionary: with Special Reference to the Prevailing Dialects, to Which Is Added an English-Tibetan Vocabulary.* London: Kegan Paul, Trench, Trübner & Co. Ltd., 1881, p.370.
② [法]石泰安：《西藏的文明》，第 256 页。
③ 详见王尧：《吐蕃金石录》，文物出版社，1982 年，第 58 页。
④ Chandra, S. *Journey to Lhasa and Central Tibet.* London: John Murray, 1902, p.868.
⑤ 巴尔蒂也被称为小西藏(详见陆水林：《关于巴尔蒂斯坦的名称》，《华西语文学刊》2009 年第 1 辑，第 2009 页)，可以看出 balti 和西藏自称 bod 肯定语源上相关。
⑥ [荷]威廉·冯·申德尔：《孟加拉国史》，东方出版中心，2011 年，第 2 页。
⑦ 印度雅利安语中鼻音增生很常见的，详见 Grierson, G.A. Spontaneous Nasalization in the Indo-Aryan Languages. *Journal of the Royal Asiatic Society*, 1922, Vol.54(3), pp.381—388.
⑧ [荷]威廉·冯·申德尔：《孟加拉国史》，第 4 页。
⑨ Shorto, H.L. *A Mon-Khmer Comparative Dictionary.* Canberra: Australian National University, 2006, p.103.
⑩ 帝汶岛(Timor)前面的 ti-也是名词前缀，mor 是词根，核心辅音是 m-r，这和马来 malay 的辅音组合(m-l)非常相似，本义也是"山"或"岛"。

方山区的山地民族和人群的总称。①

不过,对"越"语源的讨论并不多。Ferlus 认为"越"(*wat)的语源应该和"原始村庄的圆形防护边界"有关。②不过这无法解释"越"作为族名和地名为何只在南方出现,而不在北方出现。因此还要重新予以讨论。

"越",中古是喻母合口字,韵尾为 t,在越南语中,云母经常对音 v,同时考虑到 v 和双唇塞音或鼻音都存在交替。在梵汉对音中,"越"对应梵文var、vat 以及 vart,③因此可以考虑"越""粤"可能就是 pat、bat、par、bar、mar、mat、pal、bal 或 mal 的变体。在语音演变中,m、b、p 等双唇声母和 v 互变是很常见的。④如东汉三国佛经翻译中,"婆"(*bal)就对应 va 和 vat。⑤"越"(var 或 vat)和 mar、bar、par、mal、bal、pal 交替在语音上是完全可能的。在古代高棉语中,也有类似的音变,vrau 同时可以表示"brou 族(山族)"和"野蛮人",发生的音变为 brau>vrau。⑥

var 和 bal"尼泊尔"、bod"西藏"、mon"喜马拉雅山的部落"读音非常接近,其实这些词语的语源都和"山"有关。上文已经表明,在各大语言同源词中,"山"的语义经常和"水滨""岸""港口"等相关,浙江、广东、广西以及越南古代都称为"越",从地貌上看,这些地方都兼有山地和海滨,因此可以

---

① 安般:《山越盛衰浅析》,《中央民族大学学报》1999 年第 4 期,第 38—40 页。吕春盛:《三国时代的山越与六朝的族群现象》,《台湾师大历史学报》2005 年第 33 卷,第 1—26 页。鲁西奇:《说"越"》,《清华元史》第三辑,商务印书馆,2015 年,第 277—352 页。

② Ferlus, M. Linguistic Evidence of the Trans-peninsular Trade Route from North Vietnam to the Gulf of Thailand(3rd-8th centuries). *Mon-Khmer Studies*. 2012, Vol.41. pp.10—19.

③ 在梵汉对音以及西域语言对音中,-t 韵尾经常和-r、-l 对应。详见俞敏:《后汉三国梵汉对音谱》,《俞敏语言学论文集》,第 20 页。

④ 中国古代就有大量双唇音变成轻唇音,也就是 b、m 变成了 v 和 w。详见杨剑桥:《汉语现代音韵学》,复旦大学出版社,1998 年,第 133—144 页。至今南方许多方言还有这种音变,湘南隆回方言中,"越"、"粤"me[7]。详见李冬香:《湖南赣语语音研究》,暨南大学博士论文,2005 年,第 57 页。湖南洞口县山门、醪天方言中,喻母合口字也有许多读 m 的,例如,"越"miæ[35],"云"mẽ。详见曾春蓉:《湖南洞口县山门、醪田话古喻母合口字今读 [m-]声母现象》,《河池学院学报》第 28 卷第 4 期,2008 年,第 80—83 页。福建方言中,v>m 的音变现象也经常出现,福建夏茂话云母字都读 b 和 m 微母同音。例如,"围"bi[33],"云、荣"meiŋ[33],"威"bi[21],"位卫"bi[24]。详见李如龙:《汉语地名学论稿》,第 318 页。

⑤ 俞敏:《后汉三国梵汉对音谱》,《俞敏语言学论文集》,第 20 页。

⑥ Sidwell, P., Jacq, P. *A Handbook of Comparative Bahnaric*:*Vol.1*:*West Bahnaric*, Canberra:Pacific linguistics, 2003, p.150.

确定"越"原来就是"山""海滨"的意思。① "粤"在广东,"越南"在东南亚,"越"在浙江,都是同时具有山地和滨海环境,与"山"和"水滨"经常构成同源词是平行的。后来三国时代"山越"和"山寇"互文,② 可见"越"可以用来表示"强盗、野蛮人",这也和"蛮"语义演化路径是一样的。③

与"越"相似的还有"倭"。《汉书·地理志》:"乐浪海中有倭人,分为百余国。"这里的"倭"上古合口歌部字。影母一般构拟为零声母,"倭"显然是从"禾"得声,在东汉三国梵汉对音中,从"禾"得声的"和""惒"和"越"都可以对应 vat 和 var。因此,"倭"的读音应该也是 vat 或 var。本义也是和"越"一样,都是表示"山"或"岛"。这和《后汉书·东夷列传》的记载"倭在韩东南大海中,依山岛为居,凡百余国"完全吻合。④

9.3.3.3 波斯 Pārsa、俾路支 Baloch、巴勒斯坦 Peleshet

波斯在古波斯语中被称为 Pārsa,⑤ 波斯阿契美尼德王朝和苏萨王朝故地原来称为 Fars。⑥ 目前关于波斯名称的语源基本上有三种解释:Hoffman 认为 Pārsa 和古代印度语 parsu"武士部落"有关。Eilers 一开始认为 Pārsa 和古代印度语的 parasu"战斧"有关,后来他又认为是和古代印度语的 parsu"镰刀"有关。⑦ 但是最终也没有定论。

---

① 以居住环境作为族名这种命名方式很常见,黎族的称呼来源是一样的。黎族原来被称为"俚族",原来住在山岭里,因为当地方言中称呼山岭为"黎",所以就以此为名。详见司徒尚纪:《广东地名的历史地理研究》,《中国历史地理论丛》1992 年第 1 期,第 21—55 页。

② 吕春盛:《三国时代的山越与六朝的族群现象》,《台湾师大历史学报》2005 年第 33 卷,第 1—26 页。

③ 英文的 barbarian"野蛮人",和拉丁语 barbarus、希腊语 barbaros,同源词,但是语源一直不明。其实核心词根 bar-bar-, bar 的本意就是"山",核心辅音都是 b-r,符合上文总结的唇音和流音组合模式 https://www.etymonline.com/search?q=barbarian,2019 年 5 月 29 日。核心词根 bar-也应该和全球语言中的 bar 表示"山"相关。

④ 关于"倭"的语源,郑张尚芳认为和日语 wonna"女人"有关,但是这无法解释"倭"也经常单独出现,"倭奴"的"奴"是部落或族名的后缀,类似的例子还有"匈奴"。日本古代也称"扶桑"basaŋ,语源应该也是"山、岛"的意思。印度雅利安语中,"石头",巴利文 pāsāṇa,巴列维语 bašn"高峰、顶峰"。详见 Turner, R.L. *A Comparative Dictionary of Indo-Aryan Languages*. London:Oxford University Press, 1966, p.459. Mackenzie, D. N. *A Concise Pahlavi Dictionary*. London:Oxford University Press, 1971, p.17.

⑤ Kent, R. G. *Old Persian*:*Grammer Texts Lexicon*. New Haven:Amerian Oriental Society, 1950, p.196.

⑥ [日]羽田正:《伊斯兰世界概念的形成》,上海古籍出版社,2012 年,第 8 页。

⑦ 关于波斯的语源的综述详见 Tavernier, J. *Iranica in the Achaemenid Period* (ca. 550—330 BC):*Lexicon of Old Iranian Proper Names and Loanwords*, *Attested in Non-Iranian Texts*. Leuven:Peeters Publishers, 2007, p.28.

从欧亚大陆来看,波斯的地貌基本上都是山区,Pārsa 的读音和"蕃"
(bod)、尼泊尔 bal、巴尔蒂 balti 等都很相似,核心辅音结构为 p-r,这和欧亚
大陆表示"山、石头"的词语是一样的。因此波斯(Pārsa)的语源和"山地"
有关。俾路支(Baloch)是伊朗高原的东南边界,核心辅音也是 b-l,语源也
应该是"山"。巴勒斯坦,《圣经·出埃及记》称为 Peleshet,古埃及语
Purusati,亚述语 Palastu,阿拉伯语 *bilad*,①核心辅音也是 p-l,语源也和"山"
有关。从地图上看,巴勒斯坦地区既有海滨也有山地,因此,可以确定巴勒
斯坦的语源也是"山"。

9.3.3.4　不列颠(B-r/l 辅音组合)等欧洲民族和国家

欧洲许多居住在山地和海岛地区的民族组名及其国家名号的语源都没
有定论。②欧洲地貌总体上特征为:中欧、南欧山地多,西欧、北欧海滨多。
上文指出,全世界大部分语言中都存在以唇音和齿龈音辅音组合表示"山"
的语言现象,而表示"山"的词进而会演化出"滨海""岸"等意思。以此为
线索考察欧洲山地、海滨以及海岛国家和民族名号,我们发现,在这些族名
国名中大量存在第一辅音唇音和第二辅音齿龈音组合模式,如保加利亚
(Bulgaria)③、法兰克(Franks)、普鲁士(Prūsa)、比利时(Belgium)、④不列颠
(Britain)⑤、伊比利亚(Iberia)、马耳他(Malta),由于这些国家和民族起源都

---

① Lewis, B. Palestine: On the History and Geography of a Name. *The International History Review*, 1980, Vol.2(1). pp.1—12. Masalha, N. *Palestine: A Four Thousand Year History*. London: I. B. Tauris, 2018, p.4.

② 上文已经指出"山"和"岛"在世界许多语言中都是同源词,《说文》:"岛,海中往往有山可依止,曰岛。"在汉语中,"岛"字形就是以山为义符,可以看出古代中国是把"岛"作为山来处理的。因此,"岛"这类地貌本质可以看作"山"的一类。在许多语言中,"岛"和"山"往往是同源词。如达罗毗荼语中,Telugu 语 tippa 同时具有"山"和"小岛"的意思。详见 Burrow, T., Emeneau, M.B. *A Dravidian Etymological Dictionary* (2nd ed). Oxford: Clarendon Press, 1984, p.280.在古代神话中,所谓"海中神山"其实也是"岛"。

③ 保加利亚 Bulgari 的语源也非常有争议,根据词源学词典 Balkan 可能和突厥语的 balkan "山"有关。详见 https://www.etymonline.com/word/Balkans#etymonline_v_2687,而 Balkan 和 Bulgari 读音相似,Balkan 和 Bulgari 的语音十分相似,第一辅音和第二辅音组合都是 b-l 结构。因此,Bulgari 语源也应该和"山"有关。

④ 比利时是盆地,因此 belgium 的语源可能和"山"有关。

⑤ Britain 在公元前 4 世纪在希腊文中被记录为 Prittanoi,据说是"文身之人"的意思,详见词源学网站 Briton 词条,https://www.etymonline.com/word/Briton?ref = etymonline_crossreference.其实 Britain 和 Prittanoi 核心词根应该 bri-或 pri-,本义就是"山"和"岛"的意思,亚洲的巴厘岛(Bali)也是同样的意思。

和山地、海岛或海滨民族有关,因此可以推断这些民族和国家名称语源都来自"山、岛"或"海滨"(表 9-1)。

表 9-1　欧洲山地、海岛、滨海民族、国家、地区名称

	第一辅音	第二辅音
保加利亚 Bulgaria	b	l
普鲁士 Prūsa	p	r
弗里西 Frisian	f	r
波兰 Poland	p	l
法兰克 Franks	f	r
勃艮第 Burgundy	b	r
比利时 Belgium	b	l
不列颠 Britain	b	r
伊比利亚 Iberia	b	r
马耳他 Malta	m	l

9.4　余　　论

通过对全球各大语言语系语言中"山""石头""岛"等同源词的语音形式的归纳(图 9-2),我们发现人类语言中表示"山""石头""岛"的辅音词根基本都是唇音与舌尖音的组合。以此为基础,我们对古代世界里的神山或名山的名称进行系统考察,发现这些山名的辅音结构基本也都是唇音和舌尖音的组合,由此确定这些山名本义可能都是"山""石头""岛",只是因为后来者不知,才误以为是山的名称。古代亚欧非世界里诸多名山的语音的相似性也说明早期人类可能存在一些共同的基本语词。早期人类走出非洲以后,虽然语言不断演化,其间甚至发生了融合,但是深层的基本成分仍然牢牢地刻在世界各大民族的语言中,人类巴别塔的传说或许并非空穴来风。

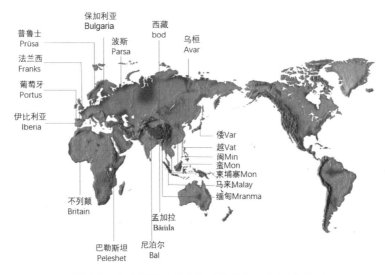

图 9-2　全球视野中的山与海相关民族与国家名词

第10章 汉帝国:语言、考古和
文明的多维度重构

汉帝国是一个迷宫。

这是一个恢宏的帝国迷宫,循着迷宫的任何一条通道,进入迷宫的任何一个暗室,都足以使研究者穷尽一生。很多年里,我一直困于这个迷宫的某个暗室或通道里,翻阅竹简的文字、上古音、梵汉对音、汉藏语、汉越语就是我的日常。但是就在某一天,在迷途中仰望汉帝国的星空,在那一片浩瀚和星光之下,我忽然间有了穿过时间的暗门抵达立体的汉帝国的遐想和期待,语言便是我穿越时空的飞毯。

神圣与世俗、中心与边缘、语言与文明、可见与不可见、山与海,每一个话题都是一扇帝国之门,借助语词——这些穿越时空的遗迹,以考古的方式,轻启时间的暗门,我尝试着重构一个立体的汉帝国。

本书的写作基于这些一直萦绕在我心头的问题:刘邦的母语是什么?汉帝国较之于此前的帝国,它的独特性在哪里?如果早期汉帝国面对匈奴长期处于守势,匈奴在很长时间里处于汉帝国的上位,那么匈奴的信仰、艺术以至语言对汉帝国有没有产生影响?汉帝国对匈奴文明有哪些影响?佛教传播方式之一就是借助医学,那么佛教进入中国之前,在医学领域是否已有征兆?上古中国的信仰是否对世界宗教文明产生了深远的影响?

围绕这些问题,我选择从汉帝国的创立者刘邦和匈奴王族的语言入手。首先需要明确的是,刘邦的母语为楚语,楚语肯定是汉语方言,是秦汉时期南方汉语,也是现在南方各大汉语方言的祖先。通过比较楚语的亲属名词以及其他核心词,确定了楚语和亚洲南方的南亚语有较多的语言接触,如"公"(*koŋ,意为"父亲")对应南亚语 kon 或 guiŋ"父亲",卓文君、王昭君、王政君等女性名字中的"君"(*kun)对应南亚语 kan 或 kɔn"女人、女孩"。

通过以上语言学材料,可以断定,秦汉时期南方地区的华夏民族与其他亚洲南方民族有比较多的族群互动。

语言是交流的工具,而人群或族群的互动,必然会给社会的上层建筑和意识形态带来新的文化因子。汉代突然出现的职官"都督"和神祇"阳灵"这两个词语在汉语内部演化来看找不到合理的解释,但是在亚洲南方的南岛语、南亚语中可以找到答案。"都督"(*tatuk)对应南岛语中的 datuk、datuq"首领、族长、祭司、老者","阳灵"对应南亚语和南岛语的 yang"天、天神"。由此可见汉帝国对亚洲南方文明的借鉴和接纳,这背后所展现出来的海纳百川的大国气度令人神往。

很长时间里,匈奴在与汉帝国的对抗中处于优势。因此匈奴的语言和信仰非常值得研究。通过比较,匈奴王族亲属名词"孤塗""阏氏""居次"在印度达罗毗荼语和近东的闪含语系中都可以找到对应。"孤塗"(*kwada~ *koda~ *kola~ *kora,意为"儿子")对应达罗毗荼语*kara~ *kada"儿子"以及闪含语的 gadya"孩子","阏氏"(*atti,意为"女性、夫人")对应达罗毗荼语的 aṭṭi"妻子、女人"以及闪含语的'arrta"妻子","居次"(*katil,意为"儿媳")对应达罗毗荼语的*kōḍar"女儿、儿媳、弟媳"以及闪含语的 kallāt-"儿媳"。在亲属关系中,"儿子""妻子""儿媳"构成一个完整的亲属名词系统。匈奴在史籍中最早出现于战国时代,这说明在战国时期,有一批说闪含语的族群开始从近东向东亚迁徙,闪含语民族向东迁徙过程中,在中亚分化,一支往南,进入南亚,成为达罗毗荼人;另一支继续向东迁徙,进入中国北部,成为匈奴。这个发现可以将闪含民族东渐的历史进程大大提前。

匈奴是汉帝国最强劲的对手,其创立者头曼与汉帝国的刘邦同样传奇。德国神话学家缪勒提出"太阳"和"神"存在语言上的同源关系,在印度吠陀文献中,太阳从一个发光的天体演变成了世界创造者、保护者、统治者和奖赏者。①这是一个非常有启发的发现。本书从历史比较语言学和语言考古学的角度重新解释匈奴帝国创建者头曼、朱蒙、寿梦、铁木真、帖木儿、兜靡以及汉语历史上的"朕"和"视日"这些伟大帝王名号的语源,认为这些帝王相关的名号语源都和"太阳、神、祭司、王、主人、保护者"有关。通过语言考

---

① [英]麦克斯·缪勒:《宗教的起源与发展》,金泽译,第186页。

古学的考察,进一步拓展了缪勒的观点,发现人类对神圣的认知里,存在一个普遍的语义演化模式,即从"太阳"引申出"太阳神""天神""祭司""王""保护者""护身符"等语义,这也是人类的普遍认知规律。

在探讨太阳与祭司、统治者、保护者以及护身符之间语义演化关系的时候,我们发现,亚洲、欧洲、非洲许多太阳神的名字(如 Amon、Mitra)从语源上看都来自上古中国,如 Amon 的词源可以追溯到上古中国的"旻天"、汉藏语系的 mun"太阳"、原始壮侗语的 *man"太阳",而印欧神话里的太阳神 Mitra 的词源可以追溯到上古汉语的"日"(上古读音为 *mit)。从语词本身的演化和传播可以清晰地呈现出中国的太阳崇拜向全世界扩散的过程。太阳神 Mitra 是印欧文明非常重要的一个神祇,但是关于 Mitra 的来源一直不详,通过语言考古学,可以非常确定地说,他来自上古中国。

一直以来,欧美学者总是强调近东和印欧文明对上古中国的影响,但是文明的交流是双向的,太阳神又是古代人类信仰世界最重要的神祇之一,通过这一重要神祇(如 Amon、Mitra)的信仰从东向西的扩散,可以看出,上古中国在精神世界深刻地影响过印欧文明和近东文明。这是被欧美学术界一直忽略的基本事实。

虽然匈奴帝国的王族和达罗毗荼民族、闪含民族存在同源关系,但是匈奴帝国是个部落联盟,每个部落必定有自己的神灵和信仰,这意味匈奴帝国可能有一个万神殿。从匈奴帝国创始人头曼、汉帝国匈奴降臣金日磾以及匈奴的贵族名号,都可以看到匈奴帝国存在一个全球史意义的万神殿,匈奴帝国的万神殿既有近东的宗教,也有拜火教和印度教,匈奴单于自称自己"撑犁孤涂单于"(即"天子单于"),显然匈奴还吸收了上古中国的"天子"观念。

匈奴帝国与汉帝国持续百年的较量,必然促使匈奴文化和汉文化之间产生文明互鉴的现象。汉代突然出现了《蒿里》《蒿里行》等挽歌的名称,而"蒿里"和闪含语系的 qabra"坟墓"对应。挽歌是近东闪含民族的悠久传统,匈奴帝国和闪含民族存在亲属关系,因此汉代挽歌的出现可能是受到匈奴的影响。

汉帝国的神灵和信仰体系也呈现出崭新的特点。从考古资料看,西王母主题的文物数量极多,但与西王母相关的文物并不见于汉代以前。这是一个很值得探讨的问题。通过语言考古学可以确定,西王母和印度的 Uma

女神、希伯来圣经旧约的夏娃存在同源关系。需要指出的是,印度 Uma 女神并不是印度雅利安的原生神灵,是印度雅利安人吸收了印度土著达罗毗荼人的神灵而来的。而达罗毗荼人和闪含民族存在亲属关系。有意思的是,西王母在典籍中也表示"西王国",其实"王母"(*uma)是闪含民族的ummā"国家、民族"的音译。这应该也是受匈奴的影响产生的。

不周山是汉帝国信仰里重要的神圣空间。通过比较全球各语言的"山""石头""岛""滨海",我们发现不周山和蓬莱、方丈、金字塔、巴别塔、草原石人等神山、神石、纪念碑对应,这些神圣空间或纪念碑的语音模式都是"唇音+齿龈音"。此外,蛮、越、吐蕃、倭山地民族和滨海民族也基本上符合上述语音模式,可以推断这些名称本义就是"山""石""岛""滨海",这背后反映出早期人类存在共有的语言成分,同时也印证了分子人类学的观点,即现在的人类存在一个共同的起源。

印度佛教在汉代进入中国,这是上古中国的重要事件。虽然记载非常零星,但是由于佛教僧侣经常通过行医来传道,因此汉代医学和印度医学之间的互动互鉴很值得探讨。早期医学史有一个值得注意的现象,即名医扁鹊(汉代作"敝昔")和华佗都有两个名字,而且扁鹊(即"敝昔" *bassak)和华佗 *vadya 都是后起的名字。这两个名字刚好和古代印度表示医生的两个词语(bhishag、vaidya)对应。由此可以看到汉帝国与印度文明之间的互动和互鉴。

阿根廷诗人博尔赫斯曾写过一首很有趣的诗:

《罗盘》

一切事物都是某种文字的单词,

冥冥中有人不分昼夜,

用这种文字写出无穷喧嚣,

那就是世界的历史。①

博尔赫斯这首诗其实也是我在写这本书时的心声。

通过借助汉帝国的语词以及语言考古学方法对以上各问题的分析和讨

---

① ［阿根廷］博尔赫斯:《博尔赫斯全集》(诗歌卷上),浙江文艺出版社,2006 年,第 237 页。

论,我们逐渐勾勒出一个立体多维的汉帝国,涵盖宗教信仰、文学艺术、医学健康、职官制度等多个维度,每一个维度选取一组典型案例展开语言考古学的探讨,可以发现与汉帝国日常交流和接触的有东迁的闪含民族、波斯、印度以及南方亚洲的南亚语、南岛语民族。与这些邻邦的互动互鉴,极大地丰富了汉帝国的文明,使之成为历史上独一无二的帝国。而从另一个方面看,本书不仅是在写汉帝国,其实也是在写汉帝国时期的世界史,汉帝国是我们向世界出发的一个起点。

需要说明的是,本书对汉帝国及其周边文明的探讨还是初步的,这个古老帝国肯定还有许多值得挖掘的地方。重构一个完整而立体的汉帝国,需要多学科的协同推进,这也是我们未来持续努力的方向。

参 考 文 献

中 文 文 献

（汉）司马迁：《史记》，中华书局，2014年。

（汉）班　固：《汉书》，中华书局，1964年。

（汉）刘　熙：《释名》，中华书局，2016年。

（西晋）陈　寿：《三国志》，中华书局，1964年。

（东晋）王嘉：《拾遗记》，中华书局，1981年。

（晋）崔　豹：《〈古今注〉校笺》，牟华林校笺，线装书局，2015年。

（南朝宋）范　晔：《后汉书》，中华书局，1964年。

（南朝梁）释僧祐：《出三藏记集》，中华书局，1995年。

（唐）陆德明：《经典释文》，中华书局，1983年。

（唐）杜　佑：《通典》，中华书局，1988年。

（唐）玄　奘、辩　机：《大唐西域记校注》，季羡林等校注，中华书局，
1985年。

（唐）令孤德棻：《周书》，中华书局，1971年。

（宋）李　昉：《太平御览》，中华书局，1960年。

（宋）丁　度：《宋刻集韵》，中华书局，1989年。

（清）钱大昕：《十驾斋养新录》，上海书店出版社，2011年。

（清）阮　元：《阮刻春秋左传注疏》，浙江大学出版社，2015年。

（清）王先谦：《汉书补注》，上海古籍出版社，2008年。

（清）王先谦：《荀子集解》，中华书局，1988年。

（清）张隐庵：《黄帝内经素问集注》，上海科学技术出版社，1959年。

（清）陈　立：《白虎通疏证》，中华书局，1994 年。

（清）王引之：《经义述闻》，上海古籍出版社，2018 年。

何　宁：《淮南子集释》，中华书局，1998 年。

程树德：《论语集释》，中华书局，1990 年。

彭　铎：《潜夫论笺校正》，中华书局，1985 年。

袁　珂：《山海经校注（增补修订本）》，巴蜀书社，1993 年。

黄　晖：《论衡校释》，中华书局，1990 年。

安　殷：《山越盛衰浅析》，《中央民族大学学报》1999 年第 4 期。

巴·吉格木德：《蒙医学史概述》，《蒙医药》1991 年第 C00 期。

白于蓝：《战国秦汉简帛古书通假字汇纂》，福建人民出版社，2012 年。

白于蓝：《简帛古书通假字大系》，福建人民出版社，2017 年。

白玉冬、张庆祎：《碎叶出土残碑再考——唐伊犁道行军相关史事蠡测》，《敦煌学辑刊》2021 年第 3 期。

宝力高：《蒙古文佛教研究》，人民出版社，2012 年。

毕力贡达来：《试论匈奴人的天崇拜文化》，《中央民族大学学报（哲学社会科学版）》2014 年第 6 期。

波·少布：《黑龙江杜尔伯特蒙古族辞典》，民族出版社，2006 年。

布　哇：《帖木儿帝国》，上海古籍出版社，2014 年。

蔡鸿生：《唐宋佛书中的昆仑奴》，《仰望陈寅恪》，中华书局，2004 年。

《藏缅语语音和词汇》编写组：《藏缅语语音和词汇》，中国社会科学出版社，1991 年。

岑仲勉：《春秋战国时期关西的拜火教》，收入《两周文史论丛》，中华书局，2004 年。

岑仲勉：《党项及于弥语原辩》，金陵大学《边疆研究论丛》，1945 年收入《中外史地考证》，中华书局，2004 年。

岑仲勉：《汉书西域传地里校释》，中华书局，1981 年。

朝　克：《满通古斯语族语言词汇比较》，中国社会科学出版社，2014 年。

陈国庆：《克木语研究》，民族出版社，2002 年。

陈　康：《台湾高山族语言》，中央民族学院出版社，1992 年。

陈乐平：《出入"命门"——中国医学文化学导论》，上海古籍出版社，2016 年。

陈梦家：《殷虚卜辞综述》，科学出版社，1956 年。

陈　明：《殊方异药——出土文书与西域医学》，北京大学出版社，2005 年。

陈　明：《印度佛教医学概说》，《宗教学研究》1999 年第 1 期。

陈　槃：《禁不得祠明星出西方之诸问题》，收入《旧学旧史说丛上》，上海古籍出版社，2010 年。

陈　伟：《楚简册概论》，湖北教育出版社，2012 年。

陈　伟：《周家寨汉简〈告地书〉识小》，《古文字研究》第三十三辑，2020 年。

陈文革：《西王母信仰与阿夫洛斯管在中国的传播》（讲座），郑州大象陶瓷博物馆，2022 年。

陈喜波、韩光辉：《统万城名称考释》，《中国历史地理论丛》2004 年第 3 期。

陈序经：《匈奴史稿》，中国人民大学出版社，2007 年。

陈寅恪：《三国志曹冲华佗传与佛教故事》，《清华学报》1930 年第 1 期。

陈永霖、叶晓锋：《丝绸之路视野下的绝句、竹枝词称谓起源研究》，《温州大学学报（社会科学版）》2020 年第 2 期。

陈永霖、叶晓锋：《中古梵僧入唐与复数标记"们"的产生》，《民族语文》2020 年第 2 期。

陈永志：《内蒙古出土瓦当》，文物出版社，2003 年。

陈章太、李行健：《普通话基础方言基本词汇集》，语文出版社，1996 年。

陈宗振、努尔别克、赵相如等：《中国突厥语族语言词汇集》，民族出版社，1990 年。

程发轫：《昆仑之谜读后感》，《屈赋论丛》，武汉大学出版社，2007 年。

达西乌拉弯·毕马（田哲益）：《台湾原住民—邵族》，台原出版社，2002 年。

代劲松：《汉晋之间西王母图像流变研究》，安徽师范大学硕士论文，2016 年。

戴光宇:《鲜卑族的起源、分化及其语言》,《云冈研究》2021 年第 1 期。

戴　燕:《华佗无奈小虫何》,《〈三国志〉讲义》,生活·读书·新知三联书店,2017 年。

德力格尔玛、波·索德:《蒙古语族语言概论》,中央民族大学出版社,2006 年。

董绍克、张家芝:《山东方言词典》,语文出版社,1997 年。

董志翘:《佛教文化对中土取名命字的影响》,《苏州大学学报(哲学社会科学版)》第 35 卷第 3 期,2014 年。

段清波:《从秦始皇陵考古看中西文化交流(一)》,《西北大学学报(哲学社会科学版)》2015 年第 1 期。

段清波:《从秦始皇陵考古看中西文化交流(二)》,《西北大学学报(哲学社会科学版)》2015 年第 2 期。

范常喜:《战国楚简“视日”补议》,简帛研究网,2005 年 3 月 1 日。

范宏贵、刘志强:《中越跨境民族研究》,社会科学文献出版社,2015 年。

方　豪:《中西交通史》,上海人民出版社,2015 年。

冯承钧、陆峻岭:《西域地名》,中华书局,1982 年。

冯　蒸:《上古汉语的宵谈对转与古代印度语言中的 am>-o/-u 型音变》,《冯蒸音韵论集》,学苑出版社,2006 年。

高葆泰、林　涛:《银川方言志》,语文出版社,1993 年。

高步瀛:《文选李注义疏》,中华书局,1985 年。

高尔锵:《塔吉克汉词典》,四川人民出版社,1996 年。

高　亨:《古字通假会典》,齐鲁书社,1989 年。

高继习:《白色的西王母——西王母与雅典娜神话的比较研究》,《西部考古》第 14 辑,科学出版社,2017 年。

高　杨:《东北方言中的满语借词》,广西师范学院硕士学位论文,2010 年。

高永奇:《莽语研究》,民族出版社,2003 年。

葛晓音:《论初盛唐绝句的发展——兼论绝句的起源和形成》,《文学评论》1999 年第 1 期。

耿世民:《阿尔泰共同语与匈奴语探讨》,《语言与翻译》2005 年第 2 期。

耿世民:《敦煌突厥回鹘文书导论》,新文丰出版社,1994年。

耿世民:《哈萨克民间诗歌简述》,《伊犁师范学院学报》2011年第1期。

拱玉书:《吉尔伽美什史诗》,商务印书馆,2021年。

顾颉刚:《〈山海经〉中的昆仑区》,《中国社会科学》1982年第1期。

顾晔锋:《〈穆天子传〉成书时间研究综述》,《长春理工大学学报(高教版)》2007年第4期。

管燮初:《西周金文语法研究》,商务印书馆,1981年。

广东省民族研究所:《广东海南少数民族社会历史调查资料汇编》,民族出版社,2009年。

《民族问题五种丛书》贵州省编辑组:《苗族社会历史调查》(一),民族出版社,2009年。

郭锦桴:《汉语地名与多彩文化》,上海辞书出版社,2004年。

郭锡良:《古代汉语》,北京出版社,1981年。

郭锡良:《汉字古音手册》,商务印书馆,2010年。

韩康信:《中国境内考古发现的西方人种成分》,载《韩康信人类学文选》,科学出版社,2017年。

《汉语大字典》编委会:《汉语大字典》,湖北辞书出版社、四川辞书出版社,1990年。

何爱华:《华佗姓名与医术来自印度吗?——与何新同志商榷》,《世界历史》1988年第4期。

何　成、郑卧龙、朱福丹、王德伦等编:《越汉辞典》,商务印书馆,1997年。

何九盈、王　宁、董　琨主编:《辞源》,商务印书馆,2017年。

何茂活:《山丹方言志》,甘肃人民出版社,2007年。

何显亮:《中国自然崇拜》,江苏人民出版社,2008年。

何　新:《盘古之谜的阐释》,《哲学研究》1986年第5期。

何星亮:《匈奴语试释》,《中央民族大学学报(哲学社会科学版)》1982年第1期。

何志国:《论汉代西王母图像的两个系统——兼谈四川西王母图像的特点和起源》,《民族艺术》2007年第1期。

贺　媛等:《中国成人肥胖、中心性肥胖与高血压和糖尿病的相关性研究》,《解放军医学杂志》第 40 卷第 10 期,2015 年。

胡淑芳:《汉代铜镜铭文中的七言诗》,《湖北大学学报(哲学社会科学版)》第 32 卷第 4 期,2007 年。

湖北省文物考古研究所、北京大学中文系编:《九店楚简》,中华书局,2000 年。

黄宝生:《奥义书》,商务印书馆,2012 年。

黄布凡等:《藏缅语族语言词汇》,中央民族出版社,1992 年。

黄德宽、何琳仪等:《古文字谱系疏证》,商务印书馆,2007 年。

黄景春:《早期买地券、镇墓文整理与研究》,华东师范大学博士论文,2004 年。

黄明兰等:《洛阳西汉卜千秋壁画墓发掘简报》,《文物》1977 年第 6 期。

黄时鉴:《阿剌吉酒与中国烧酒的起始》,《文史》第 31 辑,1988 年。

黄心川:《东方佛教论》,中国社会科学出版社,2002 年。

回达强:《古典戏曲中的波斯语、阿拉伯语语词例释》,《中华戏曲》2013 年第 2 期。

吉宏忠等:《中华道教大辞典》,中国社会科学出版社,1995 年。

季羡林:《浮屠与佛》,《季羡林文集》第 7 卷,江西教育出版社,1998 年。

季羡林:《印度眼科医术传入中国考》,《国学研究》第二卷,北京大学出版社,1994 年。

季旭升:《说文新证》,福建人民出版社,2010 年。

贾雯鹤:《〈山海经〉两考》,《中华文化论坛》2006 年第 4 期。

贾衣肯:《匈奴西迁问题研究综述》,《中国史研究动态》2006 年第 9、10 期。

江蓝生:《说"麼"与"们"同源》,《中国语文》1995 年第 3 期。

江蓝生:《再论"们"的语源是"物"》,《中国语文》2018 年第 1 期。

金理新:《上古汉语音系》,黄山书社,2002 年。

金理新:《上古音略》,黄山书社,2013 年。

金启琮:《女真文辞典》,文物出版社,1984 年。

景蜀慧:《"风痹"与"风疾"——汉晋时期医家对"诸风"的认识及相关的自然气候因素探析》,《中山大学学报(社会科学版)》2005 年第 4 期。

赖永海、高永旺译注:《维摩诘经》,中华书局,2010 年。

郎需才:《华佗果真是波斯人吗? ——与松木明知先生商榷》(摘要),《中医药信息》1985 年第 1 期。

郎需才:《麻沸散之"麻沸"考释》,《中医杂志》1984 年第 6 期。

雷家骥:《汉晋之间吴蜀的督将与都督制》,《魏晋南北朝隋唐史资料》第三十七辑,2018 年。

李冬香:《湖南赣语语音研究》,暨南大学博士论文,2005 年。

李方桂:《上古音研究》,商务印书馆,2003 年。

李家浩:《说"坌"字》,《汉字研究》第一辑,学苑出版社,2005 年。

李锦芳:《仡央语言词汇集》,贵州民族出版社,1999 年。

李　丽、公维章、林太仁:《丰都"鬼城"地狱十王信仰的考察》,《敦煌学辑刊》1999 年第 2 期。

李　零:《简帛古书与学术源流》,三联书店,2004 年。

李　零:《论中国的有翼神兽》,《入山与出塞》,文物出版社,2004 年。

李　零:《药毒一家》,《中国方术续考》,东方出版社,2001 年。

李鹏辉:《汉印文字字形表》,安徽大学博士学位论文,2017 年。

李如龙、陈章太:《闽语研究》,语文出版社,1991 年。

李如龙:《汉语地名学论稿》,上海教育出版社,1998 年。

李如龙:《闽方言中的古楚语和古吴语》,首届闽方言国际研讨会,1988 年,收入李如龙:《方言与音韵论集》,香港中文大学中华文化研究所吴多泰中国语文研究中心,1996 年。

李树兰、仲谦:《锡伯语简志》,民族出版社,1986 年。

李　淞:《论汉代艺术中的西王母图像》,湖南教育出版社,2000 年。

李　淞:《丝绸之路上的中外美术交流》,《中国美术研究》2016 年第 4 期。

李维琦:《佛经词语汇释》,湖南师范大学出版社,2004 年。

李无未:《"图们"的口语读音及其来源》,《东疆学刊(哲学社会科学版)》1993 年第 3 期。

李新魁:《广东的方言》,广东人民出版社,1994 年。

李新魁:《上古音"晓匣"归"见溪群"说》,《李新魁语言学论集》,中华书局,1994 年。

李行健:《河北方言词汇编》,商务印书馆,1995 年。

李学勤:《东周与秦代文明》,上海人民出版社,2007 年。

李耀辉:《从斗姥与摩利支天的融合看佛道文化的交涉》,《中国道教》2011 年第 4 期。

李永燧:《关于苗瑶族的自称——兼说"蛮"》,《民族语文》1983 年第 6 期。

梁 敏、张均如:《侗台语族概论》,中国社会科学出版社,1996 年。

梁 敏、张均如:《壮侗语族塞擦音的产生和发展》,《民族语文》1983 年第 3 期。

廖名春:《〈荀子〉各篇写作年代考》,《吉林大学社会科学学报》1994 年第 6 期。

廖育群:《阿输吠陀——印度的传统医学》,辽宁教育出版社,2002 年。

廖育群:《印度古代药物分类法及其可能对中国医学产生的影响》,《自然辩证法通讯》1995 年第 2 期。

廖育群:《重构秦汉医学图像》,上海交通出版社,2012 年。

林 幹:《匈奴史论文选集(1919—1979)》,中华书局,1983 年。

林剑鸣:《秦史稿》,上海人民出版社,1981 年。

林梅村:《麻沸散与汉代方术之外来因素》,《学术集林》第 10 辑,上海远东出版社,1997 年。

林 涛:《中卫方言志》,宁夏人民出版社,1995 年。

林向荣:《嘉戎语研究》,四川民族出版社,1993 年。

林 沄:《关于中国的对匈奴族源的考古学研究》,收入《林沄学术文集》,中国大百科全书出版社,1998 年。

凌纯声:《昆仑丘与西王母》,《"中研院"民族所研究集刊》,1966 年。

刘彬徽:《楚系青铜器研究》,湖北教育出版社,1995 年。

刘 春、汪 欣:《六安出土战国六山镜鉴赏》,《文物鉴定与鉴赏》2015 年第 5 期。

刘渡舟:《伤寒论辞典》,解放军出版社,1988 年。

刘津瑜:《罗马史研究入门》,北京大学出版社,2014 年。

刘盼遂:《刘盼遂文集》,北京师范大学出版社,2002 年。

刘 源:《商周祭祖礼研究》,商务印书馆,2004 年。

刘昭瑞:《安都丞与武夷君》,《文史》2002 年第 2 期。

刘宗迪:《昆仑原型考——〈山海经〉研究之五》,《民族艺术》2003 年第 3 期。

柳长华、顾　漫、周　琦、刘　阳、罗　琼:《四川成都天回汉墓医简的命名与学术源流考》,《文物》2017 年第 12 期。

卢燕丽:《中国的〈诗经〉和马来西亚的班顿》,《北京大学学报》2000 年第 1 期。

鲁西奇:《释"蛮"》,《文史》2008 年第 3 辑。

鲁西奇:《说"越"》,《清华元史》第三辑,商务印书馆,2015 年。

陆绍尊:《错那门巴语简志》,《中国少数民族语言简志丛书》(第一卷),民族出版社,2007 年。

陆水林:《关于巴尔蒂斯坦的名称》,《华西语文学刊》2009 年第 1 辑。

逯钦立:《先秦汉魏晋南北朝诗》,中华书局,1983 年。

栾保群:《中国神怪大辞典》,人民出版社,2009 年。

罗常培:《唐五代西北方音》,商务印书馆,2012 年。

罗　曼:《山东嘉祥武梁祠汉画像石医事考略》,《中医文献杂志》1999 年第 2 期。

罗绍文:《八珍之一——醍醐考》,《西域研究》1994 年第 2 期。

罗　新:《匈奴单于号研究》,《中国史研究》2006 年第 2 期。

罗竹风:《汉语大词典》,汉语大词典出版社,2001 年。

洛阳博物馆:《洛阳西汉卜千秋壁画墓发掘简报》,《文物》1977 年第 6 期。

吕春盛:《三国时代的山越与六朝的族群现象》,《台湾师大历史学报》2005 年第 33 卷。

吕叔湘、江蓝生:《近代汉语指代词》,商务印书馆,2017 年。

吕叔湘:《释您、俺、咱、喒,附论们字》,1941 年;收入吕叔湘《吕叔湘全集》第二卷《汉语语法论文集》,辽宁教育出版社,2002 年。

麻赫默德·喀什噶里:《突厥语大词典》(第一卷),民族出版社,2002 年。

马承源:《商周青铜器铭文选(三)》,文物出版社,1988 年。

马国凡、邢向东、马叔骏:《内蒙古汉语方言志》,内蒙古教育出版社,

1997 年。

马继兴:《神农本草经辑注》,人民卫生出版社,1995 年。

马静娟、郁　明:《徐州狮子山楚王墓出土丝质缀贝金带板(扣)腰带赏析》,《文物世界》2017 年第 4 期。

马孟龙:《西汉侯国地理》,上海古籍出版社,2013 年。

马文忠、梁述中:《大同方言志》,语文出版社,1986 年。

马献军:《"麻沸散"方名考》,《中医药文化》1989 年第 2 期。

马　怡:《西汉末年"行西王母诏筹"事件考——兼论早期的西王母形象及其演变》,《形象史学研究》2016 年上半年。

马　雍、孙毓棠:《匈奴和汉控制下的西域》,《中亚文明史》第二卷,中国对外翻译出版公司,2002 年。

马长寿:《突厥人和突厥汗国》,上海人民出版社,1957 年。

毛　娜:《汉画西王母图像研究》,郑州大学博士论文,2016 年。

毛远明:《汉魏六朝碑刻异体字典》,中华书局,2014 年。

毛宗武等:《瑶族语言简志》,民族出版社,1982 年。

穆宏燕:《波斯古典诗学研究》,昆仑出版社,2011 年。

牛军凯:《从占婆国家保护神到越南海神:占婆女神浦那格的形成和演变》,《东南亚南亚研究》2014 年第 3 期。

欧阳觉亚、郑贻青:《黎语调查研究》,中国社会科学出版社,1983 年。

欧阳觉亚:《京语简志》,民族出版社,1984 年。

潘悟云:《汉语历史音韵学》,上海教育出版社,2000 年。

潘悟云:《喉音考》,《民族语文》1997 年第 5 期。

潘悟云:《竞争性音变与历史层次》,东方语言学网,http://www.eastling.org/discuz/showtopic-2256-1.aspx., 2006 年。

潘悟云:《流音考》,《著名中年语言学家自选集——潘悟云》,安徽教育出版社,2002 年。

彭　华:《〈华佗传〉〈曹冲传〉疏证——关于陈寅恪运用比较方法的一项检讨》,《史学月刊》2006 年第 6 期。

裘锡圭:《释郭店简"出言有丨,黎民所訆"——兼说"丨"为"针"之初文》,《中国出土文献十讲》,复旦大学出版社,2004 年。

裘锡圭:《文字学概要》,商务印书馆,2013 年。

任继愈:《庄子探源》,《哲学研究》编辑部:《庄子哲学讨论集》,中华书局,1962 年。

阮荣春:《早期佛教造像的南传系统》,《东南文化》1990 年第 Z1 期。

芮传明、余太山:《中西纹饰比较》,上海古籍出版社,1995 年。

芮传明:《古突厥碑铭研究》(增订版),商务印书馆,2017 年。

山西省考古研究所:《太原隋虞弘墓》,文物出版社,2005 年。

施安昌:《火坛与祭司鸟神》,紫禁城出版社,2004 年。

史家珍等:《洛阳偃师县新莽壁画墓清理简报》,《文物》1992 年第 12 期。

舒邦新:《〈汉语大字典〉"卍"字条书证商榷》,《江西师范大学学报》1989 年第 2 期。

司徒尚纪:《广东地名的历史地理研究》,《中国历史地理论丛》1992 年第 1 期。

司徒尚纪:《广东文化地理》,广东人民出版社,1993 年。

苏北海:《西域历史地理》,新疆大学出版社,1988 年。

苏雪林:《昆仑之谜》,《屈赋论丛》,武汉大学出版社,2007 年。

孙　刚:《东周齐系题铭研究》,上海古籍出版社,2019 年。

孙　竹:《蒙古语族语言词典》,青海人民出版社,1990 年。

谭邦君等:《厦门方言志》,北京语言学院出版社,1996 年。

谭其骧:《清人文集地理类汇编》(第一册),浙江人民出版社,1988 年。

汤用彤:《汉魏两晋南北朝佛教史》,中华书局,1983 年。

汤用彤:《往日杂稿　康复札记》,生活·读书·新知三联书店,2011 年。

汤珍珠、陈忠敏、吴新贤:《宁波方言词典》,江苏教育出版社,1997 年。

唐　敏等:《山东省古地名辞典》,山东文艺出版社,1993 年。

唐长孺:《晋代北境各族"变乱"的性质及五胡政权在中国的统治》,《魏晋南北朝史论丛》,三联书店,1955 年。

田　天:《秦汉国家祭祀史稿》,生活·读书·新知三联书店,2015 年。

仝　涛:《东汉"西王母+佛教图像"模式的初步考察》,《四川文物》2003 年第 6 期。

仝　涛:《西王母龙虎座造型源于西方考》,《西南师范大学学报》2006 年第 3 期。

万　方、宋大仁、吕锡琛:《古方"麻沸散"考》,《山东中医学院学报》1985 年第 4 期。

王炳华:《古代新疆塞人历史钩沉》,《新疆社会科学》1985 年第 1 期。

王　博、祁小山:《丝绸之路草原石人研究》,新疆人民出版社,1995 年。

王楚宁、恩子健:《昌邑王资料汇编》,《文化遗产与公众考古》第二辑,北京联合大学文化遗产保护协会,2016 年。

王辅世:《苗语古音构拟》,东京国立亚非语言文化研究所,1994 年。

王洪图:《黄帝内经讲义》,人民卫生出版社,2002 年。

王　辉:《古文字通假字典》,中华书局,2008 年。

王建军:《从存在句再论〈山海经〉的成书》,《南京师范大学学报(社会科学版)》2000 年第 2 期。

王　健:《"日"字为什么读 mi》,《古汉语研究》2002 年第 4 期。

王　均:《壮侗语族语言简志》,民族出版社,1984 年。

王　力:《汉语史稿》,中华书局,2013 年。

王　力:《汉语语音史》,中国社会科学出版社,1985 年。

王　力:《汉越语研究》,《岭南学报》第 9 卷第 1 期。

王　力:《同源字典》,商务印书馆,1982 年。

王　宁:《再说楚简中的"视日"》,复旦大学出土文献与古文字研究中心网站,http://www.gwz.fudan.edu.cn/Web/Show/1622,2011 年 8 月 20 日。

王其格:《匈奴"蹛林"与北方民族祭祀形态》,《论草原文化》第八辑,2011 年。

王庆丰:《满语研究》,民族出版社,2005 年。

王淑琴、王兰英、何福根等:《隐伏性赫依病的蒙医护理》,《中国民族民间医药杂志》1998 年第 6 期。

王树英:《中印文化交流》,中国社会出版社,2013 年。

王双成:《汉藏语言的鼻音韵尾增生现象》,《民族语文》2014 年第 5 期。

王苏琦:《汉代早期佛教图像与西王母图像之比较》,《考古与文物》2007 年第 4 期。

王孝廉:《中国的神话世界》,作家出版社,1991 年。

王　尧:《吐蕃金石录》,文物出版社,1982 年。

王　尧、陈　践:《吐蕃简牍综录》,文物出版社,1985年。

王意乐、徐长青等:《海昏侯刘贺墓出土孔子衣镜》,《南方文物》2016年第3期。

王育成:《考古所见道教简牍考述》,《考古学报》2003年第4期。

王运熙、王国安:《汉魏六朝乐府诗评注》,齐鲁书社,2000年。

王子今、周苏平:《汉代民间的西王母崇拜》,《世界宗教研究》1999年第2期。

王子今:《两汉的"越巫"》,《南都学坛》2005年第1期。

王子今:《丝绸之路与中原"音乐"的西传》,《西域研究》2019年第4期。

王子今:《西汉长安的胡巫》《两汉的越巫》,《秦汉边疆与民族问题》,人民大学出版社,2010年。

王子今:《战国秦汉时期楚文化重心的移动——兼论垓下的"楚歌"》,《北大史学》2007年第12辑。

魏　斌:《"山中"的六朝史》,生活·读书·新知三联书店,2019年。

魏庆征:《古代印度神话》,北岳文艺出版社,1999年。

温昌衍:《客赣方言中的古楚语词》,《农业考古》2009年第3期。

温玉成讲解:《崇汉轩汉画像砖拓片之西王母》,《收藏天下》,山东电视台,2014年,第102期,https://v.youku.com/v_show/id_XNzgwODQyMzAw.html。

乌　恩:《论匈奴考古研究中的几个问题》,《考古学报》1990年第4期。

巫　鸿:《武梁祠:中国古代画像艺术的思想性》,生活·读书·新知三联书店,2015年。

巫新华:《天山女神:康家石门子岩刻画文化探新》,广西师范大学出版社,2020年。

吴承学:《汉魏六朝挽歌考论》,《文学评论》2002年第3期。

吴光范:《云南地名探源》,云南人民出版社,1988年。

吴　晗:《西王母与西戎——西王母与昆仑山之一》,《清华周刊》第36卷第6期,1931年;收入《吴晗全集》,中国人民大学出版社,2009年。

吴　晗:《西王母的传说——西王母与昆仑山之二》,《清华周刊》第37卷第1期,1932年;收入《吴晗全集》,中国人民大学出版社,2009年。

吴建生、李改样:《永济方言志》,山西高校联合出版社,1990 年。

吴九龙:《银雀山汉简释文》,文物出版社,1985 年。

吴晓铃、陈四四:《920 支医简内含 10 部医书价值远超马王堆》,《四川日报》2013 年 12 月 18 日。

夏征农:《辞海》,上海辞书出版社,1999 年。

谢自立:《天镇方言志》,山西高校联合出版社,1990 年。

信立祥:《汉代画像石综合研究》,文物出版社,2000 年。

邢公畹:《汉台语比较手册》,商务印书馆,1999 年。

邢义田:《古代中国及欧亚文献、图像与考古资料中的"胡人"外貌》,《画为心声:画像石、画像砖与壁画》,中华书局,2011 年。

胥筱云、杨梅、罗艳秋等:《傣医药学"风病论"溯源》,《云南中医学院学报》第 32 卷第 5 期,2009 年。

徐时仪:《一切经音义三种校本合刊》,上海古籍出版社,2008 年。

许嘉璐:《二十四史全译·三国志(第二册)》,汉语大词典出版社,2004 年。

许理和:《佛教征服中国:佛教在中国中古早期的传播与适应》,江苏人民出版社,2005 年。

颜其香、周植志:《中国孟高棉语族语言与南亚语系》,社会科学文献出版社,2012 年。

颜世安:《庄子评传》,南京大学出版社,1999 年。

杨伯峻:《春秋左传注》,中华书局,1990 年。

杨华亭:《药物图考》,文光图书有限公司,1987 年。

杨剑桥:《汉语现代音韵学》,复旦大学出版社,1998 年。

杨剑桥:《汉语音韵学讲义》,复旦大学出版社,2000 年。

杨 宽:《丹朱、驩兜与朱明、祝融》,《杨宽古史论文选集》,上海人民出版社,2003 年。

杨 宽:《战国史》,上海人民出版社,2003 年。

杨子仪、马学恭:《固原县方言志》,宁夏人民出版社,1990 年。

叶晓锋、陈永霖:《从丝绸之路语言接触的角度看先秦部分医学词语的来源——以"扁鹊""痹""达"等词语为例》,《民族语文》2018 年第 1 期。

叶晓锋:《凤凰考》,《民族语文》2016 年第 6 期。

叶晓锋：《汉藏语中的"弱"以及相关问题》，《语言研究集刊》第 11 辑，上海教育出版社，2012 年。

叶晓锋：《汉语方言语音的类型学研究》，复旦大学博士论文，2011 年。

叶晓锋：《华佗与梵文 vaidya"医生"：以佛教传入东汉为线索》，《中山大学学报（社会科学版）》2021 年第 1 期。

叶晓锋：《上古楚语中的南亚语成分》，《民族语文》2014 年第 3 期。

叶晓锋：《丝绸之路沿线笛子的名称考源》，讲座，中国音乐学院，https://yyxx. ccmusic. edu. cn/xndt/9c790bf619d245beb162379934ebd835. htm，2022 年 3 月 22 日。

叶晓锋：《匈奴语言及族源新探》，《中山大学学报（社会科学版）》2018 年第 5 期。

亦邻真：《中国北方民族与蒙古族族源》，《内蒙古大学学报（哲社版）》1979 年第 Z2 期。

于殿利：《巴比伦与亚述文明》，北京师范大学出版社，2013 年。

于赓哲：《被怀疑的华佗——中国古代外科手术的历史轨迹》，《清华大学学报（哲学社会科学版）》2009 年第 1 期。

于文忠：《从〈金匮要略方论〉谈对"麻沸散"的认识》，《中医杂志》1986 年第 1 期。

俞　敏：《俞敏语言学论文集》，商务印书馆，1999 年。

俞伟超：《考古学是什么：俞伟超考古学理论文选》，中国社会科学出版社，1996 年。

俞忠鑫：《字音献疑》，浙江大学古籍研究所编：《雪泥鸿爪——浙江大学古籍研究所建所二十周年纪念文集》，中华书局，2003 年。

喻翠容、罗美珍：《傣语简志》，民族出版社，1980 年。

元文琪：《二元神论——古波斯宗教神话研究》，中国社会科学出版社，1997 年。

袁　宾：《宋语言词典》，上海教育出版社，1997 年。

臧克和：《汉魏六朝隋唐五代字形表》，南方日报出版社，2011 年。

曾春蓉：《湖南洞口县山门、醪田话古喻母合口字今读［m-］声母现象》，《河池学院学报》第 28 卷第 4 期，2008 年。

曾庆娜、蔡文婷：《呼伦贝尔方言词汇中的地域文化》，《呼伦贝尔学院学报》第 22 卷第 6 期,2014 年。

　　曾晓瑜:《侗台苗瑶语言的汉借词研究》,商务印书馆,2010 年。

　　曾运乾:《音韵学讲义》,中华书局,1996 年。

　　札奇斯钦:《蒙古秘史新译并注释》,联经出版事业股份有限公司,
1980 年。

　　詹伯慧等:《珠江三角洲方言字音对照》,广东人民出版社,1987 年。

　　张碧波、董国尧:《中国古代北方民族文化史(上)》,黑龙江人民出版
社,2000 年。

　　张　斌:《新编现代汉语》,复旦大学出版社,2002 年。

　　张伯英:《黑龙江志稿》,黑龙江人民出版社,1992 年。

　　张　焯:《从东汉督军制到魏晋都督制》,《史学月刊》1994 年第 6 期。

　　张清文:《由两汉镜铭看汉代西王母"宜子孙"功能》,《民俗研究》2017
年第 1 期。

　　张全超、朱　泓:《关于匈奴人种问题的几点认识》,《中央民族大学学
报(哲学社会科学版)》2006 年第 6 期。

　　张小贵:《中古祆教半人半鸟形象考源》,《世界历史》2016 年第 1 期。

　　张　怡:《民国时期基督教艺术的本土化》,《国学与西学》2018 年第
15 期。

　　张怡荪:《藏汉大辞典》,民族出版社,1984 年。

　　张玉金:《西周汉语代词研究》,中华书局,2006 年。

　　赵世超:《炎帝与炎帝传说的南迁》,《陕西师范大学学报(哲学社会科
学版)》1998 年第 4 期。

　　赵相如、朱志宁:《维吾尔语简志》,民族出版社,1985 年。

　　郑张尚芳:《方言介音异常的成因及 e>ia、o>ua 音变》,《语言学论丛》,
商务印书馆,2002 年。

　　郑张尚芳:《上古音系》,上海教育出版社,2003 年。

　　郑张尚芳:《上古韵母系统和四等、介音、声调的发源问题》,《温州师范
学院学报(社会科学版)》1987 年第 4 期。

　　中国画像砖全集编辑委员会:《中国画像砖全集:河南画像砖》,四川美
术出版社,2006 年。

　　中央民族学院少数民族语言研究所第五研究室:《壮侗语族语言词汇

集》,中央民族学院出版社,1985年。

周　波、陈伯舸:《徐州狮子山楚王陵出土金属器铭》,《中国书法》2022年第3期。

周法高:《中国古代语法:称代编》,中华书局,1990年。

周季文、谢后芳:《敦煌吐蕃汉藏对音字汇》,中央民族大学出版社,2006年。

周　济:《我国传来印度眼术之史的考察》,《中华医学杂志》第22卷第11期,1936年。

周　静:《汉晋时期西南地区有关西王母神话考古资料的类型及其特点》,《四川大学考古专业创建四十周年暨冯汉骥教授百年诞辰纪念文集》,四川大学出版社,2001年。

周振鹤:《西汉政区地理》,商务印书馆,2017年。

朱　可:《战国齐玺整理与研究》,西南大学硕士学位论文,2019年。

朱维之:《古希伯来文学史》,高等教育出版社,2001年。

朱晓农:《历史音系学的新视野》,《语言研究》第26卷第4期,2006年。

宗福邦等:《故训汇纂》,商务印书馆,2003年。

祖生利:《近代汉语"们"缀研究综述》,《古汉语研究》2005年第4期。

《中国伊斯兰教百科全书》编辑委员会:《中国伊斯兰教百科全书》,四川辞书出版社,2007年。

外文文献(中译本)

[阿根廷]博尔赫斯:《博尔赫斯全集》(诗歌卷上),浙江文艺出版社,2006年。

[俄]斯·阿·斯塔罗斯金:《古代汉语音系的构拟》,上海教育出版社,2010年。

[德]奥托·泽曼:《希腊罗马神话》,上海人民出版社,2005年。

[德]茨默:《佛经与回鹘社会》,桂林、杨富学译,民族出版社,2007年。

[德]卡尔·赖希尔:《突厥语民族口头史诗:传统、形式和诗歌结构》,中国社会科学出版社,2011年。

［德］施勒伯格：《印度诸神的世界——印度教图像学手册》，范晶晶译，中西书局，2016 年。

［德］N.伊什詹茨：《中亚东部的游牧人》，［匈］雅诺什·哈尔马塔主编：《中亚文明史》第二卷《定居文明与游牧文明的发展：公元前 700 年至公元 250 年》，徐文堪、芮传明译，中国对外翻译出版公司、联合国教科文组织，2002 年。

［法］马伯乐：《占婆史》（冯承钧译著集），上海古籍出版社，2014 年。

［法］米歇尔·福柯：《知识考古学》，谢强、马月译，生活·读书·新知三联书店，2003 年。

［法］向柏霖：《嘉绒语研究》，民族出版社，2008 年。

［法］沙加尔：《上古汉语词根》，龚群虎译，上海教育出版社，2019 年。

［法］沙畹：《西突厥史料》，中华书局，1958 年。

［法］石泰安：《西藏的文明》，耿昇译，中国藏学出版社，2012 年。

［古罗马］塔西佗：《阿古利可拉传　日耳曼尼亚志》，马雍、傅正元译，商务印书馆，1997 年。

［荷］威廉·冯·申德尔：《孟加拉国史》，东方出版中心，2011 年。

［加］罗德·菲利普斯：《酒：一部文化史》，格致出版社，2019 年。

［加］蒲立本：《古汉语语法纲要》，孙景涛译，语文出版社，2006 年。

［加］蒲立本：《上古汉语的辅音系统》，潘悟云、徐文堪译，中华书局，1999 年。

［瑞典］高本汉：《中国音韵学研究》，赵元任译，商务印书馆，1940 年。

［瑞典］高本汉：《中上古汉语音韵纲要》，聂鸿音译，齐鲁书社，1987 年。

［瑞典］多桑：《多桑蒙古史》，冯承钧译，上海书店出版社，2008 年。

［美］白一平、［英］沙加尔：《上古汉语新构拟》，上海教育出版社，2020 年。

［美］丹尼斯·塞诺：《"乌迈"，一个受到突厥人礼敬的蒙古神灵》，《丹尼斯·塞诺内亚研究文选》，中华书局，2006 年。

［美］段义孚：《恋地情结：对环境感知、态度与价值观的研究》，志丞、刘苏译，商务印书馆，2018 年。

［美］亨利·富兰克弗特：《王权和神祇：作为自然与社会结合体的古代

近东宗教研究》,郭子林、李岩译上海三联书店,2007 年。

[美]华尔顿、麦修斯、夏瓦拉斯:《旧约圣经背景注释》,中央编译出版社,2013 年。

[美]加里·古廷:《福柯》,译林出版社,2010 年。

[美]洛伊斯·N.玛格纳:《医学史》(第 2 版),上海人民出版社,2009 年。

[美]米尔恰·伊利亚德:《神圣的存在——比较宗教的范型》,晏可佳、姚蓓琴译,广西师范大学出版社,2008 年。

[美]米尔恰·伊利亚德:《宗教思想史》,晏可佳、吴晓群、姚蓓琴等译,上海社会科学院出版社,2004 年。

[美]N.鲍培:《阿尔泰语比较语法》,内蒙古教育出版社,2004 年。

[美]约翰·布莱特:《旧约历史》,四川人民出版社,2014 年。

[苏]鲁金科:《匈奴文化与诺彦乌拉巨冢》,孙危译,中华书局,2012 年。

[苏]谢·亚·托卡列夫、叶·莫·梅列金斯基等:《世界各民族神话大观》,魏庆征译,国际文化出版公司,1993 年。

[塔]阿西莫夫、[英]博斯沃思主编:《中亚文明史》第四卷(上)《辉煌时代:公元 750 年至 15 世纪末——历史、社会和经济背景》,华涛译,中国对外翻译出版公司、联合国教科文组织,2008 年。

[新西兰]查尔斯·F.W.海厄姆:《古亚洲文明百科全书》,王毅译,上海人民出版社,2007 年。

[匈]D·西诺(即塞诺)、[俄]SG.克利亚什托尔内:《突厥帝国》,[俄]李特文斯基主编:《中亚文明史》第三卷《文明的交会:公元 250 年至 750 年》,中国对外翻译出版公司,2003 年。

[英]崔瑞德、[英]鲁惟一:《剑桥中国秦汉史(公元前 221 年至公元 220 年)》,杨品泉译,中国社会科学出版社,1992 年。

[英]但尼士、[德]欧德理:《中国评论》,国家图书馆出版社,2010 年。

[英]蒂莫西·布莱宁:《追逐荣耀:1648—1815》,中信出版社,2018 年。

[英]科林·伦福儒、[英]保罗·巴恩著:《考古学:理论、方法与实践:第 6 版》,陈淳译,上海古籍出版社,2015 年。

[英]玛丽·博伊斯著:《伊朗琐罗亚斯德教村落》,张小贵、殷小平译,

中华书局,2005年。

[英]麦克斯·缪勒:《宗教的起源与发展》,金泽译,上海人民出版社,1989年。

[英]麦克斯·缪勒:《宗教学导论》,陈观胜、李培茱译,上海人民出版社,2010年。

[英]威廉·雷姆塞:《希腊文明中的亚洲因素》,大象出版社,2013年。

[英]詹姆斯·乔治·弗雷泽:《〈旧约〉中的民间传说——宗教、神话和律法的比较研究》,叶舒宪、户晓辉译,陕西师范大学出版社,2012年。

[印]莉杜·巴玛:《中印神话中乌摩与西王母之关系》,《中国印度文学比较论文选》,中国美术学院出版社,2002年。

[伊朗]志费尼:《世界征服者史》(上),商务印书馆,2013年。

日 文 文 献

[日]白鸟库吉:《匈奴の人種について》,1922年,收入《白鸟库吉全集》第四卷《塞外民族史研究上》,岩波书店,1970年;《匈奴民族考》,收入林幹编《匈奴史论文选集》,中华书局,1983年。

[日]荻原云来:《梵汉对译佛教辞典、翻译名义大全》,丙午出版社,1927年。

[日]高田时雄:《于阗文书中的汉语语汇》,《敦煌·民族·语言》,钱㪢等译,中华书局,2005年。

[日]护雅夫:《丝路与粟特人》,《丝路与佛教文化》,贵州大学出版社,2013年。

[日]宫崎正胜:《酒杯里的世界史》,陈柏瑶译,中信出版社,2018年。

[日]内田吟风:《北方民族史与蒙古史译文集》,云南人民出版社,2003年。

[日]内田吟风:《匈人、匈奴同族论研究小史》,余大钧译,《北方民族史与蒙古史译文集》,云南人民出版社,2003年。

[日]鸟居龙藏:《苗族调查报告》,贵州大学出版社,2009年。

[日]平川彰:《印度佛教史》,北京联合出版公司,2018年。

［日］山田庆儿:《针灸的起源》,廖育群、李建民编译,载《中国古代医学的形成》,东大图书股份有限公司,2003 年。

［日］榊亮三郎:《翻译名义大集》,华宇出版社,1998 年。

［日］羽田正:《"伊斯兰世界"概念的形成》,朱莉丽、刘丽娇译,上海古籍出版社,2012 年。

［日］泽田勋:《匈奴:古代游牧国家的兴亡》,王庆宪、丛晓明译,内蒙古人民出版社,2010 年。

［日］栗林均:《オイラート文語三種統合辞典》,東北大学東北アジア研究センター,2017 年。

［日］森雅子:《西王母の原像:中国古代神話における地母神の研究》,《史学》,1986 年。

［日］松木明知:《麻醉科學史研究最近の知見(10)——漢の名医華佗は實はペルシャ人だった》,日本《麻醉》1980 年第 5 期。

［日］藤田丰八:《支那に於ける刻石の由来:附「不得祠」とは何ぞや》,《東洋学報》第 16 巻第 2 号,1927 年,第 149—184 页。

［日］伊藤义教:《ペルシャ文化渡来考》,岩波書店,1980 年。

［日］曾布宽川:《汉·三国佛教遗物的图像学——西王母和佛》,潘秋枫译,《东南文化》1995 年第 2 期。

西 文 文 献

Abbas, ABĀN B. ABD-AL-ḤAMĪD, Encyclopaedia Iranica, I/1, p.58, http://www.iranicaonline.org/articles/aban-b-abd-al-hamid.

Abrahams, P.W. Geophagy and the inVoluntary Ingestion of Soil. O. Selinus, B. Alloway, J.A. Centenoi, R.B. Finkelman, R. Fuge, U. Lindh, & P. Smedley(Eds.), *Essentials of Medical Geology: Revised Edition Dordrecht.* Netherlands: Springer, 2013.

Adelaar, K.A. *Proto-Malayic: The Reconstruction of Its Phonology and Parts of Its Lexicon and Morphology.* Dept. of Linguistics, Research School of Pacific Studies, Canberra: Australian National University, 1992.

Akira, Hirakawa. *Buddhist Chinese-Sanskrit Dictionary*. Tokyo: The Reiyukai Press, 1997.

Andronov, M. S. *A Comparative Grammar of the Dravidian Languages*. Wiesbaden: Otto Harrassowitz, 2003.

Anselin, A. Two Names for Stone in Ancient Egyptian. *Cahiers Caribéens d'Egyptologie*, 2014, Vol.18.

Apte, V. S. *The Practical Sanskrit-English Dictionary: Containing Appendices on Sanskrit Prosody and Important Literary and Geographical Names of Ancient India*. Delhi: Motilal Banarsidass Publ., 1965.

Ariati, N. W. P. *The Journey of A Goddess: Durga in India, Java and Bali*. Phd Thesis. Australia: Charles Darwin University, 2009.

Arnold, B. T. *Who Were the Babylonians?* Leiden: Brill, 2005.

Aruz, J., Sarah B. Graff, and Yelena Rakic. *Cultures in Contact: From Mesopotamia to the Mediterranean in the Second Millennium B.C.* New York: Metropolitan Museum of Art, 2013.

Avalon, A. *Introduction to Tantra Sastra*. Leeds: Celephaïs Press, 2004.

Awde, N., Khitarishvili, T. *Georgian-English, English-Georgian Dictionary and Phrasebook*. New York: Curzon Press, 1997.

Bailey, H.W. *Indo-Scythian Studies Being Khotanese Texts, Volume VII*. London: Cambridge University Press, 1985.

Bailey, R. T. G. *The Languages of The Northern Himalayas, Studies in the Grammar of Twenty-six Himalayan Dialects*. London: The Royal Asiatic Society, 1908.

Batchelor, J. *An Ainu-English-Japanese Dictionary*. Tokyo: Methodist Publishing House, 1905.

Baxter, William H. & Sagart, Laurent. *Old Chinese: A New Reconstruction*. New York: Oxford University Press, 2014.

Beckwith, Christopher I. The Introduction of Greek Medicine into Tibet in the Seventh and Eighth Centuries. *Journal of the American Oriental Society*, 1979, Vol.99(2).

Beekes, R. *Pre-Greek: Phonology, Morphology, Lexicon*. Leiden: Brill,

2014.

Beekes, R. *A Grammar of Gatha-Avestan.* Leiden: Brill, 1988.

Bender, B. W., Goodenough, W. H., Jackson, F. H., Marck, J. C., Rehg, K. L., Sohn, H., Wang, J. W. Proto-Micronesian Reconstructions I. *Oceanic Linguistics*, 2003, Vol.42(1).

Benedict, P, K. Thai, Kadai, and Indonesian, A New Alignment in Southeastern Asia. *American Anthropologist, New Series*, 1942, Vol.44(4).

Benedict, Paul K. *Sino-Tibetan: A Conspectus.* Cambridge: Cambridge University Press, 1972.

Bennett, P.R. *Comparative Semitic Linguistics. A Manual.* Winona Lake: Eisenbrauns, 1998.

Blust, R. Proto-Oceanic *mana Revisited. *Oceanic Linguistics*, 2007, Vol.46(2).

Blust, R. 'Eye of the Day': A Response to Urban(2010). *Oceanic Linguistics*, 2011, Vol.50(2).

Bochart, S. *Samuelis Bocharti Geographia sacra, seu Phaleg et Canaan: cui accedunt variae dissertationes philologicae, geographicae, theologicae, etc. Antehac ineditiae: ut et tabulae geographicae et indices, longè quam antea luculentiores et locupletiores.* Lugduni Batavorum: Apud Cornelium Boutesteyn et Jordanum Luchtmans, 1692.

Borell, B. Gold Coins from Khlong Thom. *Journal of the Siam Society*, 2017, Vol.105.

Bowman, A. K. and Thomas, J. David. *Vindolanda: The Latin Writing Tablets.* London: Alan Sutton Publishing Ltd., 1983.

Bowman, A. K.Roman Military Records from Vindolanda. *Britannia*, 1974, Vol.5.

Boyce M.On Mithra's Part in Zoroastrianism. *Bulletin of the School of Oriental and African Studies*, 1969, Vol.32(1).

Boyce, M. *A Word-list in Manichaen Middle Persian and Parthian.* Leiden: Brill, 1977.

Brandon, S. G. *A Dictionary of Comparative Religion.* New York: Scribner,

1970.

Bright, J. *A History of Israe*. Louisville: Westminster John Knox Press, 2000.

Brinkgreve, F. Offerings to Durga and Pretiwi in Bali. *Asian Folklore Studies*, 1997, Vol.56(2).

Buck, C.D. *A Dictionary of Selected Synonyms in The Principal Indo-European Languages*. Chicago: The University of Chicago, 1949.

Buckley, E. Metathesis. Oostendorp. Marc van er al. (eds). *The Blackwell Companion to Phonology*. West Sussex: Wiley-Blackwell, 2011.

Budge, E.A.W. *An Egyptian Hieroglyphic Dictionary*. London: John Murray, 1981.

Buisson, D. Les flûtes paléolithique d'Isturitz(Pyrénées-Atlantiques), *Bulletin de la Société Préhistorique Française*. 1990, 10—12(HS), pp.420—433.

Burenhult, G., Arvidsson, J. *Archaeological Informatics: Pushing The Envelope CAA*. Oxford: Archaeopress, 2002.

Burrow, T. & Emeneau, M.B. *A Dravidian Etymological Dictionary. 2nd ed*. Oxford: Clarendon Press, 1984.

Capell, A. The Word "Mana": A Linguistic Study. *Oceania*, 1938, Vol.9(1).

Cavalli-Sforza, Luigi Luca. *Genes Peoples and Languages*. London: Penguin Group Press, 2001.

Chandra, S. *Journey to Lhasa and Central Tibet*. London: John Murray, 1902.

Charpin, D. "I Am the Sun of Babylon": Solar Aspects of Royal Power in Old Babylonian Mesopotamia. Jane A. Hill, Philip Jones, and Antonio J. Morales(Eds.), *Experiencing Power, Generating Authority: Cosmos, Politics, and the Ideology of Kingship in Ancient Egypt and Mesopotamia*. Pennsylvania: University of Pennsylvania Press, 2014.

Chen, Sanping. Son of Heaven and Son of God: Interactions among Ancient Asiatic Cultures Regarding Sacral Kingship and Theophoric Names. *Journal of the Royal Asiatic Society, Third Series*, 2002, Vol.12(3).

Cheung, J. *Etymological Dictionary of the Iranian Verb*. Leiden/Boston:

Brill, 2007.

Cheyne, T. K. *Encyclopaedia Biblica*: *A Critical Dictionary of The Literary*, *Political*, *and Religious History*, *The Archaeology*, *Geography*, *and Natural History of the Bible. Vol.1.* Toronto: George N. Morang & Company, 1899.

Cheyne, T.K. Black, J.S. *Encyclopaedia Biblica*. Vol.4.Toronto: George N. Morang & Company, 1903.

Chirikba, V. A. *Dictionary of Common Abkhaz*. Leiden: Research School CNWS, 1996.

Clauson, G. *An Etymological Dictionary of Pre-thirteenth Century Turkish*. Oxford: Clarendon Press, 1972.

Coblin, W.S. *A Handbook of Eastern Han Sound Glosses*. Hong Kong: Chinese University Press, 1983.

Coleman J. A. *The Dictionary of Mythology*. London: Arcturus Publishing Limited, 2007.

Conard, N. J., Malina, M.; Münzel, S. C. New Flutes Document the Earliest Musical Tradition in Southwestern Germany. *Nature*, 2009, 460(7256).

Conrady, A. Indischer Einfluß in China Im 4. Jahrhundert v. Chr. *Zeitschrift Der Deutschen Morgenländischen Gesellschaft*, 1906, Band 60.

Cowie, A., Cowie, W.C. *English-Sulu-Malay Vocabulary*. London: British North Borneo Company, 1893.

Crisologo, J., Davidson, J. *Egyptian Mythology*: *Ancient Gods and Goddesses of the World*. Los Gatos: Smashwords, 2015.

Curtis J, André-Salvini B, Tallis N. *Forgotten Empire*: *The World of Ancient Persia*. Berkeley: University of California Press, 2005.

Curtis, J. E. & Reade, J. E. *Art and Empire Treasures from Assyria in The British Museum*. London: British Museum Press, 1995.

Cush, D., Robinson, C. *Encyclopedia of Hinduism*. London: Routledge, 2008.

Dakubu, M.E.K. *West African Language Data Sheets*. Legon: West African Linguistic Society, 1900.

Darksen, R. *Etymological Dictionary of the Slavic Inherited Lexicon*. Leiden: Brill, 2008.

David, Konstan & A. Kurt Raaflaub. *Epic and History*. New Jersey: Blackwell Publishing Ltd Press, 2020.

Davids, T. W. & William S. *The Pali Text Society's Pali-English Dictionary*. Chipstead: The Pali Text Society, 1921.

Day, J. *From Creation to Babel: Studies in Genesis 1-11*. London: Bloomsbury Publishing, 2014.

de Vaan, M. *Etymological Dictionary of Latin and the Other Italic Languages*. Leiden: Brill, 2008.

Derksen, R. *Etymological Dictionary of The Baltic Inherited Lexicon*. Leiden: Brill, 2014.

Dickey, E. Kypie, ΔΕΣΠΟΤΑ, Domine Greek Politeness in the Roman Empire. *The Journal of Hellenic Studies*, 2001, Vol.121.

Dickey, E., The Greek Address System of The Roman Period and Its Relationship to Latin. *The Classical Quarterly*, 2004, Vol.54(2).

Diesel, A. The Worship and Iconography of The Hindu Folk Goddesses in Natal. *Journal for The Study of Religion*, 1992, Vol.2.

Diffloth, G. *The Wa Languages*. Berkeley: California State University, 1980.

Dowson, J. *A Classical Dictionary of Hindu Mythology and Religion, Geography, History, and Literature*. New Haven: Sagwan Press, 2015.

Durkin-Meisterernst, D. *Dictionary of Manichaean Middle Persian and Parthian. Turnhout*. Belgium: Brepols Publishers, 2004.

Edwards, I. E. S. *The Early Dynastic Period in Egypt, The Cambridge Ancient History, Vol.1*. Cambridge: Cambridge University Press, 1971.

Edzard, L. *Approaches to Arabic Dialects. A Collection of Articles Presented to Manfred Woidich on The Occasion of His Sixtieth Birthday*. Leiden: Brill, 2004.

Eitel, Ernest John. *Hand-book of Chinese Buddhism, Being a Sanskrit-Chinese Dictionary with Vocabularies of Buddhist Terms in Pali, Singhalese, Siamese, Burmese, Tibetan, Mongolian and Japanese*. Tokyo: Sanshusha, 1904.

Eliade, M. *Patterns in Comparative Religion*. London: Sheed & Ward, Inc, 1958.

Elmore, W. T. *Dravidian Gods in Modern Hinduism: A Study of the Local and Village Deities of Southern India*. Hamilton, N.Y.: the author, 2015.

Emeneau, M.B. India as a Linguistic Area. *Language, Linguistic, Society of America*, 1956, Vol.32.

Erdal, M. *A Grammar of Old Turkic*. Leiden: Brill, 2004.

Ernout, A., Meillet, A. *Dictionnaire étymologique de la langue latine. Histoire des mots*. Paris: Klincksieck, 1951.

Ferlus M. Lexique Thavung-Français. *Cahiers de linguistique-Asie orientale*, 1979, 5(1).

Ferlus, M. LinguisticEvidence of the Trans-peninsular Trade Route from North Vietnam to the Gulf of Thailand(3rd-8th centuries). *Mon-Khmer Studies*, 2012, Vol.41.

Filliozat, J. *The Classical Doctrine of Indian Medicine*. Delhi: Munshiram Manoharlal, 1964.

Finkelman, R.B. The Influence of Clays on Human Health: A Medical Geology Perspective. *Clays and Clay Minerals*, 2019, Vol.67.

Franke, Otto. *Geschichte des chinesischen Reiches*, *Vol. I*. Berlin: Walter de Gruyter, 1930.

Frankfort, Henri. *Kingship and the Gods: A Study of Ancient Near Eastern Religion as the Integration of Society and Nature*. Chicago: University of Chicago Press, 1978.

Fried, Lisbeth S. *The Priest and The Great King: Temple-palace Relations in the Persian Empire*. Winona Lake: Eisenbrauns, 2004.

Gamkrelidze, T.V.Recent Developments in Indo-European Linguistics and A New Paradigm in Indo-European Comparative Studies. Werner Winter(eds.) *On Languages and Language*. Berlin, New York: De Gruyter Mouton, 1995.

Gelb, I.J. The Name of Babylon. *Journal of the Institute of Asian Studies*, 1955, Vol.1.

Georg, S. *A Descriptive Grammar of Ket (Yenisei-Ostyak)*. Leiden: Global

Oriental, 2007.

Gharib, B. *Sogdian Dictionary*: *Sogdian-Persian-English*. Tehran: Far-hangan Publications, 1995.

Gholami, S. On The Terminology Designating the Zoroastrians of Iran and Their Language. *Bulletin of the School of Oriental and African Studies*, 2022, Vol.85(1).

Glare, P.G.W. *Oxford Latin Dictionary. 2nd Ed*. Oxford: Oxford University Press, 2012.

Goldin, P.R. On the Meaning of the Name Xi Wangmu, Spirit-Mother of the West. *Journal of the American Oriental Society*, 2002, Vol.122(1).

Gray, H.S. *Indo-Iranian Phonology*: *with Special Reference to the Middle and New Indo-Iranian Languages*. New York: Columbia University Press, 1902.

Gray, L. H. *Introduction to Semitic Comparative Linguistics*. Piscataway: Gorgias Press, 2007.

Greenberg, J.H. *The Languages of Africa*. Bloomington: Indiana University, 1963.

Grierson, G. *A Linguistic Survey of India. Vol. 1*. New Delhi: Low Price Publications, 1927.

Grierson, G. A. Spontaneous Nasalization in the Indo-Aryan Languages. *Journal of the Royal Asiatic Society*, 1922, Vol.54(3).

Grierson, G. *A Linguistic survey of India. Vol. 10*. New Delhi: Low Price Publication, 1921.

Gundert, H. *A Malayalam and English Dictionary*. Mangalore/London: Trübner & Co., 1872.

Gunkel, H. *The Legends of Genesis*. Chicago: Open Court Publishing Company, 1901.

Gwynn, J. P. *Telugu-English Dictionary*. New York: Oxford University Press, 1991.

Haarmann, Harald. *Roots of Ancient Greek Civilization*: *The Influence of Old Europe*. Jefferson: McFarland & Company inc., Publishers, 2014.

Hallberg, Daniel G. *Sociolinguistic Survey of Northern Pakistan. Vol.4*. Islamabad: National Institute of Pakistan Studies & Summer Institute of Linguistics, 1992.

Halloran, John Alan. *Sumerian Lexicon: A Dictionary Guide to the Ancient Sumerian Language*. Los Angeles: Logogram Publishing, 2006.

Harmatta, J. Languages and Script in Graeco-Bactria and The Saka Kingdom. J. Harmatta(ed.), *History of Civilizations of Central Asia*, *Vol.2: The Development of Sedentary and Nomadic Civilizations: 700 B.C. to A.D. 200*. Paris: UNESCO Publishing, 1994.

Harrell, Richard S. *A Dictionary of Moroccan Arabic: Moroccan-English/ English-Moroccan*. Washington: Georgetown University Press, 2004.

Headley, R. K. An English-Pearic Vocabulary. *The Mon-Khmer Studies Journal*, 1978, Vol.7.

Heagy, Thomas C. Who was Menes? *Archeo-Nil*, 2014, Vol.24.

Heringa, R. Dewi Sri in Village Garb: Fertility, Myth, and Ritual in Northeast Java. *Asian Folklore Studies*, 1997, Vol.56(2).

Heringa, R.Reconstructing the Whole: Seven Months Pregnancy Ritual in Kerek, East Java. Monica Janowski and Fiona G. Kerlogue(eds.), *Kinship and Food in South East Asia*. Singapore: Nus Press Pte Ltd., 2007.

Hirakawa,*A. Buddhist Chinese-Sanskrit Dictionary*. Tokyo: The Reiyukai, 1997.

Hirth, F. Sinologische Beiträge zur Geschichte der Türk-Völker. Die Ahnentafel Attila's nach Johannes von Thurócz. Известия Императорской Академии Наук, 1900, Vol.13(2).

Hitchcock, R.D. *Hitchcock's Bible Names Dictionary*. Oxford: Benediction Classics, 2010.

Hommel, F. *Grundriss der Geographie und Geschichte des alten Orients 1: Ethnologie des alten Orients: Babylonien und Chaldäa*. München: C. H. Beck, 1904.

Hooykaas, R. Calvin and Copernicus. *Organon*, 1974, Vol.10.

Hornblower, S. & Spawforth, A. *The Oxford Classic Dictionary*. Oxford: Oxford University Press, 2012.

Houtman, G. *Mental Culture in Burmese Crisis Politics*: *Aung San Suu Kyi and the National League for Democracy*. Tokyo: ILCAA, 1999.

Hudson, G. *Northeast African Semitic*: *Lexical Comparisons and Analysis*. Wiesbaden: Harrassowitz Verlag, 2013.

Hunter, J.M. Geophagy in Africa and The United States: A Culture-Nutrition Hypothesis. *Geographical Review*, 1973, Vol.63(2).

Hunter, W.W. *A Comparative Dictionary of the Language of India and High Asia with a Dissertation*. London: Trübner and Co., 1868.

Ishjamts, N. Nomads in Eastern Central Asia. János Harmatta(ed.), *History of Civilizations of Central Asia. Vol 2. The Development of Sedentary and Nomadic Civilizations*: *700 B.C. to A.D. 250*. Paris: UNESCO Publishing, 1994.

Issitt M, Main C. *Hidden Religion*: *The Greatest Mysteries and Symbols of the World's Religious Beliefs*. London: ABC-CLIO, 2014.

Jäschke, H.A. *A Tibetan-English Dictionary*: *with Special Reference to the Prevailing Dialects, to Which Is Added an English-Tibetan Vocabulary*. London: Kegan Paul, Trench, Trübner & Co. Ltd.,1881.

Johnson, E.L. *Historical Grammar of the Ancient Persian Language*. Cincinnati and New York: American Book Company, 1917.

Johnston H.H. *A Comparative Study of the Bantu and Semi-Bantu Languages*. Oxford: The Clarendon Press, 1919.

Karlgren, B. *Philology and Ancient Chinese*. Oslo: Haschehoug & Co Press, 1926.

Karlgren, B. Legends and Cults in Ancient China. *Bulletin of the Museum of Far Eastern Antiquities*, 1946, Vol.18.

Kent, R.G. *Old Persian*: *Grammer Texts Lexicon*. New Haven: Amerian Oriental Society, 1950.

Kikawada, I.M. Two Notes on Eve. *Journal of Biblical Literature*, 1972, Vol.91(1).

Kinsley, David R. *Hindu Goddesses*: *Visions of the Divine Feminine in the Hindu Religious Tradition*. Berkeley: University of California Press, 1988.

Klein, E. *Kleins Comprehensive Etymological Dictionary of the English Lan-*

guage. London: Elsevier Publishing Company, 1971.

Krishnamurti, B. *The Dravidian Language*. New York: Cambridge University Press, 2003.

Kruspe, N. *A Grammar of Semelai*. Cambridge: Cambridge University Press, 2004.

Kumar, Senthil A. S. *Read Indussian: The Archaic Tamil from c. 7000 BCE*. Tiruvannamalai: Amarabharathi Pubulish & Book sellers, 2012.

Kumar, B. Shaivism in Ancient Cambodia. *Dialogue*, 2014, Vol.16(2).

Larry. A.M. *A Students Vocabulary for Biblical Hebrew and Aramaic*. Grand Rapids: Zondervan Academic Press, 1984.

Lattimore, O. *Inner Asian Frontiers of China*. New York: American Geographical Society, 1951.

Laufer, Berthold. Loan-Words in Tibetan. *T'oung Pao*, 1916, Vol.17(4—5).

LDO(Language Division Office of The Registrar General & Census Commissioner of India). *Linguistic Survey of India: Orissa*. Language Division Office of The Registrar General & Census Commissioner of India, 2002.

LDO(Language Division Office of The Registrar General & Census Commissioner of India). *Linguistic Survey of India: Sikkim Part 1*. Language Division Office of The Registrar General & Census Commissioner of India, 2009.

LDO(Language Division Office of The Registrar General & Census Commissioner of India), *Linguistic Survey of India: Dadra and Nagar Haveli*. Language Division Office of the Registrar General & Census Commissioner of India, 2003.

LDO(Language Division Office of The Registrar General & Census Commissioner of India), *Linguistic Survey of India: Rajasthan Part 1*. Language Division Office of the Registrar General & Census Commissioner of India, 2011.

LDO(Language Division Office of The Registrar General & Census Commissioner of India), *Linguistic Survey of India: Sikkim Part 2*. Language Division Office of the Registrar General & Census Commissioner of India, 2012.

Leslau, W. *Etymological Dictionary of Harari*. Berkeley and Los Angels: University of California Press, 1963.

Leslau, W. *Hebrew Cognates in Amharic*. Wiesbaden: Otto Harrassowitz, 1969.

Leslau, W. *Arabic Loanwords in Ethiopian Semitic*. Wiesbaden: Otto Harrassowitz Verlag, 1990.

Levin, Y. Baal Worship in Early Israel. An Onomastic View in Light of the "Eshbaal" Inscription from Khirbet Qeiyafa. *Maarav*, 2014, Vol.21(1—2).

Lewis, B. Palestine: On the History and Geography of a Name. *The International History Review*, 1980, Vol.2(1).

Liberman, A. *An Analytic Dictionary of the English Etymology: An Introduction*. Minnesota: University of Minnesota Press, 2008.

Ligeti, L. Mots de civilisation de Haute Asie en transcription chinoise. *Acta Orientalia Academiae Scientiarum Hungaricae*, 1950, Vol.1(1).

Lindell, K. Svantesson, J. Tayanin, D. Two Dialects of the Rəmeet (Lamet) Language. *Cahiers de Linguistique-Asie Orientale Année*, 1978, Vol.4.

Luce, G. H. *Comparative Lexicon: English-Danaw-Riang (Sak)-Riang (Lang), in Luce Collection*. Canberra: National Library of Australia. 1964.

Maclean, Arthur John. *A Dictionary of the Dialects of Vernacular Syriac: As Spoken by the Eastern Syrians of Kurdistan, North-west Persia, and the Plain of Mosul: with Illustrations from the Dialects of the Jews of Zakhu and Azerbaijan, and of the Western Syrians of Tur'Abdin and Ma'lula*. Oxford: The Clarendon Press, 1901.

Macdonell, A. A. *A Practical Sanskrit Dictionary with Transliteration, Accentuation, and Etymological Analysis Throughout*. London: Oxford University Press, 1929.

Mackenzie, D. N. *A Concise Pahlavi Dictionary*. London: Oxford University Press, 1971.

Maenchen-Helfen, O. Huns and Hsiung-Nu. *Byzantion*, 1944—1945, Vol.17.

Mair, V. H. *The Shorter Columbia Anthology of Traditional Chinese Literature. Part III: Prose*. New York: Columbia University Press, 2000.

Majid, Haji Abdul. Some Malay Superstitions. *Journal of the Malayan Branch of the Royal Asiatic Society*, 1928, Vol.6.

Mallory, J.P., Adams, D.Q. *The Oxford Introduction to Proto-Indo-European and the Proto-Indo-European World*. Demand: Oxford University Press, 2006.

Man, E.H. *A Dictionary of The Central Nicobarese Language: English-Nicobarese And Nicobarese-English*. London: WH Allen, 1889.

Martin, C. R., Said Amir Arjomand, Marcia Hermansen, Abdulkader Tayob, Rochelle Davis, John Obert Voll. *Encyclopedia of Islam & the Muslim World*. New York: Macmillan Reference USA Press, 2003.

Martin, S.E. Lexical Evidence Relating Korean to Japanese. *Language*, 1966, Vol.42(2).

Martirosyan, H. *Etymological Dictionary of the Armenian Inherited Lexicon*. Leiden: Brill, 2009.

Masalha, N. *Palestine: A Four Thousand Year History*. London: I.B. Tauris, 2018.

Masson, V.M. The Bronze Age in Khorasan and Transoxania, A.H. Dani & V.M. Masson(Eds.), *History of Civilizations of Central Asia: Vol.1 The Dawn of Civilization: Earliest times to 700B.C.* Paris: Unesco, 1993.

Matasovic, R. *Etymological Dictionary of Proto-Celtic*. Leiden: Brill, 2008.

Matisoff, J.A. *Handbook of Proto-Tibeto-Burman: System and Philosophy of Sino-Tibetan Reconstruction*. Berkeley: University of California Press, 2003.

Means, N. *Temiar-English, English-Temiar Dictionary*. Saint Paul: Hamline University Press, 1998.

Melchert, H. C. Solar and Sky Deities in Anatolian. Adam Alvah Catt (Eds.), *Anatolian and Indo-European Studies, in Honor of Kazuhiko Yoshida*. New York: Beech Stave Press, 2019.

Mikkola, Heimo.Owl Beliefs in Kyrgyzstan and Some Comparison with Kazakhstan, Mongolia and Turkmenistan. Mikkola. Heimo(eds.) *Owls*. London: IntechOpen, 2019.

Miller, D.G. *Ancient Greek Dialects and Early Authors*. Boston: de Gruyter, 2013.

Minyaev, S. The Origins Of the "Geometric Style". Davis-Kimball, Jeannine et al. (eds.) *Kurgans, Ritual Sites, and Settlements Eurasian Bronze and Iron Age. BAR international series 890*. Oxford: Archaeopress, 2000.

Minyaev, S.S. Tsaram: A Burial Ground of the Hsiung-nu Elite in Transbaikalia. *Archaeology, Ethnology and Anthropology of Eurasia*, 2009, Vol.37(2).

Mitani, Y. Palaung Dialects: A Preliminary Comparison. *Japanese Journal of Southeast Asian Studies*, 1977, Vol.15(2).

Molesworth, J.T. *A Dictionary Marathi and English*. Bombay: the Bombay Education Society's Press, 1857.

Moore, G.F. Baetylia. *American Journal of Archaeology*, 1903, Vol.7(2).

Mootz, D. Site study: Banteay Srei. *Teaching History*, 2015, Vol.49(2).

Muecke, M.A. An Explanation of Wind Illnessin Northern Thailand. *Culture, Medicine and Psychiatry*, 1979, Vol.3(3).

Müller, F. W. K.Uigurische Glossen. *Festschrift für Friedrich Hirth zu seinem 75. geburtstag 16. april 1920*. Berlin: Oesterheld & Company, 1920, pp.310—324.

Müller, F.W.K. *Uigurica: Fragmente aus der buddhistischen Literatur. II*. Berlin: Verlag der Königlichen Akademie der Wissenschaften, 1911.

Nickel, L. The First Emperor and sculpture in China. *Bulletin of the School of Oriental and African Studies*, 2013, Vol.76(3).

Nothofer, B. *The Reconstruction of Proto-Malayo-Javanic*. Leiden: Brill, 1975.

O.V.P. Owl Folk-Lore in India. *Notes and Queries*, 1908(10).

O'Brien,C. S. *The Demiurge in Ancient Thought*. Cambridge: Cambridge University Press, 2015.

Ohala, J.J. The Phonetics of Sound Change. Charles Jones(eds.) *Historical Linguistics: Problems and Perspectives*. London: Longman, 1993.

Olivelle, P. *The Early Upanisads: Annotated Text and Translation*. New York: Oxford University Press, 1998.

Orel, V.E. *Albanian Etymological Dictionary*. Leiden: Brill, 1998.

Orel, V.E. & Stolbova, O.V. *Hamito-Semitic Etymological Dictionary: Ma-*

terials for a Reconstruction. Leiden: Brill, 1995.

Patrie, J. *The Genetic Relationship of the Ainu Language*. Honolulu: University of Hawai'i Press, 1982.

Pelliot, P. Tängrim > tärim. *T'oung Pao*, 1944, Vol.37, Livr. 5.

Phaiboon, D. Glossary of Aslian Languages: The Northern Aslian Languages of Southern Thailand. *The Mon-Khmer Studies Journal*, 2006, Vol.36.

Pinch, G. *Handbook of Egyptian Mythology*. Santa Barbara, California/Denver/Colorado/Oxford: Abc-Clio, 2002.

Poppe, N. On Some Altaic Names of Dwellings. *Studia Orientalia Electronica*, 1964, Vol.28.

Premsrirat, Suwilai. So(Thavung)-English-Thai Glossary Part I. *The Mon-Khmer Studies Journal*, 1998, Vol.28.

Pritsak, O. Ein hunnisches Wort: Meinem Lehrer Hans Heinrich Schaeder in Dankbarkeit. *Zeitschrift der Deutschen Morgenländischen Gesellschaft*, 1954, Vol.104(1).

Pryse, W. *An Introduction to the Khasia Language: Comprising a Grammar, Selections for Reading, and a Vocabulary*. Calcutta: School-book Society's Press, 1855.

Pulleyblank, E. G. The Hsiung-nu Language, Appendix to The Consonantal System of Old Chinese: Part II, *Asia Major*, 1962/3, Vol.9.

Radner, K., Robson E. *The Oxford Handbook of Cuneiform Culture*. Oxford: Oxford University Press, 2011.

Rapson, E. J. Notes on Indian Coins and Seals. Part IV. Indian Seals and Clay Impressions. *The Journal of the Royal Asiatic Society of Great Britain and Ireland*, 1901.

Raverty, H. G. *A Dictionary of the Puk'hto, Pus'hto, or Language of the Afghans: with Remarks on the Originality of the Language, and Its Affinity to Other Oriental Tongues. Second edition*. London: Williams and Norgate, 1867.

Revire, N. Solar Symbolism in Early Buddhist Literature. *Berlin: Indological Studies*, 2017, Vol.23.

Richardson, M. E. J. *Hammurabi's Laws Text, Translation and Glossary*.

London: T&T Clark International, 2004.

Ross, M., Pawley, A. and Osmond, M. *The Lexicon of Proto Oceanic. The Culture and Environment of Ancestral Oceanic Society*, Vol.2. *The Physical Environment*. Canberra: The Australian National University, 2007.

Ross, M., Pawley A. and Osmond M. *The Lexicon of Proto Oceanic. The Culture and Environment of Ancestral Oceanic Society. Vol.5. People: Body and Mind*, Canberra: The Australian National University, 2016.

Rowland, J. B. *Buddha and the Sun God*. Eisenach: Paul Geuthner, 1938.

Rybatzki, V. *Die Personennamen und Titel der Mittelmongolischen Dokumente. Eine lexikalische Untersuchung*. Helsinki: Yliopistopaino Oy, 2006.

Samolin, William. Hsiung-nu, Hun, Turk. *Central Asiatic Journal*, 1957, Vol.3(2).

Santiko, H. The Goddess Durgā in the East-Javanese Period. *Asian Folklore Studies*, 1997, Vol.2.

Schleberger, E. *Le divinit à indiane. Aspetto, manifestazioni e simboli.* Manuale di iconografia induista(Roma: Edizioni Mediterranee), 1999.

Schmidt, H P. *Mitra in Old Indian and Mithra in Old Iranian*. Mithra I, 2006, https://iranicaonline.org/articles/mithra-i.

Schmidt, J. J. *Forschungen im Gebiete der älteren religiösen, politischen und literarischen Bildungsgeschichte der Völker Mittel-Asiens*. St. Petersburg: K. Kray, 1824.

Scholem, G. *The Messianic Idea in Judaism: And Other Essays on Jewish Spirituality*. New York: Schocken Books, 1971.

Schuessler, A. *Minimal Old Chinese and Later Han Chinese, Minimal Old Chinese and Later Han Chinese*. Honolulu: University of Hawaii Press, 2009.

Schuessler. A. *ABC Etymological Dictionary of Old Chinese*. Honolulu: University of Hawaii Press, 2007.

Scott, J.G. Hardiman, J.P. *Gazetteer of Upper Burma and the Shan States*. Burma: Superintendent, Government Printing, 1899.

Shellabear, W.G. *An English-Malay Dictionary*. Singapore: Methodist Publishing House, 1916.

Shiratori, Kurakichi. Sur l'origine des Hiong-nou. *Journal Asiatique*, 1923, Série XI, 202/203.

Shorto, H. L. *A Dictionary of the Mon Inscriptions from the Sixth to the Sixteenth Centuries*, London: Oxford University Press, 2004.

Shorto, H. L. *A Mon-Khmer Comparative Dictionary*. Canberra: Australian National University, 2006.

Sidwell, P., Jacq, P. *A Handbook of Comparative Bahnaric: Vol.1: West Bahnaric*, Canberra: Pacific linguistics, 2003.

Sims-Williams, N. *Bactrian Personal Names*. Budapest: Verlag der österreichischen Akademie der Wissenschaften, 2010.

Sims-Williams, N., Cribb, J. A New Bactrian Inscription of Kanishka the Great. *Silk Road Art and Archaeology*, 1996, Vol.4.

Singh, V. Sushruta: The Father of Surgery. *Natl J Maxillofac Surg*, 2017, Vol.8(1).

Sircar, D. C. *Indian Epigraphical Glossary*. Delhi: Motilal Banarsidass, 1966.

Skeat, W.W. Pangan Vocabulary from Sungai Nenggiri, Kelantan. *Journal of the Straits Branch of the Royal Asiatic Society*, 1922, Vol.85.

Smith, J.A. *Music in Religious Cults of the Ancient Near East*. London: Routledge, Taylor & Franics Group Press, 2020.

Steingass, F.J. *A Comprehensive Persian-English Dictionary, Including the Arabic Words and Phrases to Be Met with in Persian Literature*. London: Routledge & K. Paul, 1892.

Stevens, A. M. *A Comprehensive Indonesian-English Dictionary*. Athens: Ohio University Press, 2010.

Stevens, A. M, Schmidgall-Tellings, A. E. *A Comprehensive Indonesian-English Dictionary. 2nd Edition*. Athens: Ohio University Press, 2010.

Stock, J. Hunt, K. *UXL Encyclopedia of World Mythology*. Detroit: Gale, 2009.

Takács-Sánta, A. Barriers to Environmental Concern. *Human Ecology Review*, 2007, Vol.14(1).

Tavernier, J. *Iranica in the Achaemenid Period(ca. 550—330 BC)*: *Lexicon of Old Iranian Proper Names and Loanwords*, *Attested in Non-Iranian Texts*. Leuven: Peeters Publishers, 2007.

Teselkin, Avenis Stepanoviĉ. *Old Javanese(Kawi)*. Modern Indonesia Project, Southeast Asia Program, New York: Cornell University, 1972.

Thackston, W. M. *Introduction to Syriac*: *An Elementary Grammar with Readings from Syriac Literature*. Bethesda: Ibex Publishers Inc Press, 1999.

Thomas, E. *Jainism*, *or*, *The Early Faith of Asoka*. London: Trübner & Co., 1877.

Trask, R.L. *Etymological Dictionary of Basque*. Falmer: University of Sussex, 2008.

Tryon, D. *Comparative Austronesian Dictionary*: *An Introduction to Austronesian Studies*. Berlin, New York: De Gruyter Mouton, 1995.

Turner, R.L. *A Comparative Dictionary of Indo-Aryan Languages*. London: Oxford University Press, 1966.

Unger, J. M. *Substratum and Adstratum in Prehistoric Japanese*. Henning Andersen (eds.), Language Contacts in Prehistory: Studies in Stratigraphy, Amsterdam; Philadelphi: John Benjamins Publishing Company, 2003. pp.241—258.

University of Madras. *Tamil lexicon*. Madras: University of Madras Press, 1924.

Urban, Matthias. ' Sun ' = ' Eye of the Day ': A Linguistic Pattern of Southeast Asia and Oceania. *Oceanic Linguistics*, 2010, Vol.49(2).

Vaze, S.G. *The Aryabhushan School Dictionary*, *Marathi-English*. Poona: Arya-Bhushan Press, 1911.

Vida, Della G L. El'Elyon in Genesis 14: 18—20. *Journal of Biblical Literature*, 1944, Vol.63(1).

Viseras, C., Aguzzi, C., Cerezo, P. & Lopez-Galindo, A. Uses of Clay Minerals in Semisolid Health Care and Therapeutic Products. *Applied Clay Science*, 2007, Vol.36.

Vovin, A. Did the Xiong-nu Speak a Yeniseian Language? *Central Asiatic*

Journal, 2000, Vol.44(1).

Vries, L.D., Vries-Wiersma, R.D. *The Morphology of Wambon of the Irian Jaya Upper-Digul Are* a. Leiden: KITLV Press, 1992.

Wagenaar, H.W., Parikh, S.S., Plukker, D. F. & Veldhuijzen, Z. R. *Allied Chambers Transliterated Hindi-Hindi-English Dictionary*. New Delhi: Allied Publishers, 1993.

Walker, N. "Adam" and "Eve" and "Adon". *Zeitschrift für die Alttestamentliche Wissenschaft*, 1962, Vol.33(1).

Walton, J.H. Mattews V.H., M.W. Chavalas. *The IVP Bible Background Commentary: Old Testament*. Downers Grove: InterVarsity Press, 2014.

Weninger. S, Khan. G, Streck. M.P. *The Semitic Languages: An International Handbook*. Berlin: De Gruyter Mouton Press, 2012.

Wilkins, W.J. *Hindu Mythology, Vedic and Purānic*. New York: Global Grey, 2023.

Wilkinson, R. J. *An Abridged Malay-English Dictionary*. Kuala Lumpur: The F.M.S. Government Press, 1908.

Wilkinson, Richard H. *The Complete Gods and Goddesses of Ancient Egypt*. London: Thames & Hudson, 2003.

Williams, G. M. *Handbook of Hindu Mythology*. Oxford: Oxford University Press, 2008.

Winslow, M. *Winslow's A Comprehensive Tamil and English Dictionary of High and Low Tamil*. Madras: P. R. Hunt, 1862.

Winstedt, R. Shaman, *Saiva and Sufi: A Study of the Evolution of Malay Magic*. Charleston: Biblio Bazaar, 2007.

Wolfenden, Stuart N. *Outlines of Tibeto-Burman Linguistic Morphology*. London: The Royal Asiatic Society, 1929.

Woodroffe, J. *Hymns to the Goddess and Hymns to Kali*. New Delhi: D.K. Printworld Pvt. Ltd., 2017.

Woods, John E. Timur's Genealogy. Michel M. Mazzaoui and Vera B. Moreen(eds.) *Intellectual Studies on Islam: Essays written in honor of Martin B. Dickson*. Salt Lake City: University of Utah Press, 1990.

Yule, Henry. *Hobson-Jobson*: *A Glossary of Colloquial Anglo-Indian Words and Phrases*, *and of Kindred Terms*, *Etymological*, *Historical*, *Geographical and Discursive*. London: J. Murray Press, 1903.

Zhang, J., Harbottle, G., Wang, C., Kong, Z. Oldest Playable Musical Instruments Found at Jiahu Early Neolithic Site in China. *Nature*, 1999, Vol.401.

Zhang, Juzhong and Lee Yun Kuen. The Magic Flutes. *Natural History Magazine*, 2005, Vol.114(7).

Zieme, P. Three Old Turkic 五臺山讚 Wutaishanzan fragments. 内陸アジア言語の研究,2002(17).

Zlatuška, Z. *Dominus als Anrede und Titel unter dem Prinzipat*. Stiebitz, Ferdinand (eds.), Charisteria Francisco Novotný octogenario oblata. Praha: Státní pedagogické nakladatelství, 1962, pp.147—150.

Zürcher, E. *The Buddhist Conquest of China*. Leiden: Brill, 1959.

Zvelebil, K. V. The Language of the Shōlegas. Nilgiri Area, South India. *Journal of the American Oriental Society*, 1990, Vol.110(3).

Zysk, K.G. *Asceticism and Healing in Ancient India*: *Medicine in the Buddhist Monastery*. New York: Oxford University Press, 1991.

俄 文 文 献

Азбелев, П. П. Пазырыкские татуировки как художественное свидетельство древних войн и бракосочетаний. Искусство и художественная культура Древнего мира. Археологический памятник и произведение искусства — общее и особенное, различия и взаимосвязь. 2017, 7:51—60.

Акишев, А. К. Искусство и мифология саков. Издательство 《НАУКА》 Казахской ССР, 1984.

Давыдова, А.В. Иволгинский комплекс(городище и могильник) — памятник хунну в Забайкалье. Ленинградского: Изд-во Ленинградского университета，1985.

Клесов，А. А. Саидов Х. С. Евреи и пуштуны Афганистана. Пропавшие колена Израилевы：История，политика и ДНК-генеалогия，2015.

Коновалов，П. Б. Хунну в Забайкалье（Погребальные памятники）. Улан-Удэ：Бурятское книжное издательство，1976.

Кубарев，В. Д. Шульга П. И. Пазырыкская культура（курганы Чуи и Урсула），Барнаул：Издательство Алтайского государственного университета，2007.

Казакстан Республикасы Мә дениет жә не спорт министрлігі. Ұ ЛЫ ДАЛА М Ұ РАСЫ：ЗЕРГЕРЛІК ӨНЕР ЖАУҺ АРЛАРЫ. Астана，Национальный музей Республики Казахстан，2018.

Леус П. М. Художественные бронзы эпохи хунну в Туве//Искусство Евразии. 2019，No.3（14）.

Литвинский，Б. А. 《 Золотые люди 》 в древних погребениях Центральной Азии（опыт истолкования в свете истории религии）. Советская этнография. 1982，No.4.

Мартынов，А.И. Елин В.Н. Скифо-сибирский мир Евразии. Учебное пособие. Москва：Высшая школа，Абрис，2012.

Мацулевич，Л.А. Погребение варварского князя в восточной Европе. Новые находки в верховьи реки Суджи. социально-экон. изд-во，1934.

Подушкин，А. Н. Египетский фаянс в погребениях могильников Кылышжар и Культобе Южного Казахстана. Stratum plus. Археология и культурная антропология. 2005，No.3.

Полосьмак，Н. В. "Мы выпили Сому, мы стали бессмертными…"，НАУКА из первых рук，2010，том 33，No.3.

Полосьмак，Н. В. Курган для лунаоликой. НАУКА из первых рук. 2009，том 28，No.4，С. 118—126.

Полосьмак，Н. В. Богданов Е. С. Курганы Суцзуктэ. Ноин-Ула，Монголия. Часть 1，ИНФОЛИО，2015.

Полосьмак，Н.В.ПОЗДНЯКОВ，Д. В.Пазырыкцы：культура в лицах.

НАУКА из первых рук. 2010, том 90, No.5/6.

Полосьмак, Н.В.Всадники Укока. Новосибирск：ИНФОЛИО-пресс, 2001.

Расторгуева, В. С. Эдельман Д. И. Этимологический словарь иранских языков, Издательская фирма «Восточная литература», Том. 1, 2000.

Руденко, С. И. Культура хуннов и Ноинулинские курганы. Ленинградское：Издвое Академии наук СССР, 1962.

Тишкин, А.А. Дашковский, П.К. Социальная структура и система мировоззрений населения Алтая скифской эпохи：Монография／Барнаул；Изд-во Алт. ун-та, 2003.

Топоров, В.Н. В СВЕТЕ ВЕДИЙСКОЙ АНТРОПОЛОГИИ. Исследования по этимологии и семантике. Том. 3. МОСКВА：ЯЗЫКИ СЛАВЯНСКИХ КУЛЬТУР, 2009.

Чунакова, О. М. Пехлевийский словарь зороастрийских терминов, мифических персонажей и мифологических символов. Издательская фирма "Восточная литература" РАН, 2004.

图书在版编目(CIP)数据

汉帝国的目光 ： 语词、观念与语言考古学 ／ 叶晓锋著.
-- 上海 ： 上海古籍出版社，2024. 11（2025.4 重印）
-- ISBN 978-7-5732-1391-4

Ⅰ. H0-09

中国国家版本馆 CIP 数据核字第 2024C1Z400 号

汉帝国的目光：语词、观念与语言考古学

叶晓锋 著

上海古籍出版社 　出版发行

（上海市闵行区号景路 159 弄 1－5 号 A 座 5F 　邮政编码 201101）

（1）网址：www.guji.com.cn

（2）E-mail：guji1@ guji.com.cn

（3）易文网网址：www.ewen.co

商务印书馆上海印刷有限公司印刷

开本 700×1000 　1/16 　印张 16.5 　插页 3 　字数 262,000

2024 年 11 月第 1 版 　2025 年 4 月第 2 次印刷

ISBN 978－7－5732－1391－4

K · 3729 　定价：88.00 元

如有质量问题,请与承印公司联系